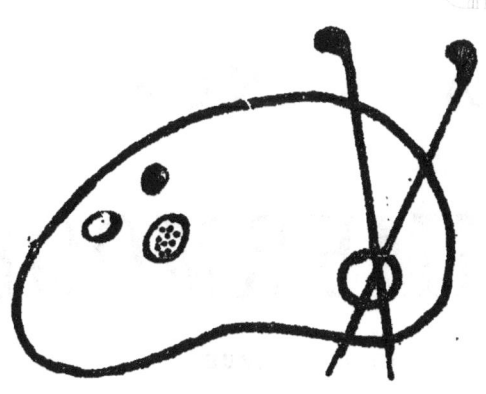

Couvertures supérieure et inférieure en couleur

WALTER SCOTT

LA FIANCÉE
DE
LAMMERMOOR

ÉDITION REVUE

Par MAX DESNOYERS

SUR LA TRADUCTION DUFAUCONPRET

PARIS
LIBRAIRIE BLÉRIOT
HENRI GAUTIER, SUCCESSEUR
55, QUAI DES GRANDS-AUGUSTINS, 55

LIBRAIRIE BLÉRIOT
HENRI GAUTIER, SUCCESSEUR

ROGER DES FOURNIELS
La Tache sanglante, 1 vol. in-12.................... 3 »
Floréal, 1 vol. in-12........ .... 3 »

M. BOURDON
Jacqueline, 1 vol. in-12........................... 2 »

GEORGES DU VALLON
Libre-Penseuse, 1 vol. in-12....................... 2 »
Le Fiancé de Solange, 1 vol. in-12................. 3 »

CH. BARTHÉLEMY
La Guerre de 1870-1871, 1 vol. in-12.............. 3 »
Le Consulat et l'Empire, 1 vol. in-12.............. 3 »
Histoire de la Restauration, 1 vol. in-12.......... 3 »

CLAIRE DE CHANDENEUX
Cléricale, 1 vol. in-12............................ 3 »
La Vengeance de Geneviève, 1 vol. in-12............ 3 »
Sans cœur, 1 vol. in-12............................ 3 »

GABRIELLE D'ÉTHAMPES
L'Aînée de la famille, 1 vol. in-12................ 2 »

MARTHE LACHÈSE
Lucienne, 1 vol. in-12............................. 3 »
Maître Le Tianec, 1 vol. in-12..................... 3 »

JEAN GRANGE
Les Révélations d'un sacristain, 1 vol. in-12...... 2 »
Ville et Village, 1 vol. in-12..................... 3 »

MARIE MARÉCHAL
L'Institutrice à Berlin, 1 vol. in-12.............. 3 »
Béatrix, 1 vol. in-12.............................. 3 »

MARIE GUERRIER DE HAUPT
Le Trésor de Kermerel, 1 vol. in-12................ 3 »
Le Roman d'un athée, 1 vol. in-12.................. 3 »

Tous ces ouvrages sont expédiés franco contre mandat-poste ou timbres adressés à M. Henri Gautier, éditeur, 55, quai des Grands-Augustins, à Paris.

LA
FIANCÉE DE LAMMERMOOR

A LA MÊME LIBRAIRIE

Ouvrages de WALTER SCOTT

Traduits par Max Desnoyers

Quentin Durward. 1 vol. in-12.	2 fr.
Waverley. 1 vol. in-12	2 fr.
Ivanhoé. 1 vol. in-12.	2 fr.
Le Monastère. 1 vol. in-12	2 fr.
L'Abbé. 1 vol. in-12	2 fr.
Kenilworth. 1 vol. in-12	2 fr.

Pour recevoir chacun de ces ouvrages franco, il suffit d'en envoyer le prix en mandat-poste ou autre valeur à M. Henri Gautier, éditeur, 55, quai des Grands-Augustins, à Paris.

WALTER SCOTT

LA FIANCÉE
DE
LAMMERMOOR

PARIS
LIBRAIRIE BLÉRIOT
HENRI GAUTIER, SUCCESSEUR
55, QUAI DES GRANDS-AUGUSTINS, 55

1889
Tous droits réservés.

LA FIANCÉE
DE LAMMERMOOR

CHAPITRE PREMIER

Dans une gorge des montagnes de Lammermoor, qui s'élèvent au milieu des plaines fertiles du Lothian oriental, existait autrefois un château considérable dont on n'aperçoit plus aujourd'hui que les ruines; les propriétaires étaient les barons puissants et belliqueux de Ravenswood. Leur famille remontait à une très haute antiquité et était alliée aux Douglas, aux Swinton, aux Hays et aux plus nobles familles du pays. Leur histoire se confondait souvent avec celle de l'Écosse, dont les annales consacrent leurs hauts faits. Le château de Ravenswood commandait un défilé qui sépare le Lothian du comté de Bervick. C'était une place importante en temps de guerre ou de discorde intestine. Elle fut souvent assiégée et défendue avec ardeur.

Cette maison vit sa splendeur décliner vers le milieu du XVIIe siècle, et, à l'époque de la révolution qui fit perdre le trône de la Grande-Bretagne à Jacques II, le dernier propriétaire du château de Ravenswood se vit forcé de l'aliéner et de se retirer dans la tour de Wolferag, dernière épave de son immense fortune. Cette tour solitaire, construite sur un de ces rochers qui bordent les côtes stériles entre Saint-Abb'shead et le village d'Eyemouth, dominait la mer du Nord, si souvent agitée par les tempêtes. Les pâturages, de qualité inférieure, qui entouraient cette résidence, étaient le seul reste du magnifique domaine de Ravenswood. Dans la guerre civile de 1689, lord Ravenswood avait été dégradé de noblesse et privé de son titre, bien qu'il n'eût été prononcé contre lui ni sentence de mort, ni de confiscation. S'il ne possédait plus la fortune de sa famille, il en avait conservé l'orgueil et l'esprit turbulent. Il attribuait la ruine de sa maison à sir William Ashton, qui s'était rendu acquéreur du château et des vastes domaines de Ravenswood, et il le poursuivait de toute sa haine. Sir William Ashton descendait d'une famille beaucoup moins ancienne que celle de lord Allan de Ravenswood, et il devait aux dernières guerres civiles son importance et sa fortune. Destiné au barreau dès sa jeunesse, il avait promptement conquis des places éminentes dans la magistrature. Il avait la réputation de savoir pêcher en eau trouble, et il avait eu le talent d'amasser des richesses considérables dans un pays ruiné, il les faisait servir à étendre son influence et son autorité. Un tel homme possédant son sang-froid était un dangereux adversaire pour le bouillant et imprudent Ravenswood, qui ne pouvait supporter de voir les biens de ses ancêtres entre les mains d'un autre, quoiqu'ils y eussent passé par suite d'une vente légale.

On disait que le lord garde des sceaux, — car sir William s'était élevé à cette haute dignité, — avant d'acquérir le domaine de Ravenswood, avait eu, avec le propriétaire de cet antique château, des relations pécuniaires, et l'on ajoutait tout bas qu'il était facile de se douter lequel avait eu l'avantage, dans des affaires d'intérêts compliquées, du politique habile, du savant homme de loi, ou d'un homme imprudent qui avait pu donner tête baissée dans les pièges que la ruse avait su lui tendre.

La situation des affaires publiques justifiait ces soupçons. Depuis que Jacques VI avait quitté l'Écosse pour ceindre la couronne d'Angleterre, il s'était formé des partis opposés parmi les premiers seigneurs d'Écosse et ils exerçaient alternativement le pouvoir, suivant que par leurs intrigues à la cour de Saint-James (1) ils parvenaient à se le faire déléguer. Les maux résultant de ce système de gouvernement ressemblaient assez à ceux qui affligent les cultivateurs en Irlande, où le propriétaire, ne résidant pas sur ses domaines, en a abandonné le soin à un homme d'affaires avide et souvent peu scrupuleux.

Ceux qui gouvernaient l'Écosse, étant redevables de leur puissance à la force de leur faction, ne manquaient pas de récompenser largement leurs partisans.

L'administration de la justice était surtout livrée à la partialité la plus honteuse, et l'on savait que, trop fréquemment, la bourse du riche, en tombant dans la balance de la justice, l'emportait sur le pauvre qui n'avait pour lui que son droit. Des sacs d'argent, des pièces d'argenterie, étaient envoyés aux gens du roi pour obtenir d'eux des conclusions, sans même qu'on y mît le moindre mystère.

Lady Ashton était d'une famille plus élevée que son époux, circonstance dont elle se prévalait pour augmenter l'influence de celui-ci sur les autres et la sienne sur lui-même. Elle avait été belle et avait conservé, sa jeunesse passée, un port majestueux et plein de dignité. Elle était sévère observatrice de sa religion, ou au moins de ses formes extérieures, et elle cachait avec soin ses passions violentes de domination. Elle recevait avec une hospitalité pleine d'ostentation. Ses manières étaient

(1) Palais du roi d'Angleterre à Londres.

graves et sa réputation n'avait jamais été atteinte par le plus léger souffle de la calomnie; mais rarement on parlait de lady Ashton avec sympathie; on sentait dans ses compliments et ses gracieusetés l'intérêt et la personnalité, soit pour elle, soit pour sa famille.

Son mari, sur qui elle avait une grande influence, la regardait avec plus de crainte que de tendresse, et l'on prétendait qu'il souffrait souvent d'avoir acheté l'honneur de cette alliance au prix de son esclavage domestique. Mais lady Ashton était aussi jalouse de la considération de son mari que de son propre honneur, et elle savait qu'un homme est dégradé aux yeux du monde si l'on voit en lui l'esclave de sa femme. Aussi elle citait à chaque instant l'opinion de sir William comme infaillible; elle avait pour lui la déférence d'une femme soumise; mais, pour des yeux attentifs, il était évident qu'avec son caractère altier elle ne pouvait avoir pour sir William qu'une sorte de dédain. Mais le but des deux époux étant le même, ils agissaient de concert et se témoignaient à l'extérieur les égards les plus courtois.

Il ne leur restait plus, d'une nombreuse famille, que trois enfants. Le fils aîné voyageait alors sur le continent; le second était une jeune fille de dix-sept ans, et le dernier un garçon de quatorze ans. Toute la famille allait à Édimbourg pendant les sessions du Parlement d'Écosse et du Conseil privé. Le reste de l'année, ils habitaient le château gothique de Ravenswood, auquel sir William avait ajouté des bâtiments dans le style architectural du XVIIe siècle.

CHAPITRE II

Allan Ravenswood, ancien propriétaire du château de Ravenswood et des domaines qui en dépendaient, s'obstina longtemps à faire une guerre inutile à son successeur, qu'il traduisit successivement devant tous les tribunaux d'Écosse pour y faire juger toutes les contestations résultant d'affaires aussi longues qu'embrouillées qu'ils avaient eues ensemble, et qui furent décidées, selon l'usage, en faveur du plaideur le plus riche et le plus en crédit. La mort seule mit fin aux procès, en faisant comparaître lord Ravenswood devant le dernier tribunal. Il mourut à la suite d'un violent accès de fureur, en apprenant la perte d'un procès qu'il avait intenté à son puissant antagoniste.

Son fils unique reçut son dernier soupir, entendit les malédictions qu'il prononça contre son adversaire, et reçut le legs de cette vengeance, qui était le vice dominant du caractère écossais.

Ce fut dans une froide matinée de novembre, alors que les rochers qui bordaient l'Océan étaient cachés par un brouillard épais, que les portes de l'ancienne tour de Wolferag, presque en ruines, où lord Ravenswood avait passé les dernières années de sa vie, s'ouvrirent pour laisser passer sa dépouille mortelle. La pompe à laquelle le défunt était étranger depuis bien des années reparut un instant pour honorer ses funérailles.

Un grand nombre de bannières, portant les armes et les devises des Ravenswood et celles de leurs parents, étaient déployées et se suivaient en procession funèbre en passant sous les voûtes de la tour. Toute la noblesse du pays, alliée depuis des siècles aux Ravenswood, s'était réunie pour rendre les derniers honneurs au défunt; tous étaient en vêtements de deuil et formaient une longue cavalcade marchant à pas lents. Des trompettes couvertes de crêpe noir faisaient entendre des sons lents et lugubres pour régler la marche du cortège. Une foule immense d'habitants des environs, de tout âge et de tout sexe, formaient l'arrière-garde, et les derniers sortaient à peine de la tour quand les premiers en tête arrivèrent à la chapelle, lieu de sépulture de la famille.

Lord Ravenswood avait manifesté le désir d'être enterré selon les rites de la religion anglicane, alors que les presbytériens étaient les maîtres en Écosse. Le cortège fut donc reçu par un ministre anglican revêtu de son surplis. Mais le clergé presbytérien, apprenant que cette cérémonie devait avoir lieu et la regardant comme une insulte à son autorité, avait obtenu du lord garde des sceaux un ordre pour l'empêcher. Quand donc le ministre anglican ouvrit son livre de liturgie, un officier de justice, suivi de plusieurs hommes armés, lui intima la défense de procéder à la cérémonie.

Cette insulte indigna l'assemblée et surtout le fils du défunt, Edgar, jeune homme âgé d'environ vingt ans, qu'on appelait le Maître de Ravenswood, malgré la forfaiture prononcée contre son père. Il mit la main sur son épée et intima l'ordre au ministre de continuer le service, prévenant l'officier de justice qu'il eût à se garder d'interrompre une seconde fois la cérémonie. Celui-ci voulut insister sur l'exécution de ses ordres; mais cent glaives brillèrent à ses yeux, et il dut se borner à protester contre la violence qui l'empêchait de faire son devoir. Le ministre, effrayé, se mit à lire à la hâte les prières solennelles de l'Église. Autour de lui, les parents et les amis du défunt, rangés en silence, témoignaient plus de courroux que de chagrin, et leurs épées, qu'ils brandissaient, faisaient un contraste frappant avec leurs habits de deuil.

Dans les traits du jeune homme, le ressentiment parut un instant céder au profond chagrin avec lequel il voyait son père, son unique ami, descendre dans le tombeau de ses ancêtres.

Quand il vit déposer le cercueil dans le caveau, il devint pâle. Un de ses parents lui offrit de le remplacer dans cette fonction si douloureuse qui lui incombait comme fils du défunt. Mais Edgar Ravenswood le remercia par un geste silencieux, et remplit avec fermeté ce devoir filial. Une pierre fut placée sur la tombe; on ferma le caveau, et la clef fut remise au jeune homme.

En sortant de la chapelle il s'arrêta sur les degrés, et, se tournant vers l'assemblée : « Messieurs, dit-il, vous venez de rendre les devoirs au défunt d'une manière inusitée. Les honneurs funèbres qui s'accordent au citoyen le plus obscur selon sa croyance eussent été refusés aujourd'hui à votre parent, issu d'une des premières maisons d'Écosse, si votre courage ne les lui eût assurés. D'autres ensevelissent leurs morts dans les larmes et dans un silence respectueux; nous, nous avons vu nos rites funéraires interrompus par un officier de justice et la force armée. Le regret que nous devions à la mémoire de celui qui n'est plus a fait place au sentiment d'une juste indignation. Mais je sais d'où est parti le trait insultant. Celui qui a creusé la tombe a pu seul troubler les obsèques. Que le ciel me punisse si je ne me venge pas sur cet homme et sa maison des persécutions et des calomnies qu'il a attirées sur la mienne ! »

La plus grande partie de la réunion applaudit à ce discours, qui était l'expression d'un juste ressentiment; mais ceux qui réfléchirent plus froidement regrettèrent que le jeune Ravenswood eût parlé ainsi. Il n'était pas en position de pouvoir braver ouvertement sir William, et ils craignirent que ces paroles indiscrètes ne changeassent l'animosité secrète du Lord garde des sceaux en une haine déclarée.

L'assemblée retourna à la tour pour s'y abreuver largement en l'honneur du défunt. La maison de douleur devint le théâtre d'un joyeux festin et retentit des cris bruyants de l'ivresse, et le fils de celui dont on célébrait les funérailles dépensa en ce jour près de deux années de son modique revenu. Mais tel était l'usage, et ne pas s'y conformer eût été montrer aussi peu de respect pour le défunt que peu d'attention pour les amis qui étaient venus le conduire à sa dernière demeure.

Le vin coulait à flots sur la table dressée dans la grande salle de la tour pour les parents et les amis ; les fermiers buvaient dans la cuisine, et les paysans dans la cour. Les têtes ne tardèrent pas à s'échauffer, et le Maître de Ravenswood fut le seul qui conserva son sang-froid. En passant à la ronde la coupe où il ne faisait que tremper ses lèvres, et que chacun vidait à son tour, il entendit mille imprécations contre le Lord garde des sceaux, et mille protestations de dévoûment pour lui et pour sa maison. Il écoutait d'un air sombre et pensif ces transports d'enthousiasme, les regardant avec raison comme ne devant pas durer plus longtemps que les vapeurs produites par le vin dans le cerveau des convives. Quand le dernier flacon fut vidé, les parents et les amis firent leurs adieux au nouveau propriétaire de la tour avec de vives protestations d'amitié qui devaient être oubliées le lendemain, à moins que ceux qui les avaient prodiguées ne crussent nécessaire d'en faire une rétractation complète.

Recevant ces adieux avec une froideur qu'il pouvait à peine cacher, Ravenswood vit enfin sa vieille tour débarrassée de cette multitude d'hôtes, dont la plupart avaient été attirés par l'espoir d'un bon repas plutôt que par leur respect pour le défunt, et il rentra dans la salle ; elle lui parut doublement déserte par le silence qui avait succédé au tumulte. Elle se remplit pourtant bientôt de fantômes évoqués par son imagination.

L'honneur de sa maison terni par la sentence de dégradation contre son père, sa fortune autrefois si brillante et maintenant anéantie, ses espérances détruites, enfin le triomphe de l'homme qui avait ruiné son père, tout cela offrait un triste et vaste sujet de méditation pour un esprit sérieux et réfléchi ; et le jeune Ravenswood s'y abandonna d'autant plus aisément qu'il était sûr de ne pas être interrompu dans ses tristes réflexions.

Le paysan qui montre les ruines de la tour couronnant le sommet du roc auquel les vagues font une guerre impuissante, et dont le cormoran et la mouette sont seuls habitants, affirme encore que pendant cette fatale nuit le Maître de Ravenswood, par les exclamations de son désespoir, évoqua quelques malins esprits dont l'influence pernicieuse présida aux événements de sa vie. Mais, hélas ! quel esprit est plus à craindre que nos propres passions, quand nous nous y abandonnons sans réserve ?

CHAPITRE III

Dans la matinée qui suivit les funérailles de lord Ravenswood, l'officier de justice dont l'autorité avait été méconnue s'empressa d'aller informer le lord garde des sceaux de l'opposition qui l'avait empêché d'exécuter son mandat.

L'homme d'État était assis dans une vaste bibliothèque, autrefois la salle des banquets du château. On voyait encore les armoiries de la noble famille de Ravenswood, sculptées au plafond en bois de châtaignier. De longues tablettes fléchissaient sous le poids des recueils de jurisprudence et des chroniques écrites par des moines. Ces dernières formaient la partie la plus estimée d'une bibliothèque écossaise ; sur une grande table de chêne était placé un amas confus de lettres, de pétitions et de papiers d'affaires.

Sir William Ashton avait l'air grave et noble ; son maintien était celui d'un homme d'État, et ce n'était qu'après une longue conversation qu'on pouvait découvrir, dans ses idées indécises et vacillantes, qu'il craignait toujours de manquer de prudence, et il était dissimulé autant par orgueil que par politique ; parce que, sachant lui-même combien il se laissait influencer, il voulait que les autres ne pussent s'en apercevoir.

Il écouta avec le plus grand sang-froid, en apparence, le récit amplifié du tumulte qui avait lieu, du mépris qu'on avait témoigné contre l'autorité de l'Église et de l'État ; il ne parut pas ému des expressions injurieuses et menaçantes proférées contre lui par le jeune Edgar et ses amis. Il prit pourtant une note exacte de tout ce qu'il venait d'entendre, et inscrivit les noms de ceux qui pourraient servir de témoins s'il jugeait à propos de donner suite à cette affaire.

Lorsque le lord garde des sceaux fut seul, il resta quelques instants plongé dans de profondes réflexions. Se levant tout à coup, il se mit à marcher à grands pas, comme un homme qui va prendre une importante résolution.

— Le jeune Ravenswood est à moi, dit-il enfin. Il s'est placé sous ma main ; il faut qu'il plie ou qu'il rompe. Je n'ai pas oublié l'opiniâtreté de son père me disputant le terrain pied à pied devant toutes les cours de justice d'Écosse, rejetant toutes propositions conciliatrices, et les tentatives qu'il fit pour nuire à ma réputation quand il vit que mes droits étaient inattaquables ! Ce fils qu'il laisse après lui, cet écervelé, vient de faire naufrage avant de quitter le port. Cette aventure, mise convenablement sous les yeux du Conseil privé, sera très certainement considérée comme une révolte qui compromet les autorités civiles et religieuses. On peut prononcer contre lui une forte amende ; on peut ordonner sa détention dans la citadelle d'Édimbourg. On pourrait même motiver, à propos de quelques-unes de ses expressions, une accusation de haute trahison... A Dieu ne plaise pourtant que je porte les choses si loin ! Non ! je n'en ferai rien ; je n'en veux point à sa vie... Et cependant, s'il vit et que les circonstances viennent à changer, que ne pourrait-il en résulter ? Ne serais-je pas exposé à sa vengeance ? Je sais que le vieux Ravenswood avait obtenu la promesse de la protection du marquis d'Athol, son parent, et voilà maintenant que son fils, par sa misérable influence, cherche à former une faction contre moi ! Ce serait un instrument tout prêt dans la main de ceux qui voudraient renverser l'administration.

Ces pensées agitaient violemment l'esprit de sir William Ashton, et il cherchait à se persuader que son intérêt, sa sûreté et celle de ses partisans exigeaient qu'il profitât de l'occasion pour perdre le jeune Ravenswood.

Il se mit à son bureau, et commença à rédiger pour le Conseil privé un rapport détaillé des désordres qui avaient eu lieu aux obsèques de lord Ravenswood. Il savait que le seul énoncé du fait enflammerait d'indignation ses collègues, et que, les noms des coupables leur étant odieux, ils se décideraient à faire un exemple de Ravenswood au moins, *in terrorem*.

Il fallait cependant choisir ses expressions avec assez d'adresse pour rendre à tous les yeux les accusés coupables, sans paraître porter contre eux une accusation formelle, ce qui, de la part de sir William, ancien antagoniste de Ravenswood, aurait pu paraître suspect.

Pendant que le lord cherchait avec soin les expressions les plus propres à représenter cette affaire sous le jour le plus défavorable pour Edgar, sans avoir l'air de l'accuser directement, il porta machinalement les yeux sur les armoiries sculptées au plafond. C'était une tête de taureau noir, avec cette devise : *J'attends le moment.*

Voici à quelle occasion cette devise avait été adoptée par les Ravenswood.

La tradition rapportait qu'un certain Malisius de Ravenswood, s'étant vu enlever son château et ses domaines par un usurpateur puissant, avait été forcé de le laisser jouir tranquillement de ses dépouilles pendant un certain temps.

Enfin, un jour où il y avait au château une fête splendide, Ravenswood s'y introduisit en secret avec un petit nombre d'amis aussi braves que dévoués. Le dîner se faisant attendre, le maître du château gronda ses gens, en leur ordonnant de servir à l'instant.

— J'attends le moment, s'écria Ravenswood en paraissant tout à coup.

Et, en même temps, il jeta sur la table une tête de taureau noir, ce qui était, en Écosse, un symbole de mort. Ces mots étaient le signal convenu avec les amis de Ravenswood, qui s'élancèrent sur l'usurpateur, le massacrèrent ainsi que ceux qui voulaient prendre sa défense, et ils rétablirent l'ancien maître du château dans ses biens.

Il y avait dans cette légende quelque chose qui troublait la conscience de sir William. Ce qui est certain, c'est qu'il serra dans son portefeuille ce qu'il venait d'écrire et sortit de la bibliothèque pour se promener, comme s'il eût voulu faire de plus amples réflexions avant d'en référer au Conseil privé.

En passant dans l'antichambre, il entendit les sons du luth de sa fille ; il s'arrêta et écouta les paroles suivantes :

> De la beauté n'admirez pas les charmes ;
> Ne videz pas la coupe des festins ;
> Vivez en paix quand les rois sont en armes ;
> Que jamais l'or ne brille dans vos mains.
> Fermez l'oreille à la douce harmonie ;
> Ne parlez pas pour vous faire admirer ;
> Par ce moyen vous passerez la vie
> Sans avoir rien à craindre, à désirer.

Dès que sa fille eut cessé de chanter, sir Ashton entra dans son appartement.

Les paroles qu'elle venait de faire entendre semblaient avoir été choisies pour peindre son caractère. Les traits de Lucy Ashton étaient charmants, et ils exprimaient la paix, la sérénité et l'indifférence pour les vains plaisirs du monde. Ses cheveux, d'un beau blond, ornaient un front d'une blancheur éclatante ; tout son extérieur annonçait la douceur et la timidité et rappelait l'angélique beauté des vierges de Raphaël. Sa tranquillité passive n'était pas le reflet d'une âme indifférente, mais bien de son habitude de plier devant des caractères plus énergiques le sien.

Elle se plaisait à lire en secret ces vieilles légendes chevaleresques qui offrent des exemples de dévoûments sans bornes et d'affection inaltérable sans être rebutée par les événements surnaturels qui s'y trouvent. Son imagination se plaisait dans cet empire chimérique et y bâtissait des châteaux aériens. Mais ce n'était que dans la silencieuse retraite des bois qu'elle se livrait à ses rêves enchantés. Elle se voyait distribuant des prix dans un tournoi, animant par ses regards les nobles combattants ; elle errait dans les déserts avec Una, ou dans l'île des merveilles avec Miranda.

Dans ses relations avec le monde, Lucy recevait facilement l'impulsion que voulait lui donner sa famille. Elle était en général trop indifférente pour que l'idée de la résistance se présentât à elle, et elle était heureuse de trouver près de ses parents un motif de décision qu'elle eût peut-être cherché en vain dans son esprit.

Lucy était la favorite de son père ; malgré la politique et les vues mondaines de ce dernier, il avait pour elle une affection qui lui causait parfois une émotion peu ordinaire pour son caractère.

Le colonel Sholto, l'aîné de la famille, plus ambitieux, si c'est possible, que son père, avait un caractère altier et emporté ; et cependant il préférait la société de sa sœur aux plaisirs et aux distinctions du monde.

Son jeune frère Henry, à l'âge où l'esprit n'est guère occupé que de bagatelles, la prenait pour confidente de tous ses désirs, de ses inquiétudes, de ses succès et de ses ennuis avec son précepteur. Lucy écoutait avec patience et intérêt tous les détails, quelque insignifiants qu'ils fussent, sachant que sa complaisance faisait plaisir à Henry : c'en était assez pour elle.

Lady Ashton, seule, n'avait pas pour sa fille cette prédilection témoignée par toute la famille. Elle regardait ce qu'elle appelait son manque d'énergie comme une preuve que le sang plébéien du père dominait dans les veines de Lucy, le sang de Douglas, et elle avait l'habitude de la nommer par dérision *la bergère de Lammermoor*. Il était pourtant impossible d'avoir de l'éloignement pour un être si doux et si soumis ; mais lady Ashton préférait son fils aîné, qui avait hérité de son caractère impérieux. On lui avait donné, contre l'usage des grandes familles écossaises, le nom de son aïeul maternel.

— Mon Sholto, disait-elle, conservera sans tache l'honneur de sa famille maternelle et il ennoblira celle de son père. La pauvre Lucy ne convient ni à la cour ni au grand monde ; il faut qu'elle épouse quelque gentilhomme campagnard assez riche pour qu'elle n'ait rien à désirer, de sorte qu'elle n'aura pas une larme à verser, à moins que ce ne soit par l'appréhension qu'il ne se casse le cou en chassant le renard. Ce n'est pas ainsi que notre famille s'est élevée et qu'elle peut s'élever encore plus haut. La dignité de lord garde des sceaux est encore toute nouvelle pour mon mari ; il faut la soutenir pour prouver que ce poids n'est pas trop lourd pour nous et que nous sommes dignes de ce haut rang. Les hommes se courbent par habitude devant une autorité qui date de loin, ils marcheraient la tête haute devant nous si nous ne les forcions pas à se prosterner. Une fille née pour vivre dans une bergerie n'est pas propre à exiger un respect qui n'est rendu qu'avec répugnance. Évidemment, Lucy n'a pas un caractère digne de la place qu'elle eût pu occuper dans le monde; aussi serai-je heureuse quand j'aurai donné sa main à un homme d'énergie ou dont l'ambition sera facile à contenter.

Ainsi raisonnait une mère pour qui les qualités du cœur de ses enfants n'étaient rien, comparées au rang qu'ils pouvaient avoir dans le monde. Mais elle se trompait sur le caractère de Lucy. Si une sorte d'apathie semblait régner dans le cœur de la jeune fille, c'est que rien n'était encore venu en éveiller les sentiments, et que sa vie s'était écoulée jusque-là d'une manière douce et uniforme.

— Ainsi donc, Lucy, dit lord Ashton en entrant dès que sa fille eut cessé de chanter, le poète philosophe qui a écrit ces vers vous apprend à mépriser le monde avant que vous ayez pu le connaître? Peut-être ne faites-vous que parler comme la plupart des jeunes filles, qui affectent toujours de l'indifférence pour les plaisirs jusqu'à ce qu'un galant chevalier les détermine à les partager avec lui?

Lucy rougit et dit que cette chanson avait été chantée par elle sans qu'on pût en rien induire de ses sentiments; et son père lui ayant demandé de faire une promenade avec lui, elle quitta son luth et se disposa à sortir.

Un grand parc boisé s'étendait autour du château. Sir William, donnant le bras à sa fille, s'avança dans une belle avenue d'ormes dont les branches supérieures, en se rejoignant, formaient un berceau qui interceptait les rayons du soleil, et où l'on voyait de temps en temps passer un daim. Au bout de cette avenue, ils rencontrèrent le garde-forestier, qui, le fusil sur l'épaule, et suivi par son chien, allait entrer sous bois.

— Eh bien! Norman, vous allez sans doute nous tuer une pièce de venaison?

— Oui, Votre Honneur, c'est ce que je vais faire. Désirez-vous voir la chasse?

— Non, non, répondit sir William après avoir jeté un coup d'œil sur sa fille, qui pâlit à la pensée de voir tuer un daim.

Le garde eut un mouvement d'humeur.

— C'est décourageant, dit-il, quand le maître ne veut pas voir la chasse. J'espère que M. Sholto va bientôt revenir ; alors j'aurai à qui parler; car pour M. Henry, on le tient de si près avec son latin que c'est un jeune homme perdu; on n'en fera jamais un homme. Il n'en était pas ainsi du temps de feu le lord de Ravenswood; toute la maison était sur pied quand il s'agissait de tuer un daim. Le lord suivait les chasseurs; quand l'animal était abattu, on lui présentait le couteau de chasse, et jamais il ne donnait moins d'un dollar. Eh! nous avons encore le Maître de Ravenswood; il n'y a pas un meilleur chasseur que lui dans tout le pays; jamais il n'a manqué un daim; mais de ce côté, on ne sait plus ce que c'est que la chasse.

Bien que le sujet et les expressions de cette harangue fussent loin de plaire à sir William, il se contenta de sourire, et, tirant sa bourse, il donna un dollar au garde. Ce dernier le prit avec empressement, mais avec un air un peu vexé, et dit :

— Votre Honneur n'entend pas les affaires : on ne paie jamais avant que la besogne soit faite. Que diriez-vous si je manquais le daim après avoir reçu le pourboire?

— Je suppose, dit le garde des sceaux, que vous ne me comprendriez pas si je vous parlais de *conditio indebiti*.

— Non, sur mon âme! C'est sans doute quelque phrase de loi. Mais contre qui n'a rien le roi perd ses droits. Votre Honneur connaît le proverbe; mais je serai juste, et vous aurez une pièce de venaison avec deux pouces de graisse sur les côtes.

Le garde s'éloignait quand sir William le rappela pour lui demander si le Maître de Ravenswood était aussi brave qu'on le disait.

— S'il est brave? répondit Norman. Ah! je vous en réponds! J'étais dans les bois de Tyningham, un jour que le vieux lord était à la chasse; il avait lancé un beau cerf dix cors qu'il croyait aux abois, et il était le premier à sa poursuite, quand l'enragé animal, se retournant tout à coup, courut sur lui, et l'aurait éventré si son fils, qui n'avait alors que seize ans, ne se fût précipité en avant et n'eût coupé le jarret du cerf.

— Mais est-il aussi bon tireur qu'il joue bien du couteau?

— A quatre-vingts pas, il frappera ce dollar entre mon doigt et le pouce, et je me chargerais de le tenir. Que peut-on demander de plus à l'œil et à la main?

— Sans doute, c'est bien assez; mais nous vous retenons trop longtemps. Adieu, Norman!

Le garde-forestier entra alors dans le bois, où on le perdit bientôt de vue; mais on l'entendit chanter d'une voix forte dont les sons s'affaiblissaient à mesure qu'il s'éloignait et cessèrent promptement.

— Ce drôle a donc servi la famille Ravenswood, qu'il en parle avec tant d'enthousiasme? Vous devez le savoir, Lucy; car il n'y a pas un paysan dans les environs dont vous ne connaissiez l'histoire.

— Je crois, mon père, que Norman dans sa jeunesse a servi l'ancien lord avant d'être à Ledington, où vous l'avez pris à votre service. Si vous désirez quelques détails sur les Ravenswood, vous pourriez vous adresser à la vieille Alix.

— Et que m'importe leur histoire, mon enfant?

— Je vous en parle, mon père, à cause des questions que vous faisiez tout à l'heure à Norman.

— Par désœuvrement, ma fille; mais qui est cette Alix dont vous me parlez? Vous connaissez toutes les vieilles femmes du pays.

— Sans doute, mon père ; si je ne les connaissais pas, comment pourrais-je leur porter les secours dont elles ont si souvent besoin ? Quant à Alix, c'est véritablement la reine des vieilles femmes. Il n'y a pas une légende ni une histoire du pays qu'elle ne sache par cœur. Elle est aveugle, la pauvre créature; mais on dirait qu'elle peut lire au fond du cœur. Auprès d'elle, il m'arrive souvent de détourner mon visage ; elle devine si l'on change de couleur, quoiqu'elle soit complètement aveugle. Vous devriez venir lui faire une visite avec moi, quand ce ne serait que pour voir une vieille femme pauvre, paralytique, dont le ton et les manières sont tellement au-dessus de sa condition qu'elles me surprennent toujours.

— Mais, Lucy, qui est cette femme ? Quelles relations a-t-elle eues avec les Ravenswood ?

— Je crois qu'elle a été nourrice dans la famille. Elle reste ici parce qu'elle a deux petits-fils à votre service, mon père ; Mais je crois que c'est malgré elle ; car elle regrette toujours, la pauvre créature, le vieux temps de ses anciens maîtres.

— Je lui en ai beaucoup d'obligation, vraiment ! Tandis que ses enfants mangent mon pain, elle regrette une famille qui ne peut plus lui être d'aucune utilité.

— Vous ne rendez pas justice à Alix, mon père ; elle n'est nullement mercenaire, et dût-elle mourir de faim, elle n'accepterait pas un sou par charité. Elle est causeuse comme les vieilles gens, et elle parle des Ravenswood parce qu'elle a vécu longtemps sur leurs terres ; mais je suis sûre qu'elle est reconnaissante de vos bontés, et qu'elle serait heureuse de vous voir. Venez la voir, mon père, je vous en prie.

Et entraînant son père avec la liberté que se donne une fille qui sait combien elle est chérie, elle lui fit prendre le chemin qui conduisait chez la vieille Alix.

CHAPITRE IV

La chaumière où Lucy conduisait son père était située sous un rocher escarpé, dont le sommet semblait menacer d'écraser le frêle bâtiment sur lequel il paraissait suspendu. Les murs en étaient construits en tourbe et en pierre, et le toit couvert en chaume en fort mauvais état; une haie de sureau entourait le jardin, où la vieille Alix était assise près des ruches dont le produit faisait sa seule ressource.

Quelques revers qu'eût éprouvés cette femme, il était facile de juger que ni les années, ni les infortunes, ni les infirmités, n'avaient abattu sa force d'esprit. Sa taille imposante était à peine courbée par l'âge; ses vêtements étaient ceux d'une paysanne, mais arrangés avec une excessive propreté et un certain goût. Elle avait été belle; mais ce qui frappait en elle, c'était l'expression de sa physionomie, qui reflétait une habitude de réflexion et de digne fierté. On concevait à peine qu'une personne privée de la vue pût offrir une expression si frappante; mais ses yeux fermés n'avaient pas un aspect désagréable, et on aurait pu la croire endormie sans la vivacité qui animait son visage.

Lucy ouvrit la petite barrière du jardin et dit :

— Voici mon père qui vient vous voir, ma bonne Alix.

— Vous êtes tous deux les bienvenus, répondit Alix en se tournant du côté où se faisait entendre la voix de Lucy.

— Voilà, dit le lord garde des sceaux, une belle matinée pour vos abeilles, la mère !

— Je le crois aussi, Milord; car l'air me semble plus doux que ces jours derniers.

— Mais, bonne mère, vous ne pouvez prendre soin vous-même de votre petit peuple ; comment le gouvernez-vous ?

— Comme les rois gouvernent leurs sujets, par des délégués ; et j'ai été heureuse dans le choix de mon premier ministre. Ici, Babie !

En même temps, elle prit un petit sifflet d'argent pendu à son cou, et, à ce signal, une jeune fille d'environ quinze ans sortit de la chaumière.

— Babie, lui dit sa maîtresse, offrez à Milord et à Miss Ashton du pain et du miel. Ils m'excuseront de ne pouvoir leur offrir autre chose, si vous les servez avec promptitude et propreté.

Babie exécuta cet ordre du mieux qu'elle put. Le pain et le miel furent placés sur une feuille de plantain, et le père et la fille y goûtèrent avec plaisir.

Le lord garde des sceaux s'assit sur un tronc d'arbre.

— Il y a sans doute longtemps que vous demeurez dans ce pays ? dit-il à la vieille femme.

— Près de soixante ans, Milord, répondit Alix, qui, tout en parlant d'un ton respectueux, semblait décidée à se borner à répondre aux questions qui lui seraient adressées.

— Si j'en juge à votre accent, continua sir William, vous n'êtes pas née dans ce pays ?

— Je suis née en Angleterre, Milord.

— Et, cependant, vous semblez être attachée à cette contrée comme si c'était votre patrie ?

— C'est ici, Milord, que j'ai bu à la coupe de joie et de douleurs que le ciel m'avait destinée ; c'est ici que j'ai vécu vingt ans avec le plus tendre et le plus digne des époux, que j'ai été mère de six enfants, que je les ai vus mourir successivement ! Ils reposent dans cette chapelle en ruine que vous devez voir non loin d'ici. Je n'ai pas eu d'autre pays que le leur pendant leur vie ; je n'en aurai jamais d'autre après leur mort.

— Mais votre maison est en bien mauvais état, dit sir William ; je donnerai des ordres pour qu'elle soit réparée.

— Oh ! faites-le, mon père ! s'écria Lucy ; combien je vous en serai obligée !

— Elle durera plus longtemps que moi, ma chère Miss Ashton. Ce n'est pas la peine d'y songer ; elle est assez bonne pour moi. Si j'ai pu résister à tout ce que j'ai souffert, c'est que le ciel m'a donné plus de force d'esprit et de cœur qu'on n'en supposerait à ces membres affaiblis par l'âge.

— Vous avez vu bien des changements dans le monde, dit sir William ; mais l'expérience nous a appris que le cours des années amène toujours des douleurs.

— Oui, Milord, elle m'a appris à m'y résigner... Mais j'espérais ne pas voir la chute de l'arbre antique qui protégeait ma demeure.

— Ne croyez pas, reprit sir William, que je vous sache mauvais gré de regretter la famille qui possédait ce domaine avant moi... Je respecte votre gratitude... Je ferai faire à votre demeure les réparations convenables, et j'espère que nous serons amis quand nous nous connaîtrons mieux.

— On ne fait guère de nouveaux amis à mon âge, répondit Alix. Je vous remercie néanmoins de votre bonté, Milord ; j'en suis reconnaissante ; mais je ne manque de rien, et je n'accepte de bienfaits de personne.

— J'espère, du moins, que vous consentirez à passer ici le reste de vos jours, sans avoir de loyer à payer.

— Je l'espère aussi, dit Alix ; car je crois que c'est une des conditions de la vente que vous a faite lord Ravenswood ; mais une circonstance si peu importante a pu sortir de votre mémoire.

— Effectivement, dit le lord garde des sceaux, un peu confus, je l'avais oublié. Mais je vois que vous êtes trop attachée à vos anciens maîtres pour accepter aucun service de celui qui leur a succédé.

— Sans accepter vos offres de services Milord, je n'y suis pas moins sensible, et je vais vous le prouver. Milord, prenez bien garde à vous, vous êtes sur le bord d'un précipice.

— Vraiment! dit le garde des sceaux, pensant à la situation politique du pays, auriez-vous entendu parler de quelque conspiration ?

— Non, Milord; l'avis que j'ai à vous donner est d'une autre nature. Vous avez poussé les choses bien loin à l'égard des Ravenswood; Milord, croyez-moi, c'est une famille à laquelle il n'est pas prudent de se jouer; et il y a toujours du danger à pousser les gens au désespoir.

— Mais, dit sir William, c'est la loi qui a décidé entre nous; et s'ils croient avoir à se plaindre, ils peuvent s'adresser à la justice.

— Mais ils peuvent penser autrement et vouloir se rendre justice eux-mêmes.

— Que voulez-vous dire ? s'écria le lord. Croyez-vous que le jeune Ravenswood serait capable d'en venir à quelque acte de violence personnelle ?

— A Dieu ne plaise que je dise une chose pareille! Il est franc et loyal, il est noble et généreux; mais, avec tout cela, c'est un Ravenswood, et *il peut attendre le moment...* Souvenez-vous du sort de sir George Lockart (1).

Sir William tressaillit en entendant l'aveugle citer cet événement tragique.

— Chiesley, qui commit cet acte de violence, continua Alix, était parent de lord Ravenswood. Je l'entendis, dans une salle du château que vous occupez aujourd'hui, déclarer à plusieurs de ses amis son intention de tuer

---

(1) Sir George Lockart, président de la Cour des Sessions, fut tué par John Chiesley, qui l'accusait d'avoir rendu un arrêt injuste contre lui.

le président. Je ne pus garder le silence, et lui dis :
« Vous projetez un crime dont vous rendrez compte au
jour du jugement. — J'aurai bien d'autres choses à compter, me dit-il ; je rendrai tous mes comptes en même
temps ! »

Je vous le dis, prenez garde de trop appesantir la
main sur un homme désespéré. Il coule du sang des
Chiesley dans les veines des Ravenswood, et il n'en faut
qu'une goutte pour enflammer celui d'Edgar dans la situation où il se trouve. Je vous le répète encore, prenez
garde à lui.

La vieille aveugle avait frappé juste pour éveiller les
craintes du lord garde des sceaux. La coutume barbare
de l'assassinat, familière jadis aux barons écossais,
n'avait été employée que trop souvent même en ce siècle
par l'esprit de vengeance, et la conscience de sir William
lui disait qu'il avait fait assez de mal à la famille des
Ravenswood pour avoir tout à craindre d'un jeune homme
ardent qui n'avait rien à espérer des voies légales dans
un pays où la justice était vénale. Il répondit à la vieille
Alix qu'il ne doutait pas que le Maître de Ravenswood ne
fût un homme d'honneur, et que, d'ailleurs, le châtiment
de Chiesley, qui fut condamné à la torture, traîné sur
une claie et pendu après avoir eu le poing coupé, devait
être un avertissement suffisant pour quiconque voudrait
s'ériger en juge dans sa propre cause. Se levant alors, il
prit le bras de sa fille et se retira.

CHAPITRE V

Le lord garde des sceaux marcha en silence pendant
près d'un quart de mille. Sa fille, naturellement timide et

élevée dans les idées de respect filial et d'obéissance absolue, ne se permit pas d'interrompre le cours de ses réflexions.

— Vous êtes bien pâle, Lucy! lui dit tout à coup son père, en se tournant vers elle.

Lucy, ne voulant pas laisser paraître que les paroles de son père et de la vieille aveugle l'avaient impressionnée, rejeta son émotion sur la frayeur que lui inspiraient les taureaux sauvages qu'on voyait dans le parc.

Ces animaux étaient les descendants des anciens taureaux des forêts calédoniennes, et les seigneurs écossais se faisaient un point d'honneur d'en conserver la race dans leurs parcs.

Bien des gens peuvent se rappeler en avoir vu dans les châteaux d'Hamilton, de Drumlanrick et de Cumbernauld. Ces animaux avaient dégénéré de leurs ancêtres, s'il faut en juger d'après les vieilles chroniques et les restes découverts en creusant la terre. Ces taureaux étaient d'un jaune pâle avec des cornes et des sabots noirs; ils avaient retenu quelque chose de la férocité de leurs ancêtres; il était impossible de les apprivoiser, car ils avaient une antipathie complète contre la race humaine.

Lucy venait à peine de répondre à son père, qui la plaisantait sur son manque de courage, qu'un taureau, excité peut-être par la couleur écarlate de l'écharpe de Miss Ashton ou par un de ces accès de colère féroce auxquels ces animaux sont sujets, se détacha du groupe qui paissait à une distance assez considérable, et s'avança vers les téméraires qui se présentaient sur ses domaines. Il marcha d'abord lentement en mugissant, s'arrêtant pour faire jaillir la terre sous ses pieds, et arrachant le gazon avec ses cornes.

Sir William, prévoyant que l'animal allait devenir dangereux, serra le bras de Lucy sous le sien et doubla le pas pour gagner un bosquet peu éloigné où il espérait pouvoir se cacher. Mais c'était un mauvais raisonnement ; car le taureau, encouragé par leur fuite, les poursuivit alors au grand galop. Le lord continua d'entraîner sa fille vers le bosquet ; mais l'excès de la terreur priva la pauvre Lucy de ses forces ; elle tomba !

Ne pouvant plus fuir avec sa fille, le père fit face au danger, et se plaça hardiment entre elle et le taureau furieux. Sa vie et sans doute celle de sa fille allaient être sacrifiées, quand un coup de feu, parti du bosquet où sir William cherchait à se réfugier, arrêta l'animal dans sa course. Il avait été frappé avec tant d'adresse, entre l'épine dorsale et le crâne, qu'il tomba mort en poussant un affreux mugissement.

Sir William, échappé comme par miracle à la mort affreuse qu'il avait vue venir, resta un instant dans une espèce de surprise muette et confuse ; mais la vue de sa fille étendue par terre privée de sentiment lui rappela la réalité de sa situation. En même temps il aperçut au bord du bosquet l'homme armé d'un fusil qui venait de sauver sa vie et celle de sa fille. Il prit cet homme pour un garde, et, l'appelant, il lui dit de veiller sur Miss Ashton, pendant qu'il irait lui-même chercher des secours. Le chasseur s'approcha, et prenant la jeune fille toujours évanouie, il la transporta à travers le bois près d'une fontaine qu'on appelait la Fontaine de la Sirène, et le lord courut à la hâte jusqu'à la chaumière d'Alix. La fontaine près de laquelle le jeune inconnu déposa Lucy avait été autrefois couverte par un bâtiment d'architecture gothique ; mais elle n'était plus qu'une ruine, et la source se faisait jour à travers les pierres amoncelées.

La tradition embellissait d'une légende ce lieu déjà charmant par lui-même. On prétendait qu'un lord de Ravenswood, étant à la chasse, avait rencontré près de cette source une jeune nymphe qui s'était emparée de son cœur et qui devint son Égérie ; elle lui donnait rendez-vous une fois par semaine, le vendredi, et devait le

2.

quitter dès que la cloche du monastère voisin sonnait les vêpres. Le lord de Ravenswood parla de cette liaison à son confesseur, lequel, pensant qu'il y avait dans cette aventure un mystère cachant un danger pour l'âme de son pénitent, lui fit promettre de suivre ses conseils, afin de découvrir pourquoi cette sirène tenait à disparaître au moment juste où sonnaient les vêpres. En conséquence, le vendredi suivant, le religieux fit retarder d'une heure la cloche des vêpres au monastère. Mais dès que les ténèbres du soir avertirent la naïade de la supercherie, elle poussa un cri terrible et se précipita dans la fontaine, où elle disparut, laissant seulement des gouttes de sang à la surface de l'eau, et toutes les recherches pour la retrouver furent infructueuses.

Le remords qu'inspira cet évènement tragique à Raymond de Ravenswood fit le tourment du reste de sa vie. Ce fut de cette époque, dit-on, que data la décadence de la maison de Ravenswood, et la croyance générale désignait cet endroit comme fatal aux Ravenswood. Ce fut donc près de cette fontaine funeste que Lucy revint à elle après un évanouissement prolongé. En reprenant l'usage de ses sens, elle se rappela le danger qu'elle avait couru, et, ne voyant pas son père :

— Où est-il? où est mon père? s'écria-t-elle.

— Sir William est en sûreté, répondit l'inconnu. Ne craignez rien ; vous allez le revoir dans un instant.

— En êtes-vous bien sûr?... Le taureau était si près de nous!... Ne me retenez pas... je veux chercher mon père.

Et Lucy se leva, en prononçant ces mots ; mais ses forces étaient épuisées par l'émotion, et elle serait tombée si le jeune chasseur ne l'eût soutenue dans ses bras. Il semblait ne lui donner ce secours qu'avec répugnance, sentiment bien extraordinaire de la part d'un jeune homme qui eût dû être heureux de rendre quelques services à la beauté.

— Tranquillisez-vous, Madame, dit-il en engageant Lucy à se rasseoir; il n'est arrivé aucun accident à sir William Ashton. Le destin l'a sauvé d'une manière étrange à la vérité... il ne peut manquer d'arriver bientôt. Mais vous êtes faible, Madame; vous ne devez songer à quitter ce lieu qu'avec son bras.

Lucy, regardant l'étranger avec attention, ne put s'empêcher de remarquer son air contraint. Un habit de chasse vert annonçait qu'il était d'un rang distingué. Son chapeau, surmonté d'une longue plume noire, lui cachait en partie le visage. Quelque chagrin, quelque passion violente avait sans doute répandu sur ses traits un nuage sombre.

Lucy n'eut pas plus tôt rencontré les yeux noirs de l'inconnu, qu'elle baissa les siens avec un embarras timide; elle crut se trouver néanmoins dans la nécessité de le remercier, et lui dit d'une voix tremblante qu'il avait été après Dieu son sauveur.

Ces expressions de reconnaissance parurent déplaire à l'inconnu; il fronça le sourcil et dit:

— Il faut que je vous quitte, Madame. Sir William ne peut tarder à arriver...

Lucy, surprise d'un tel langage, répondit:

— Je vous prie, Monsieur, d'attendre mon père le lord garde des sceaux. Permettez-lui de vous faire ses remercîments et de vous demander le nom de notre sauveur.

— Mon nom est inutile à connaître, Madame; sir William ne l'apprendra que trop tôt.

— Monsieur, croyez-le bien, mon père sera plein de reconnaissance... Mais peut-être me trompez vous en me disant qu'il est en sûreté... peut-être a-t-il été victime du taureau... Aidez-moi, Monsieur, à retrouver mon père... ne me quittez pas, venez... Peut-être est-il mourant: venez, au nom du ciel!

Et Lucy prit le bras de l'étranger, sachant à peine ce qu'elle faisait. Ce dernier semblait ne lui rendre ce service qu'à regret, quand au bout de quelques pas ils aperçurent sir William revenant avec Babie, qui apportait un cordial, et deux bûcherons, qu'il avait trouvés près de la chaumière d'Alix.

— Lucy! ma chère Lucy! s'écria sir William, comment vous trouvez-vous?

— Bien, mon père, grâce à Dieu, répondit Lucy en quittant le bras de l'étranger et en prenant celui de son père; j'allais à votre rencontre. Mais que doit penser Monsieur de la liberté que j'ai prise en le forçant presque à m'accompagner pour aller vous chercher?

— J'espère, ma chère Lucy, qu'il ne regrettera pas le service qu'il nous a rendu, quand je l'aurai assuré de toute la reconnaissance qu'éprouve pour lui le lord garde des sceaux d'Écosse. Je me flatte qu'il me permettra de lui demander....

— Ne me demandez rien, Milord, répondit l'étranger. Je suis le Maître de Ravenswood!

Et, saluant Lucy, Edgar rentra dans le bosquet et s'éloigna à grands pas.

— Le Maître de Ravenswood! s'écria sir William après le premier moment de surprise. Courez après lui, courez; dites-lui que je désire lui parler.

Les deux forestiers s'empressèrent d'obéir au lord garde des sceaux; mais ils revinrent presque immédiatement en disant d'un air embarrassé que le Maître de Ravenswood avait refusé de revenir.

— Mais que vous a-t-il dit? demanda le lord. Je veux savoir ce qu'il vous a dit.

— Il a dit, Milord,... il a dit,... il a dit : Dites à sir William Ashton qu'il ne doit pas désirer l'instant où il me reverra.

— Fort bien! répondit sir William; je sais. C'est à cause d'une bagatelle : un pari que nous avons fait relativement à nos faucons.

Et il reprit le chemin du château avec sa fille, qui y

arriva sans trop de fatigue ; mais les souvenirs de la
scène terrible qui avait failli terminer sa vie firent
sur son esprit un effet plus durable que la douloureuse
sensation éprouvée par ses nerfs. Elle se représentait
le jeune Ravenswood s'avançant comme un ange protec-
teur et la sauvant d'une mort inévitable. Il est toujours
dangereux pour une jeune fille de laisser son imagination
occupée exclusivement du même individu; mais dans la
situation où était Lucy, ce danger était pour ainsi dire
inévitable. Jamais elle n'avait vu un jeune homme
dont les manières et les traits fussent aussi distingués
que ceux d'Edgar de Ravenswood, et aucun autre n'eût
pu intéresser son cœur par suite des circonstances
actuelles. Elle n'avait entendu parler que vaguement des
querelles entre son père et le défunt Ravenswood. Elle
savait seulement qu'Edgar était le descendant pauvre
d'une grande famille, et elle appréciait le sentiment qui lui
faisait refuser l'expression de la reconnaissance du propriétaire actuel du château de ses ancêtres.

La solitude dans laquelle vivait Lucy contribuait à re-
placer toujours les mêmes visions devant son esprit.
Cette solitude était occasionnée par l'absence de lady
Ashton, alors à Édimbourg. Lucy fit de fréquentes visites
à Alix, espérant qu'elle arriverait facilement à la faire
parler du sujet qui emplissait son imagination. Mais Alix,
si enthousiaste de la famille de Ravenswood, évitait de
parler du représentant actuel de cette illustre maison, et
le peu qu'elle en disait n'était pas ce que Lucy eût désiré
entendre. Alix peignait le jeune Ravenswood comme un
homme d'un caractère sombre et fier, incapable de pardonner une injure. — Mais, se disait Lucy, en se rappelant l'avis donné à son père par Alix de prendre garde
à Edgar, s'il nourrissait des projets de vengeance contre
mon père, pourquoi se serait-il précipité à son secours
au péril de sa propre vie? Elle conclut donc que les
soupçons auxquels la vieillesse est encline portaient

Alix à juger défavorablement ce Ravenswood, qui était pour elle le modèle de la grandeur chevaleresque, et l'imagination de la jeune fille se berçait d'illusions aussi brillantes que dangereuses.

Le lord garde des sceaux faisait, de son côté, force réflexions sur sa rencontre singulière avec Ravenswood. En examinant de nouveau les notes prises à l'occasion des funérailles du lord de Ravenswood, il fit un travail tout différent de celui qu'il avait commencé. Possédant l'habileté des hommes du barreau, il savait donner au même fait des couleurs opposées. Aussi, dans le compte à rendre au Conseil privé du tumulte des funérailles de Ravenswood, s'appliqua-t-il à en adoucir la gravité avec le même soin qu'il avait mis d'abord à l'exagérer. Il représenta ensuite à ses collègues la nécessité d'adopter des mesures conciliatrices avec des jeunes gens dont le sang était bouillant et qui n'avaient pas d'expérience. Il rejeta même une partie du blâme sur l'officier ministériel, qui avait montré en cette occasion, dit-il, plus de zèle que de prudence.

Les lettres particulières qu'il écrivit à ceux de ses amis sur lesquels il pouvait compter pour influer sur la décision du Conseil étaient d'une nature encore plus pacifique. Il disait que des mesures de douceur seraient, en cette circonstance, d'une bonne politique; car le respect que l'on a en Écosse pour tout ce qui tient aux cérémonies funèbres exciterait un mécontentement général si l'on voyait le Maître de Ravenswood puni pour avoir empêché qu'on troublât les obsèques de son père. Enfin, avec le ton d'un homme plein de générosité, il demandait que, par égard pour lui-même, on ne donnât aucune suite à cette affaire. Il fit allusion à sa position délicate vis-à-vis du jeune Ravenswood, avec le père duquel il avait plaidé si longtemps, bien que ce fût pour défendre ses droits légitimes; il ajouta qu'il lui serait très pénible de voir encore s'aggraver les malheurs d'une noble maison, et qu'il serait heureux au contraire de pouvoir se faire un mérite de l'indulgence avec laquelle le Maître de Ravenswood serait traité par suite du rapport favorable qu'il venait d'envoyer au Conseil, et qu'il aurait une obligation personnelle à ses nobles amis de contribuer à couvrir cette affaire du voile de l'oubli.

Contre son habitude, sir William, en écrivant à lady Ashton, ne lui dit pas un mot de ces événements. Il lui parla de l'alarme causée par le taureau sauvage, mais en passant sous silence le secours inattendu du maître de Ravenswood.

Les amis et les collègues de sir William furent surpris en recevant des lettres conçues dans un style auquel on s serait si peu attendu.

— Eh bien! dit un homme d'État qui, à force de courbettes et en changeant de parti aussi souvent que les circonstances l'avaient exigé, maintenait son poste au gouvernail malgré les directions contraires que le vaisseau de l'État avait suivies depuis trente ans, eh bien! j'aurais cru que sir William connaissait et aurait vérifié le vieux proverbe écossais qui dit « que la peau de l'agneau se vend au marché tout comme celle du vieux mouton ».

— Il faut faire ce qu'il désire, dit un autre; mais j'étais loin de m'attendre à une pareille demande de sa part. Le lord garde des sceaux s'en repentira un jour; le Maître de Ravenswood pourra lui filer une bonne quenouille.

— Et quel parti pourriez-vous prendre à l'égard de mon pauvre jeune parent, Milords? demanda le marquis d'Athol. Le lord garde des sceaux possède tous les biens de sa famille. Il ne reste pas à Ravenswood un shilling pour payer l'amende que vous prononceriez contre lui.

Là-dessus, le vieux lord Turntippet dit :

> Mais s'il n'a pas de quoi payer l'amende,
> Il a son cou pour qu'on le pende.

— Je ne vois pas. Milord, reprit le marquis d'Athol, quel motif peut avoir personne à pousser cette affaire plus loin. Laissons le lord garde des sceaux agir comme bon lui semblera. Maintenant, Milords, nous avons à prendre un parti sur l'amende de ce jeune mange-tout de lord Bucklaw. Je suppose qu'elle sera versée entre les mains du lord trésorier ?

— Quoi! quoi! s'écria lord Turntippet, je comptais bien que ce morceau tomberait dans ma bouche. Je l'ouvrais déjà pour le recevoir.

— Vous allez vite en besogne, Milord, dit le marquis. Rappelez-vous donc le chien du meunier qui allonge la langue avant que le sac qui contient son dîner soit ouvert. L'amende n'est pas encore prononcée.

— Mais il n'en coûte a qu'un trait de plume, dit lord Turntippet, et sûrement il n'y a pas ici un noble lord qui ne puisse penser qu'après avoir montré toute complaisance, après avoir prêté les serments qu'on a voulu, après avoir lâché tous les partis qui ont eu le dessous; en un mot, après avoir servi l'État à tort ou à travers pendant plus de trente ans, je ne puisse avoir de temps en temps quelque chose pour me rafraîchir la bouche et m'aider à avaler ma salive.

— Cela serait sans doute bien déraisonnable, Milord, répliqua le marquis, si nous nous étions jamais aperçus que quelque chose vous tînt au gosier, ou si nous avions pu espérer calmer votre soif.

Mais il est temps de tirer le rideau sur les scènes vulgaires que présentait alors le Conseil privé d'Écosse.

CHAPITRE VI

Dans un obscur cabaret ayant pour enseigne *la Tanière du Renard* et situé à distance égale d'environ quatre milles, du château de Ravenswood et de la tour de Wolferag, deux étrangers étaient assis autour d'une table sur laquelle était placé un pot de vin. Un de ces étrangers paraissait âgé d'environ quarante ans. Il était grand, maigre, efflanqué ; des yeux noirs, perçants, et une physionomie sinistre.

L'autre paraissait avoir une quinzaine d'années de moins. Il était petit, bien fait, vigoureux, mais un peu porté à l'embonpoint. Un air de gaîté, de franchise et de résolution donnait du feu à ses yeux gris, surmontés de sourcils d'un blond roux comme ses cheveux. Il ne paraissait pas régner entre les deux compagnons une grande cordialité. Ils se regardaient en silence avec une certaine impatience.

Le plus jeune rompit enfin le silence en s'écriant :

— Qui diable peut donc le retenir si longtemps ? A-t-il échoué dans son entreprise ? Pourquoi aussi m'avez-vous empêché de l'accompagner ?

— Chacun doit se charger de venger soi-même ses injures, répondit son compagnon.

— Au bout du compte, Craigengelt, reprit le plus jeune, vous n'êtes qu'un poltron. C'est ce que bien des gens pensent depuis longtemps de vous.

— C'est au moins ce que personne n'a jamais osé me dire, répondit Craigengelt en portant la main sur son épée ; et si je ne savais qu'il ne faut pas prêter plus d'attention aux propos d'un étourdi qu'à ceux d'un fou, je...

— Et que feriez-vous ? reprit le premier avec sang-froid, et pourquoi ne le faites-vous pas ?

— Pourquoi ? dit Craigengelt en tirant son épée à demi du fourreau. Parce que cette lame est destinée à quelque chose de mieux qu'à trancher la vie d'une vingtaine d'écervelés comme vous.

— Vous avez raison, peut-être, Craigengelt ; car il faut être fou et écervelé comme moi pour se fier à vos promesses de me procurer une commission dans la brigade irlandaise. Mais que pouvais-je faire ? Je ne puis même payer la dernière amende à laquelle ce vieux coquin de Turntippet veut me faire condamner pour en faire son profit, et qui est sûrement décidée. La brigade irlandaise ? qu'ai-je de commun avec elle ? Je suis un franc Écossais, comme l'était mon père, et ma grand'tante, lady Girnington, ne vivra pas éternellement.

— Tout cela est bel et bon, Bucklaw ; mais elle peut vivre encore longtemps. Quant à votre père, il avait des terres, il vivait sur ses domaines, ne faisait pas de dettes et ne connaissait les juifs ni les usuriers.

— Et qui me les a fait connaître, ces usuriers ? Au diable, à vous et à ceux qui vous ressemblent ! Et maintenant, il faut m'ingénier pour trouver des moyens d'existence semblables aux vôtres ! Vivre une semaine sur une prétendue nouvelle de Saint-Germain, une autre sur le rapport d'une insurrection des Highlands ; quêter mon déjeûner chez de vieilles femmes jacobites en leur donnant des mèches de cheveux du Chevalier (1) prises dans ma vieille perruque ; servir de second à un ami pour un duel, et arranger la querelle sur le terrain ; voilà ce qu'il faut que je fasse pour manger et avoir le plaisir de m'entendre nommer capitaine.

— Voilà un beau discours, dit Craigengelt ; vous devez être content d'avoir fait tant d'esprit à mes dépens. Mais

---

(1) Fils de Jacques II.

vaut-il mieux mourir de faim ou se faire pendre, que de vivre comme je le fais, parce que notre roi ne peut en ce moment soutenir convenablement ses envoyés ?

— Mourir de faim serait, sans nul doute, plus honorable, et la potence pourrait bien être la fin de tout ceci. Mais, pour en revenir à ce pauvre diable de Ravenswood, qu'en voulez-vous faire ? Il n'a pas plus d'argent que moi ; le peu de terre qui lui reste est engagé ; le revenu ne suffit pas à payer les intérêts. Que diable espérez-vous donc en vous mêlant de ses affaires ?

— Ne vous inquiétez pas, Bucklaw. Je sais ce que je fais. D'abord, son nom sonne bien, et les services de son père, en 1689, feront valoir cette recrue près des cours de Saint-Germain et de Versailles. Puis faites attention que le maître de Ravenswood est un gaillard d'une autre trempe que vous. Il a du courage, de l'adresse, des talents. C'est un jeune homme dont la tête et le bras seront également utiles. Il connaît autre chose que la course d'un cheval ou le vol d'un gerfaut. J'ai manqué perdre mon crédit pour avoir envoyé en France des officiers qui ne savaient que lancer un cerf ou rappeler un faucon. Rien de pareil n'est à craindre avec Ravenswood : il a de l'instruction, du bon sens, de la pénétration.

— Et, malgré toutes ses qualités, il est tombé dans vos filets ! Laissez en repos la poignée de votre épée, Craigengelt ; vous savez bien que vous ne vous battrez pas. Dites-moi plutôt comment vous avez gagné la confiance de Ravenswood.

— En flattant sa soif de vengeance. Je savais qu'il ne m'aimait pas ; mais j'ai guetté l'instant favorable, et j'ai parlé quand il était irrité de ce qui s'était passé aux funérailles de son père. Dans ce moment, il est allé pour s'expliquer avec sir William Ashton. Mais je sais ce qui arrivera. Le lord garde des sceaux traitera Ravenswood avec hauteur ; celui-ci le tuera, car il a dans les yeux une lueur sinistre, et, lors même qu'il ne le tuerait pas, il y aura une terrible querelle ; il sera en guerre ouverte avec le gouvernement ; l'Écosse deviendra dangereuse pour lui ; la France lui offrira un refuge, et nous partirons tous ensemble sur le brick français l'*Espoir*, qui nous attend à la hauteur d'Eyemouth.

— Je le veux bien, dit Bucklaw ; l'Écosse n'a pas grand'chose qui m'intéresse dans ce moment. Si la compagnie de Ravenswood doit nous procurer un accueil favorable en France, qu'il y vienne, de par tous les diables ! car je doute un peu de vos moyens personnels. J'espère qu'avant de nous rejoindre, il aura logé une balle dans la tête du lord garde des sceaux. Il faudrait, tous les ans, mettre quelques grains de plomb dans la cervelle d'une couple de ces hommes d'État, pour apprendre aux autres à vivre.

— Rien de plus juste, dit Craigengelt, et ceci me rappelle qu'il faut que j'aille voir si nos chevaux ont mangé, et s'ils sont prêts à partir ; car si le lord garde des sceaux est mort, il ne faudra pas que l'herbe ait le temps de croître sous leurs pieds.

Puis se tournant brusquement :

— Bucklaw, quel que puisse être le résultat de l'affaire de Ravenswood, j'espère que vous serez assez juste pour vous rappeler que je n'ai rien fait ni rien dit qui puisse me faire considérer comme *fauteur* ou *complice* d'aucun acte de violence qu'il aura pu commettre.

— Vous en êtes incapable, répondit Bucklaw ; vous connaissez trop bien les risques qu'entraînent ces mots formidables : *fauteur ou complice*.

Et il se mit à réciter ces vers :

> S'il ne lui donna pas l'affreux conseil du crime,
> Son doigt lui désigna le cœur de la victime.

— J'ai pensé bien des fois, Bucklaw, que vous étiez

né pour être comédien ; vous traitez tout avec une insouciance !

— Je pense aussi que j'aurais mieux fait de prendre ce parti que de jouer un rôle avec vous dans la fatale conspiration. Mais allez donc ; occupez-vous de nos chevaux, comme un palefrenier que vous êtes ! Né pour être comédien ! Ce propos mériterait un coup d'épée ; mais ce Craigengelt est si lâche ! Et cependant, cette profession m'aurait plu... Oui... J'aurais débuté dans Alexandre !

De la nuit des tombeaux vous me voyez sortir,
Pour vous offrir encor des lauriers à cueillir.
Que l'éclair, mes amis, soit moins prompt que vos armes !
Que la gloire à vos yeux brille de tous ses charmes !
Il s'agit de sauver l'objet de mon amour.

Comme Bucklaw finissait sa tirade, Craigengelt rentra en s'écriant :
— Nous sommes perdus, Bucklaw ! Le cheval de Ravenswood s'est enchevêtré dans ses harnais ; il est complétement boiteux. Celui qu'il monte dans ce moment sera fatigué de sa course et ne pourra jamais fuir assez vite s'il est poursuivi.
— Mais, reprit Bucklaw, vous pourrez lui prêter le vôtre.
— Au risque d'être arrêté moi-même ? Je vous remercie de la proposition.
— Mais si le lord garde des sceaux a été tué, ce que, par parenthèse, je ne crois pas, car Ravenswood n'est pas capable d'assassiner un vieillard sans défense, qu'avez-vous à craindre, puisque vous n'êtes *ni fauteur ni complice ?*
— Cela est vrai, dit Craigengelt, mais ma commission de Saint-Germain...
— Commission de votre façon, noble capitaine. Au reste, s'il n'a pas votre cheval, il aura le mien ; il ne sera pas dit que j'aurai promis de le soutenir sans l'aider à

sortir du danger. Bien certainement, je lui donnerai mon cheval. Mais silence!... Écoutez! N'entendez-vous pas le pas d'un cheval?

— Oui; mais je crains qu'il n'y en ait plusieurs, répondit Craigengelt.

— En vérité, capitaine, vous devriez vous débarrasser de votre brevet; car vous prenez l'alarme aussi facilement qu'une oie sauvage. Mais voici le Maître de Ravenswood aussi sombre qu'une nuit de novembre.

Edgar entra, enveloppé dans son manteau; il s'assit sur une chaise d'un air rêveur.

— Eh bien! qu'est-il arrivé? s'écrièrent en même temps Bucklaw et Craigengelt.

— Rien!

— Rien? dit Bucklaw. Vous nous avez quittés pour aller voir ce vieux coquin et lui demander raison des injures qu'il vous a faites.

— Je l'ai vu.

— Vous l'avez vu, et vous n'avez pas réglé vos comptes avec lui? Par ma foi, ce n'est pas ce que j'attendais du Maître de Ravenswood.

— Peu m'importe, Monsieur, ce que vous attendiez de moi. Je ne suis nullement disposé à vous rendre compte de ma conduite.

— Patience! s'écria Craigengelt, qui vit que Bucklaw allait s'emporter. Les projets du Maître de Ravenswood ont sans doute rencontré quelque obstacle; mais il doit excuser l'inquiétude et la curiosité de deux amis aussi dévoués que nous.

— D'amis! capitaine Craigengelt, s'écria Edgar avec hauteur; je ne sache pas que rien puisse vous donner le droit de m'appeler ainsi. La seule relation qui existe entre nous est dans le projet que j'avais formé de quitter l'Écosse avec vous dès que j'aurais eu une entrevue avec celui qui est possesseur aujourd'hui, je ne dirai pas propriétaire, du château de mes ancêtres.

— Cela est vrai, Monsieur, dit Bucklaw ; mais comme nous pensions que vos projets pouvaient attirer sur vous quelques dangers, peut-être vous mettre la corde au cou, nous nous étions exposés au même péril en vous attendant. Pour Craigengelt, c'eût été un petit accident ; car la potence a été imprimée sur son front dès sa naissance. Mais pour moi, j'avoue qu'une telle fin ne me paraît pas désirable.

— Messieurs, répondit Edgar, je suis fâché de vous avoir donné tant d'inquiétudes pour vous-mêmes ; mais j'ai changé d'avis, et je ne partirai pas d'Écosse pour le moment.

— Vous ne partirez pas, s'écria Craigengelt, après toutes les peines que j'ai prises et toutes les dépenses que j'ai faites pour assurer votre passage, et le risque que j'ai couru pour vous attendre !

— Je suis fâché, Monsieur, des peines que je vous ai données ; mais je ne me suis nullement engagé à partir si quelques raisons me déterminaient à ne point accepter vos offres obligeantes. Quant à vos dépenses, voici ma bourse ; veuillez vous rembourser suivant votre conscience.

Le capitaine avançait la main pour saisir la bourse, quand Bucklaw l'arrêta.

— Je vois, Craigengelt, dit-il, que vos doigts ont des démangeaisons de saisir ce petit objet contenant de l'or ; mais si vous avez le malheur d'y toucher, je vous jure que je vous les abats d'un coup d'épée. Puisque le Maître de Ravenswood a changé d'idée, rien ne l'oblige à nous suivre ; mais il eût dû réfléchir avant de compromettre l'amitié au moins d'un homme d'honneur.

— Et, dit Craigengelt, il ne sait pas les difficultés qu'il éprouvera pour se présenter convenablement à Versailles et à Saint-Germain, s'il n'y est présenté par des gens y ayant des relations utiles.

— Messieurs, répondit Edgar, permettez-moi de vous

faire observer que vous avez bien voulu attacher à notre liaison momentanée plus d'importance que je n'ai eu dessein de lui en donner. Quand j'irai dans une cour étrangère, je n'aurai pas besoin, je l'espère, d'y être présenté par un aventurier intrigant et par une tête chaude.

Et, sans attendre une réponse, il sortit de l'appartement et monta à cheval.

— Morbleu ! s'écria Craigengelt, voilà ma recrue au diable !

— Oui, capitaine ; le poisson emporte l'hameçon et la ligne. Mais il faut que je le suive, car il m'a témoigné plus d'impertinence que je ne puis en digérer.

— Dois-je vous accompagner, Bucklaw ?

— Non, non ! restez au coin du feu jusqu'à mon retour ; vous pourriez être exposé à quelque enfilade.

Et Bucklaw sortit en chantant :

> Bonne femme au coin de son feu
> Du grand vent s'inquiète peu.

CHAPITRE VII

Le Maître de Ravenswood, s'apercevant de l'accident arrivé à son cheval, était reparti sur celui avec lequel il était venu, et il s'éloignait au pas vers la tour de Wolferag lorsqu'il entendit le galop d'un cheval et reconnut qu'il était poursuivi par le jeune Bucklaw.

— Arrêtez, Monsieur ! s'écria ce dernier lorsqu'il atteignit Edgar ; je ne suis pas un capitaine Craigengelt, dont la vie est trop importante pour qu'il veuille la hasarder en défendant son honneur. Je suis Franck Hayston de

Bucklaw; et si quelqu'un m'insulte par un mot, un geste, un regard, il faut qu'il m'en rende raison.

— C'est fort bien, Monsieur Hayston de Bucklaw, répondit le Maître de Ravenswood du ton le plus calme; mais je n'ai point de querelle avec vous ni ne désire en avoir. Les routes que nous suivons dans le monde ne sont pas les mêmes, pourquoi donc chercher à nous croiser?

— Pourquoi? reprit impétueusement Bucklaw. Vous m'avez fait une insulte que je ne puis ni ne dois souffrir. Vous nous avez appelés des aventuriers intrigants!

— Votre mémoire vous sert mal, Monsieur; c'est à votre compagnon seul que j'appliquais cette épithète; et vous savez s'il la mérite!

— Qu'importe, Monsieur! il était mon compagnon, et, qu'il ait tort ou raison, je ne le laisserai jamais insulter tant qu'il sera dans ma compagnie.

— Alors, Monsieur, vous devriez mieux choisir votre société, reprit Edgar avec sang-froid. Croyez-moi, retournez chez vous; faites un bon somme, et demain vous serez plus raisonnable.

— Non, non, Monsieur! Vous ne vous tirerez pas d'affaire avec moi par de belles phrases. D'ailleurs, vous m'avez appelé mauvaise tête; il faut que vous rétractiez ce mot avant que nous nous quittions.

— De bonne foi, dit Edgar, il me serait difficile de le faire en ce moment!

— Eh bien, Maître de Ravenswood, si vous ne voulez pas rétracter ce que je regarde comme une insulte, choisissez l'endroit où nous nous battrons; ou je saurai vous infliger le châtiment qu'a provoqué votre insolence.

— Si vous parlez sérieusement, Monsieur Bucklaw, ce lieu peut nous servir aussi bien qu'un autre à vider notre querelle, dit Edgar en descendant de cheval et en se mettant en état de défense.

Leurs épées se croisèrent aussitôt, et le combat com-

3.

mença avec ardeur de la part de Bucklaw, qui maniait son épée avec une grande dextérité ; mais son sang-froid l'avait abandonné en voyant l'air de mépris avec lequel Ravenswood lui avait accordé satisfaction. Emporté par son impatience, il pressa son adversaire avec plus de fougue que de prudence. Ce dernier, avec autant d'adresse et plus de sang-froid, se tint sur la défensive ; et lorsque Bucklaw voulut se précipiter sur Edgar avec acharnement, ce dernier lui fit sauter l'épée hors des mains. Le terrain étant glissant, Bucklaw tomba sur le gazon.

— Je vous donne la vie, Monsieur, dit Ravenswood ; tâchez de vous amender, si c'est possible.

— Ma foi ! à parler franchement, je crains que ce ne soit guère facile, répondit Bucklaw en se relevant ; mais voici ma main ; je ne vous garde pas rancune, quoique vous m'ayez vaincu et que je sois forcé de vous regarder comme mon maître en escrime.

Ravenswood le regarda fixement et lui dit :

— Bucklaw, vous êtes un brave. Je vous demande pardon franchement de l'expression qui vous a offensé. Je l'ai employée sans réflexion, et c'était à tort que je vous l'avais appliquée.

— Maître de Ravenswood, par ma foi, c'est plus que je n'attendais de vous ; car on dit que vous n'êtes guère porté à rétracter vos paroles.

— Jamais, lorsque j'ai parlé après avoir pris le soin de réfléchir !

— Je vois, dit Bucklaw, que vous êtes plus sage que moi ; car je commence toujours par donner satisfaction, sauf à entrer en explication après. Mais que nous veut ce petit braillard monté sur un âne ? Que dit-il donc ?

— Messieurs, messieurs ! s'écriait l'enfant, sauvez-vous,... il y a des gens dans l'auberge qui ont arrêté le capitaine Craigengelt et qui cherchent M. Bucklaw. Décampez au plus vite !

— Grand merci de l'avertissement, mon garçon, dit Bucklaw. Tiens, voilà une belle pièce de six pence pour ta peine. Mais que faire ? Quelle route suivre pour échapper à ces sbires ?

— Venez chez moi, dit Ravenswood; il y a dans ma vieille tour un endroit où vous pourrez défier mille espions.

— Non, non, Maître de Ravenswood, je ne veux pas vous entraîner dans les filets des Jacobites.

— N'ayez aucune inquiétude; je n'ai rien à craindre.

— Eh bien, j'accepte votre offre; car, à vrai dire, je ne connais pas le lieu de rendez-vous où Craigengelt devait nous conduire ce soir. Mais je suis certain que s'il est pris, il va dire toute la vérité sur mon compte et vingt mensonges sur le vôtre pour sauver son cou. Partons donc.

Ils montèrent à cheval et s'éloignèrent en traversant les bruyères afin d'éviter la grand'route. Ils gardèrent le silence et pressèrent leurs montures jusqu'à ce que, les ténèbres s'épaississant, ils se virent à l'abri des poursuites.

— Maintenant, dit Bucklaw, je voudrais vous faire une question, Ravenswood ?

— Parlez, répondit celui-ci; mais permettez-moi de ne pas répondre si je ne le juge pas bon.

— Certes, oui. Quelle raison avez-vous pu avoir pour vouloir vous enrôler avec un fripon comme Craigengelt et une mauvaise tête comme Bucklaw?

— Parce que j'étais désespéré !

— Pourquoi, alors, reprit Bucklaw, nous avoir quittés au moment où nous commencions à lier connaissance ?

— Parce que j'avais changé d'idée, et que j'avais renoncé, du moins pour le moment, à passer en France. Maintenant, à mon tour d'interroger : — Comment se fait-il que je vous aie trouvé dans la compagnie d'un Craigengelt qui vous est si inférieur par la naissance et les sentiments ?

— Parce que je suis fou, répondit Bucklaw. J'ai perdu au jeu toute ma fortune. Ma grand'tante lady Girnington, que je croyais voir expirer à chaque instant, se porte à présent mieux que jamais. J'avais fait au jeu la connaissance de Craigengelt; il vit ma position, et me fit mille histoires sur les lettres de créance qu'il avait de Versailles; il me promit que j'aurais un brevet de capitaine dès mon arrivée à Paris; et, le diable aidant, je me suis laissé prendre dans ses filets. Je suis sûr que dans ce moment il a déjà fait une douzaine d'histoires sur mon compte au gouvernement. Oui, Ravenswood, voilà ce que m'ont valu le vin, les dés, les coqs, les chiens et les chevaux !

— Il est vrai, Bucklaw, vous avez nourri dans votre sein les serpents qui vous tourmentent aujourd'hui.

— C'est parler en oracle. Mais, Ravenswood, vous aussi avez nourri dans votre sein un gros serpent qui vous dévorera.

— Pour parler sans métaphore, dit Edgar, quelle est cette passion monstrueuse qui doit me dévorer ?

— La vengeance !... Croyez-vous qu'elle ne puisse figurer avec avantage à côté des passions du vin, du jeu, de la chasse ? Il vaut mieux briser une palissade pour se mettre à l'affût d'un daim, que d'aller guetter un vieillard pour lui mettre du plomb dans la cervelle.

— Sur mon honneur ! s'écria Ravenswood, je n'ai jamais eu ce projet ; je voulais seulement, avant de quitter ma terre natale, reprocher à l'oppresseur de ma famille sa tyrannie, ses injustices et leurs conséquences terribles, de manière à faire entrer le remords dans son âme.

— Projet bien innocent, sans doute, reprit Bucklaw; mais le vieillard vous eût pris au collet, eût crié au secours, et, au lieu de porter le trouble dans son âme, vous lui auriez peut-être envoyé une balle dans la tête.

— Avez-vous oublié sa barbarie et mes souffrances ? répondit Edgar. Ma famille détruite, mes biens ravis, le plus tendre des pères mort de douleur. Eh quoi ! autrefois, en Écosse, celui qui serait resté tranquille après d'aussi sanglants outrages eût été déshonoré.

— Ma foi, je vois que le diable ne tourne pas ses ruses que contre moi ! Toutes les fois que je suis pour commettre une folie, il me persuade que c'est la chose la plus noble, la plus nécessaire, et je m'enfonce dans la fondrière jusqu'à la selle avant de m'apercevoir que la terre est molle.. C'est ainsi que vous auriez pu devenir un homicide par respect pour la mémoire de votre père.

— Il n'est que trop vrai, Bucklaw ; nos vices se glissent dans notre âme sous des formes aussi aimables que celles de ces démons qui séduisent le cœur des hommes et dont on ne découvre les difformités qu'après les avoir serrés dans nos bras.

— Mais nous pouvons toujours les chasser loin de nous, répondit Bucklaw ; et c'est ce que je verrai à faire quand lady Girnington mourra ; et même je vais commencer dès ce soir ma réforme. Je m'engage à ne boire qu'une bouteille de vin, à moins que votre bordeaux ne soit d'une qualité extraordinaire.

— Ma cave ne vous offrira pas de tentations. Je ne puis vous promettre rien de plus que l'abri de mon toit. Mais voici mon antique demeure.

La lune, qui jusqu'alors n'avait jeté qu'une faible lueur, sortit tout à coup des nuages et éclaira la tour désolée de Wolferag. Le roc escarpé la rendait inabordable de trois côtés ; le seul côté qui regardait la terre avait été fortifié par un fossé et un pont-levis ; mais, depuis longtemps, le pont-levis était en ruine, le fossé comblé de décombres, et il n'y avait qu'un passage étroit accessible pour un homme seul à cheval, qui conduisait à la porte. Ravenswood frappa à coups redoublés, appela son seul domestique Caleb Balderston. Enfin, une voix tremblante demanda :

— Est-ce vous? Est-ce le Maître de Ravenswood?

— Oui, c'est moi, Caleb : ouvrez vite la porte.

— Mais est-ce bien vous en chair et en os, ou n'êtes-vous que son spectre?

— C'est moi, vieux fou, moi en corps et en esprit, quoique mourant de froid.

On entendit descendre lentement, on vit apparaître une lumière à travers les meurtrières ménagées dans les murs ; puis, avant de lever les barreaux de fer de la porte, Caleb demanda encore si c'étaient bien des hommes formés du limon terrestre qui voulaient entrer à cette heure de la nuit.

— Si j'étais près de vous, s'écria Bucklaw, je vous ferais sentir, par des preuves certaines, que je suis en chair et en os.

Enfin Caleb ouvrit. Il resta un moment immobile devant les voyageurs. Ses cheveux gris, son front et ses traits sillonnés de rides étaient éclairés par la lueur d'une petite lampe.

— Est-ce vous, mon cher maître? s'écria-t-il. Je suis bien fâché que vous ayez attendu si longtemps à la porte de votre château; mais qui eût pensé que vous seriez revenu si tôt et accompagné d'un noble étranger? Mysie, appela-t-il, Mysie, arrangez vite du feu ; prenez, ajouta-t-il à voix basse, l'escabeau pour faire du feu, ou ce qui vous tombera sous la main.

Puis, se retournant vers son maître :

— Je crains que nous ne soyons pas très bien fournis de provisions; car nous ne vous attendions que dans quelques mois...

— Néanmoins, Caleb, il faut que vous nous traitiez de votre mieux, nous et nos chevaux. J'espère que vous n'êtes pas fâché de me revoir?

— Fâché, Milord!... fâché de voir le lord de Ravenswood de retour dans un de ses châteaux! Puis, s'adressant de nouveau à sa compagne invisible : — Mysie, tuez la poule qui couve, et mettez-la à la broche.

— Non pas, dit-il en se retournant vers Bucklaw, que ce soit notre meilleure habitation; mais c'est ce qu'il faut au lord de Ravenswood dans les temps de troubles. Cette tour est une forteresse excellente, remarquable par son antiquité, et tous les nobles étrangers qui y ont reçu l'hospitalité n'ont jamais manqué d'en admirer l'extérieur.

— Oh! nous ne nous inquiétons pas de l'extérieur, mon cher ami, dit Bucklaw; voyons plutôt l'intérieur, et nos chevaux seront contents aussi de faire connaissance avec l'écurie.

— Rien de plus juste, Monsieur... Milord et un de ses honorables compagnons...

— Mais nos chevaux, mon vieil ami! nos chevaux! ils vont gagner une courbature si vous les laissez dehors. Occupez-vous de nos chevaux, fût-ce au détriment des maîtres.

— Au détriment des maîtres!... mais n'avons-nous personne... Attendez, attendez! je vais appeler les valets d'écurie : Hé! John! William! Saunders!.. Les drôles sont couchés ou sortis... tout va mal quand le maître est absent; mais j'aurai soin moi-même de vos chevaux.

— Vous ferez bien, dit Ravenswood; autrement les pauvres animaux courraient grand danger de ne rien avoir.

— Chut! chut! pour l'amour de Dieu! dit Caleb tout bas à son maître; si vous n'êtes pas jaloux de votre honneur, pensez au mien.

— Allons, ne vous tourmentez pas, mon cher Caleb; conduisez les chevaux à l'écurie. J'espère qu'il y a du foin et de l'avoine?

— Oh! beaucoup, beaucoup de foin et d'avoine. Puis, à l'oreille de son maître : — J'ai trouvé quelques mesures d'avoine et un peu de paille hachée après l'enterrement.

— Très bien! dit Edgar en prenant la lampe. Je vais montrer le chemin à mon hôte...

— Y pensez-vous, Milord ? Impossible! Laissez-moi seulement quelques minutes, et j'introduirai vos seigneuries dans le château. D'ailleurs, j'ai enfermé les candélabres d'argent, et cette lampe...

— Nous nous en contenterons, interrompit Edgar; pour vous la lumière est inutile, car, si je ne me trompe, le toit de l'écurie est à jour.

— Il est vrai, Milord, les charpentiers et les maçons que vous m'aviez donné ordre de faire venir raccommoder n'ont pas eu le temps de faire ce travail.

— Si j'étais disposé à rire des malheurs de ma maison, dit le Maître de Ravenswood quand il fut seul avec son hôte, le pauvre Caleb m'en fournirait ample matière. Sa passion est de représenter notre misérable *ménage* comme il pense qu'il devrait être, et le pauvre vieillard s'ingénie pour trouver des expédients qui suppléent à ce qu'il regarde comme essentiel à l'honneur de la famille. Mais cherchons la pièce où il a allumé du feu.

Et il ouvrit le salon. — Je vois que ce n'est pas ici, dit-il en soupirant. C'était une grande salle dont les poutres étaient grossièrement sculptées; tout était resté dans l'état du jour des funérailles de lord Allan de Ravenswood. Les tentures noires pendaient le long du mur; les sièges renversés, des pots d'étain sur la grande table, des verres cassés, tout annonçait le désordre de ce festin funèbre.

Après avoir ouvert successivement plusieurs chambres, Ravenswood entra enfin dans une petite pièce où un bon feu était allumé. Bucklaw sentit renaître son courage en se chauffant.

— Vous ne trouverez pas l'aisance ici, dit Edgar. Un abri sûr, voilà tout ce que je puis vous offrir.

— C'est une excellente chose, dit Bucklaw. Avec une

bouchée de pain et un verre de vin, je ne demande rien outre.

— Je crains, Bucklaw, que vous ne fassiez un triste repas. Écoutez le pauvre Caleb, qui est en discussion à ce sujet avec Mysie.

— Faites pour le mieux, femme. Si la poule qui couve est dure, je dirai que vous avez fait une méprise : l'essentiel est de sauver l'honneur de la famille

— Mais la poule qui couve, dit Mysie, est dans le fournil ; on n'y voit point: et puis eussé-je la poule, il faudrait la plumer, la vider, la faire cuire, et ils sont assis près du seul feu que nous ayons.

— Attendez, Mysie, je vais tâcher de leur reprendre la lampe.

Et il entra doucement dans la salle sans se douter qu'on eût entendu sa conversation avec Mysie.

— Eh bien ! Caleb, lui dit son maître, y a-t-il quelque espoir de souper?

— Quelque espoir de souper, Milord ? Comment en douter quand nous sommes chez Votre Seigneurie? Mais vous n'aimez pas sans doute la viande de boucherie? Non, un chapon gras, nous en avons dans le garde-manger un...

— Ce n'est pas nécessaire, interrompit Bucklaw, si vous avez seulement de la viande froide et du pain ?

— Les meilleurs petits pains d'avoine et de la viande, nous n'en manquons pas, quoique après les funérailles on ait distribué aux pauvres les viandes, les gâteaux, les friandises.

— Allons, Caleb, finissons-en, dit Edgar ; mon jeune ami est forcé de se cacher, et il ne sera pas difficile.

— Oh! j'entends ! très bien, s'écria Caleb tout joyeux.

Il apporta alors sur la table ses petites provisions et se mit à servir avec empressement les deux amis.

Bucklaw, qui avait dévoré un reste d'épaule de mouton, demanda à Caleb s'il n'aurait pas un peu de vin.

— Du vin ! répondit Caleb. Dieu merci, il n'en manque pas.

Et il sortit hardiment.

Il remua tous les tonneaux vides et il finit par trouver environ une pinte de lie. Mais il avait un stratagème tout prêt; lorsqu'il fut à la porte de sa chambre, il lança avec adresse un flacon vide et cria à Mysie de venir essuyer le vin, en ajoutant qu'il en restait assez dans l'autre flacon pour leurs Honneurs. Il en restait assez, effectivement; car dès que Bulklaw y eut mis les lèvres, il s'empressa de demander un verre d'eau claire.

On songea alors au coucher, et Caleb eut une excuse pour expliquer l'état de délabrement de la chambre secrète.

— En effet, dit-il, qui eût jamais pensé qu'on aurait besoin de cette chambre ? Elle n'a pas servi depuis le temps de la fameuse conspiration, et je n'ai jamais voulu y laisser entrer aucune femme. Autrement, Vos Honneurs conviendront que ça n'eût pas été longtemps une chambre secrète.

CHAPITRE VIII

— Eh bien, Bucklaw, comment vous trouvez-vous ce matin ? dit Edgar en entrant dans la chambre de ce dernier. Que dites-vous du lit sur lequel dormit en sûreté le comte d'Angus, quand il était poursuivi par le ressentiment d'un roi ?

— Ma foi, Ravenswood, il me siérait mal de me plaindre d'un logement dont un si grand homme s'est contenté. Pourtant, les matelas sont un peu durs, les murs sont humides, et les rats ont été plus nombreux que je ne l'eusse cru d'après l'état du garde-manger de Caleb.

— La chambre est assez nue, il est vrai, dit Edgar ; mais, si vous voulez me suivre, Caleb va tâcher de vous procurer un déjeûner meilleur que votre souper d'hier soir.

Et il sortit pour aller trouver Caleb. Ce dernier était occupé à frotter un vieux vase d'étain pour le faire reluire.

— Prenez ceci, dit le maître de Ravenswood en donnant une bourse au veillard.

Ce dernier regarda son maître avec l'expression de la douleur, tandis qu'il soupesait la bourse.

— Est-ce là tout ce qui reste ? dit-il d'un ton plaintif.

— Oui, tout ce qui reste à présent ; mais il faut espérer, mon cher Caleb, que, quelque jour, nous serons mieux en fonds.

— Avant que ce jour arrive, je crains bien que le pauvre Caleb ne soit plus de ce monde. Mais il ne me convient pas de parler ainsi à Votre Honneur, surtout quand je vous vois si pâle. Reprenez votre bourse ; gardez-la pour faire quelque étalage devant le monde. Si vous la faisiez sonner de temps en temps, nous pourrions trouver facilement du crédit.

— Caleb, je me propose de quitter le pays, et je ne veux pas laisser de dettes après moi.

— Sans doute, il faut que vous le quittiez en honnête homme ; mais le vieux Caleb peut prendre en son nom tout ce qui est nécessaire pour la maison, devenir responsable, aller même en prison. Qu'importe ? L'honneur de la famille sera sauvé !

Ravenswood s'efforça vainement de faire entendre à Caleb que s'il ne voulait pas contracter de dettes pour lui, à plus forte raison ne voudrait-il pas que son sommelier s'en rendît responsable. Il parlait à un homme trop occupé des ressources de son génie inventif pour s'arrêter à écouter les arguments qui les combattaient.

— Laissez-moi faire, disait-il ; prenez courage ; laissez-moi faire, tant que Caleb vivra, l'honneur de la famille ne recevra aucune atteinte.

Pendant trois ou quatre jours Caleb trouva moyen de servir des repas à peu près suffisants à nos deux jeunes gens. Mais Bucklaw, forcé de s'interdire ses amusements favoris et de rester enfermé dans la tour de Wolferag, devint taciturne et morose. Ravenswood, avec un esprit plus ferme, avait néanmoins ses sujets de tristes réflexions. La soif de vengeance qui l'avait porté à désirer une entrevue avec le lord garde des sceaux avait fait place à des sentiments plus modérés. Depuis que l'image de Lucy Ashton était venue se placer à côté de celle de son père, Edgar se reprochait sa conduite envers le père et la fille, quand il avait reçu avec dureté l'expression de leur reconnaissance. Il se rappelait avec émotion les traits enchanteurs de Lucy, sa voix douce et touchante, et ces images rendaient plus amer son regret d'avoir repoussé l'expression naïve de la reconnaissance de la jeune fille.

Il existait déjà en lui deux passions contradictoires : le désir de venger son père, et une admiration sans bornes pour la fille de son ennemi. Il combattait la première et ne cherchait pas à résister à la seconde ; car il n'en soupçonnait pas la nature. Néanmoins, quoiqu'il eût formé le projet de quitter l'Écosse, il restait à Wolferag. Il avait écrit à un parent, le marquis d'Athol, pour lui soumettre son intention de partir d'Écosse, et attendait la réponse. Le marquis, quoiqu'on le soupçonnât d'être en secret hostile au gouvernement, était à la tête d'un parti dans le Conseil privé d'Écosse, parti assez puissant pour se faire craindre par ceux qui étaient actuellement au pouvoir. On comprend que Ravenswood désirât consulter un personnage aussi influent, d'autant plus que le bruit courait d'un changement dans le ministère, et par suite dans l'administration écossaise.

— Je croyais, disait souvent Bucklaw à son hôte, que vous étiez un homme d'action ; et cependant, vous me semblez déterminé à vivoter éternellement ici comme un rat dans son trou.

— Il y a, dit Ravenswood, une destinée qui veille sur nous ; et nous sommes intéressés aussi dans la révolution qui est près d'éclater.

— Quelle destinée? Quelle révolution? s'écria Bucklaw ; nous avons déjà eu, ce me semble, une révolution de trop.

Ravenswood lui remit une lettre.

— Oh! oh! par ma foi! Ravenswood, voici mon rêve expliqué. Il me semblait que j'avais entendu Caleb presser un pauvre diable de boire un verre d'eau, prétendant que l'eau était plus salutaire pour l'estomac à jeun que l'eau-de-vie.

— C'était le courrier de lord Athol. Mais lisez, et vous verrez les nouvelles qu'il nous apporte.

— Oui, dit Bucklaw ; mais j'aurai, je crois, de la peine à lire le griffonnage de Sa Seigneurie. Voyons cependant.

« Notre très-honorable Cousin,

« Après vous avoir salué de tout cœur, cette lettre est pour vous assurer de l'intérêt que nous prenons à tout ce qui vous concerne. Si nous n'avons pas mis à vous témoigner notre bonne volonté toute l'activité qu'en bon parent nous aurions désiré pouvoir employer, nous vous prions de ne pas l'imputer à aucune indifférence. Pour ce qui est de votre résolution de voyager en pays étrangers, nous ne vous donnons pas le conseil de l'exécuter dans ce moment, car vos ennemis pourraient attribuer à votre voyage des motifs qui sont, nous n'en doutons pas, loin de votre pensée ; mais leurs discours vous nuiraient beaucoup, ce que nous verrions avec d'autant plus de déplaisir qu'il nous serait impossible d'y remédier.

« Nous voudrions ajouter des raisons importantes pour vous convaincre que si vous restez à Wolferag jusqu'après la moisson, il peut survenir des circonstances avantageuses pour nous et pour la famille de votre père. Mais quoique nous ayons écrit cette lettre de notre main et que nous soyons sûr de la fidélité de notre messager, pénétré comme nous le sommes de la vérité de cette maxime, qu'il faut marcher avec prudence dans un sentier glissant, nous ne voulons pas confier au papier ce que nous vous communiquerions de vive voix.

« Nous aurions désiré vous prier de venir nous voir dans nos montagnes pour chasser le cerf et parler de ce que nous sommes obligés de taire aujourd'hui. Mais cette réunion doit être différée jusqu'à ce que nous puissions parler librement sur le sujet que nous nous interdisons dans la présente.

« En attendant, croyez que nous sommes et serons toujours votre très affectionné parent, qui ne soupire qu'après l'occasion (et nous commençons à en voir l'aurore) de vous témoigner par des effets l'intérêt qu'il vous porte. Et dans cette espérance nous nous disons bien sincèrement

« Votre très affectionné Cousin,
« A.
« De notre maison de B. »

Sur l'enveloppe de cette lettre était écrit :

« Pour le très honorable et honoré parent le Maître de Ravenswood, pour lui être porté en toute hâte, train de poste, au grand galop. Ne quittez pas l'étrier que cette lettre ne soit remise en mains propres »

— Que pensez-vous de cette épître, Bucklaw ?
— Ma foi, je pense qu'elle n'est guère plus facile à comprendre qu'à déchiffrer. A mon avis, il a en vue quelque projet pour lequel il présume que vous lui serez utile, et il veut vous avoir sous la main pour vous employer, se réservant la faculté de vous planter là si son complot vient à échouer.
— Son complot ? Vous pensez donc qu'il s'agit de quelque révolte contre le gouvernement ?
— Que pourrait-ce donc être ? Il y a longtemps qu'on soupçonne le marquis de tourner les yeux vers Saint-Germain.
— Qu'il ne m'engage pas témérairement dans une pa-

reille entreprise. Quand je me rappelle les règnes de Charles Ier et de Jacques II, franchement, je ne vois pas trop pourquoi je tirerais l'épée pour leurs descendants.

— Allons donc ! Ravenswood ; allez-vous pleurer pour ces puritains que le brave Claverhouse a arrangés comme ils le méritaient ?

— J'espère, dit Edgar, voir le jour où Whigs et Torys seront égaux aux yeux de la justice.

— Ce ne sera pas de nos jours, mon cher hôte.

— Ce jour viendra, Bucklaw, n'en doutez pas. Lorsque la vie sociale sera plus efficacement protégée, on en sentira trop le prix et tous les avantages pour les hasarder en écoutant une politique spéculative.

— Tout cela est bel et bon, reprit Bucklaw ; mais moi, je suis pour la vieille chanson :

> Voir de beaux épis sur sa tige,
> Voir pour les Whigs un haut gibet,
> Voir faire droit à qui droit est,
> Rien de tout cela ne m'afflige.

— Vous pouvez chanter aussi haut qu'il vous plaira : *cantabit vacuus*, Bucklaw ; mais je crois le marquis trop prudent pour faire chorus avec vous. Je soupçonne qu'il veut parler d'une révolution dans le Conseil privé d'Écosse plutôt que dans les royaumes britanniques.

— Oh ! s'écria Bucklaw, maudites soient ces manœuvres froides et symétriques, faites par des vieillards en robe de chambre fourrée et en bonnet de nuit, qu'ils exécutent comme des parties d'échecs, déplaçant un trésorier ou un ministre, comme ils prendraient une tour ou un pion ! Vous, profond raisonneur, tout sage que vous êtes, vous avez quelque chose dans les veines qui fait bouillonner votre sang plus vite que ne devrait le permettre l'humeur où vous êtes présentement de faire des sermons moraux sur la politique. Vous êtes de ces sages qui voient tout avec sang-froid jusqu'à ce que le sang leur monte à la tête, et alors... oh! alors, malheur à qui viendrait leur rappeler leurs prudentes maximes.

— Peut-être lisez-vous mieux que moi dans mon cœur, répondit Ravenswood ; mais je crois que penser avec justesse, c'est faire un grand pas pour se mettre en état d'agir de même.

— Grand Dieu ! s'écria Bucklaw, voici Caleb qui sonne la cloche avec un fracas qui me fait trembler ; car c'est lorsqu'il a résolu de nous faire jeûner qu'il carillonne avec fureur.

Caleb apporta avec solennité un plat couvert qu'il posa sur la table avec recueillement.

— Otez le couvercle, Caleb, au nom du ciel ! dit Bucklaw. Allons ! le plat est bien posé, qu'y a-t-il dedans ?

Caleb retenait toujours le couvercle.

— Enfin, s'écria Ravenswood, ôtez le couvercle. J'espère que ce n'est pas une paire d'éperons dorés, suivant l'usage de nos ancêtres des frontières.

— Ah ! ah ! Votre Honneur aime à plaisanter. . Non, j'ai pensé qu'étant à la veille de sainte Marguerite, de son vivant sainte et bonne reine d'Écosse, Vos Honneurs pourraient, non jeûner, mais faire seulement une légère collation, ne manger qu'un rien, un hareng salé...

Il découvrit le plat, et on vit quatre des savoureux poissons qu'il venait de nommer, ayant soin d'ajouter que ce n'étaient pas des harengs communs, mais des harengs choisis et salés avec un soin particulier par la femme de charge, pour l'usage de Son Honneur.

CHAPITRE IX

— Debout! debout! s'écria Bucklaw en se précipitant dans la chambre de son hôte; réveillez-vous. Les chasseurs sont dans la plaine... les meutes sont lancées... la chasse commence!

Et Bucklaw disparut comme un éclair.

— Rien ne peut m'être plus indifférent, dit Edgar. Quel est donc le seigneur qui vient chasser si près de la tour?

— C'est, répondit Caleb, qui avait suivi Bucklaw, l'honorable lord Littlebrain; et je voudrais savoir de quel droit il se permet de chasser sur les terres et dans les domaines de Votre Seigneurie?

— Oh! par une excellente raison, Caleb; c'est qu'il a acheté ces terres et ces domaines.

— Cela se peut, Milord; mais ce n'est pas agir en gentilhomme que d'exercer de pareils droits lorsque Votre Seigneurie est dans son château de Wolferag. Lord Littlebrain ferait bien de se rappeler ce que ses ancêtres étaient autrefois.

— Et nous, ce que nous sommes aujourd'hui, répondit Edgar en s'efforçant de sourire. Mais donnez-moi mon manteau, Caleb; je vais contenter Bucklaw en allant voir la chasse avec lui.

— Quel habillement vous plaît-il de porter? demanda Caleb.

— Celui que vous voudrez, Caleb; ma garde-robe n'est pas nombreuse.

— Pas nombreuse? Et qu'est-ce donc que l'habit gris que Votre Seigneurie donna à Hildebran, et celui de velours français du lord votre père, de glorieuse mémoire, et le manteau de drap de Berry...

— Que je vous ai donné, mon cher Caleb, le seul que vous puissiez me proposer.

— Si c'est la volonté de Votre Honneur, dit Caleb, le voici; je ne l'ai pas même essayé; il est de couleur sombre et convient à votre deuil. Je crois, dis-je, qu'il est convenable; et comme il y a des dames dans la plaine...

— Des dames! et quelles dames, Caleb?

— Je ne sais pas, Votre Honneur. Pendant que je regardais les chasseurs, j'ai aperçu des dames qui avaient des plumes blanches sur leur chapeau et qui couraient avec la même intrépidité que les cavaliers.

— C'est bien, Caleb; aidez-moi à mettre mon manteau, et donnez-moi mon ceinturon. Mais quel est ce bruit dans la cour?

— C'est le laird de Bucklaw avec les chevaux, dit Caleb; mais il est si brusque, si impatient, qu'il amène le palefroi de Votre Honneur sans que la selle soit recouverte du drap écarlate que j'y mets ordinairement et que j'aurais pu brosser en une minute.

— Oh! c'est très bien, mon cher Caleb, dit Edgar en descendant rapidement.

— Si Votre Seigneurie voulait m'écouter, je lui dirais que ce qui serait encore mieux serait que vous prissiez vos mesures pour ne pas revenir dîner à la tour; cela me donnerait un peu de répit pour aviser au déjeuner de demain. Votre Honneur pourrait s'arranger de manière à se faire inviter par le lord Littlebrain, ou dire que vous avez oublié votre bourse, ou...

— Ou tout autre mensonge qui me viendra à l'esprit, n'est-ce pas, Caleb? Adieu! adieu!

Et se jetant sur son cheval, il courut rejoindre Bucklaw, qui, excité par son impétuosité naturelle, était déjà parti au galop. Ravenswood le suivit avec ardeur; car, bien qu'il ne quittât qu'à regret l'inaction contemplative dans laquelle il vivait, une fois qu'il en était sorti, il était tout feu, et se livrait avec ardeur au plaisir de la chasse, passe-temps habituel de la jeunesse noble. Le son éclatant du cor, les aboiements des chiens, les cris des chasseurs, contribuèrent à bannir momentanément de son esprit tout souvenir pénible ; mais il s'aperçut bientôt que son cheval boitait et serait incapable de suivre la chasse. Il le mit au pas en songeant tristement que sa pauvreté allait l'empêcher de goûter l'amusement favori de ses ancêtres, quand il se vit aborder par un cavalier bien monté, qui paraissait être un intendant.

— Votre cheval est essoufflé, Monsieur, dit le cavalier ; oserais-je prier Votre Honneur de prendre le mien ?

— Monsieur, répondit avec surprise Ravenswood, je ne sais en vérité comment j'ai pu mériter une pareille faveur d'un étranger !

— Eh ! parbleu ! s'écria Bucklaw, qu'importe ? Acceptez l'offre, quitte à vous expliquer après la chasse. Prenez les biens que les dieux vous envoient ; ou plutôt... attendez... Je vois que ce cheval est difficile à gouverner ; avec moi il sera d'une docilité parfaite. Quant à vous, Ravenswood, prenez le mien.

Et jetant la bride de son cheval à Edgar, il s'élança au grand galop sur celui de l'étranger.

— A-t-on jamais vu un pareil fou ! dit Ravenswood. Comment, Monsieur, avez-vous pu lui confier votre cheval ?

— Ce cheval appartient à quelqu'un qui se fera toujours un plaisir de le prêter à Votre Seigneurie ou aux personnes qu'elle honore de son amitié.

— Et quel est le nom de celui... ?

— Votre Honneur voudra bien m'excuser. Elle l'apprendra de lui-même. Prenez, je vous prie, le cheval de votre ami ; je vous rejoindrai avec le vôtre à la curée, qui ne tardera pas, car le cerf est déjà aux abois.

— J'accepte, Monsieur, dit Ravenswood.

Et il se dirigea avec vitesse sur le cheval de Bucklaw, guidé par les sons du cor, vers l'endroit où le cerf était aux abois.

Les chasseurs commencèrent à accourir de tous côtés ; mais Bucklaw arriva le premier au moment où le cerf, épuisé de fatigue, s'était retourné vers la meute, et, les yeux étincelants, les flancs couverts d'écume, était à son tour un objet de crainte pour ceux qui le poursuivaient.

Bucklaw, avec cette dextérité qui distingue un cavalier accompli, sauta en bas de son cheval, courut sur le cerf et le fit tomber en lui coupant le jarret. Les chiens se précipitèrent sur leur ennemi, et les fanfares des cors de chasse proclamèrent la mort du pauvre cerf.

Le veneur rappela la meute et alla présenter, à genoux, son couteau de chasse à une dame montée sur un palefroi blanc, afin qu'elle fît la première incision dans la poitrine du cerf ; mais cette dame déclina cet honneur en détournant la tête avec dégoût. Elle portait un masque de soie noire, mode généralement adoptée à la chasse par les femmes d'un haut rang, pour se préserver le teint du hâle.

Quoique ce fût avec un sentiment de mépris que Bucklaw avait accueilli le refus de la jeune dame, cependant, reconnaissant en elle la reine de la chasse, il se décida à la saluer et lui demanda si le plaisir qu'elle avait goûté à la chasse avait répondu à son attente.

La réponse de la jeune dame fut modeste et polie ; et lorsque le veneur offrit à Bucklaw le couteau qu'elle avait refusé, elle ajouta :

— Je suis persuadée, Monsieur, que mon père, pour lequel lord Littlebrain a fait sortir aujourd'hui sa meute, s'en rapportera parfaitement à un homme qui a votre expérience.

Et saluant gracieusement Bucklaw, elle s'éloigna, suivie de deux domestiques.

Bucklaw alors, quittant son habit et retroussant ses manches, s'enfonça les bras jusqu'aux coudes dans le sang et la graisse, et dépeça le cerf avec toute la précision d'un chasseur émérite ou d'un parfait boucher.

Lorsque Ravenswood, qui avait suivi son ami, vit que le cerf avait succombé, l'ardeur momentanée qui l'avait entraîné fit place au sentiment de fière tristesse qui lui faisait fuir les sociétés joyeuses. Et il s'apprêtait à rappeler à Bucklaw qu'il était temps de rendre le cheval qu'on lui avait prêté, quand il fut rejoint par un cavalier portant un grand manteau écarlate et un chapeau rabattu sur son front cachant ses traits. Sa monture, cheval d'amble, doux et docile, convenait à un cavalier qui paraissait âgé et s'était proposé de suivre la chasse plutôt que d'y prendre part. Il aborda Ravenswood poliment, mais d'un air un peu embarrassé.

— Vous paraissez, Monsieur, plein d'ardeur et de courage; et cependant vous regardez, il me semble, le noble amusement de la chasse avec indifférence.

— Il fut un temps, Monsieur, où je m'y livrais avec enthousiasme; mais les malheurs récents arrivés dans ma famille... D'ailleurs j'étais mal monté au commencement de la chasse.

— Je crois, dit l'étranger, qu'un de mes domestiques a eu la bonne pensée de donner un cheval à votre ami.

— Effectivement, Monsieur, et permettez-moi de vous remercier au nom de mon ami, M. Hayston de Bucklaw, chasseur intrépide; il ne tardera pas à rendre le cheval à votre domestique et à venir joindre ses remercîments à ceux que je vous prie d'agréer.

Et le Maître de Ravenswood salua et prit le chemin de Wolferag. Mais l'étranger, prenant la même route, dirigea son cheval si près de celui d'Edgar que celui-ci, à moins de manquer au respect dû à l'âge, ne put échapper à la compagnie du vieillard.

— Voici donc, dit ce dernier, l'ancien château de Wolferag, dont il est si souvent question dans l'histoire d'Écosse?

4.

Ravenswood ne répondit que par un signe de tête affirmatif.

— D'après ce que j'ai entendu dire, ajouta l'étranger sans se laisser déconcerter par la froideur du jeune homme, c'est l'une des plus anciennes propriétés de l'honorable famille de Ravenswood ?

— La plus ancienne, Monsieur, et probablement la dernière.

— Je... j'espère que non! dit le vieillard en toussant comme pour s'éclaircir la voix. Puis, surmontant une sorte d'hésitation :

— L'Écosse, dit-il, n'a pas oublié ce qu'elle doit à cette illustre famille ; et je ne doute pas que si l'on représentait à Sa Majesté l'état de misère... je veux dire de décadence où se trouve une si noble famille, on ne pût trouver des moyens *ad reædificandam antiquam domum*....

— Épargnez-vous, Monsieur, la peine de pousser plus loin cette discussion, dit Edgar avec une noble fierté. Je suis le Maître de Ravenswood ; vous avez des sentiments trop généreux, Monsieur, pour qu'il soit nécessaire de vous rappeler qu'il est pénible de se voir l'objet d'une pitié qu'on n'a pas réclamée.

— Je vous demande mille fois pardon, Monsieur... Je ne savais pas... rien n'était plus éloigné de ma pensée que de supposer....

— Aucune excuse n'est nécessaire, Monsieur, dit Ravenswood. Voici l'endroit où nous devons nous séparer ; soyez certain que je n'ai pas le moindre sentiment d'aigreur contre vous.

Et Edgar allait prendre le sentier conduisant à Wolferag, lorsque la jeune dame masquée arriva près du vieillard.

— Ma fille, dit-il, voici le Maître de Ravenswood.

Ce dernier resta immobile, et dans ce moment l'orage qui grondait dans le lointain se rapprocha soudain. Deux éclairs se succédant, le cheval de la jeune dame se mit à bondir et à se dresser sur ses pieds de derrière. Ravenswood saisit la bride du cheval indocile et aida la jeune chasseresse à le diriger. Les coups de tonnerre se succédèrent ; la violence du vent augmenta, et le vieillard, très inquiet, demanda au Maître de Ravenswood s'il ne pourrait pas lui indiquer quelque chaumière pour s'abriter, le château de lord Littlebrain étant trop éloigné pour qu'on pût songer à s'y rendre.

Dans cette circonstance, il était impossible que Ravenswood n'offrît pas à un vieillard et à sa fille un refuge dans sa maison.

— La tour de Wolferag, dit-il, n'a rien à offrir que l'abri de son toit. Mais s'il peut être agréable dans un pareil moment....

— L'orage, interrompit l'étranger, est une excuse pour bannir toute cérémonie. J'accepte avec reconnaissance pour ma fille, dont la santé est très faible.

Ravenswood montra le chemin aux étrangers, et continua à tenir la bride du cheval de la jeune dame, dont la frayeur était extrême, et ils arrivèrent promptement devant la tour.

Edgar appela Caleb, dont rien ne put peindre la consternation en voyant son maître amener des étrangers suivis de domestiques, et cela à midi, au moment du dîner. S'approchant de son maître, il le pria de l'excuser s'il avait permis à ses gens d'aller voir la chasse ; car il pensait que Sa Seigneurie ne rentrerait que bien avant dans la nuit.

— Silence, Caleb ! dit Ravenswood d'un ton ferme, vos folies sont déplacées. Monsieur, dit-il, ce vieillard et une servante infirme composent toute ma maison. Les rafraîchissements que nous pourrons vous offrir sont plus chétifs encore. Mais, quels qu'ils soient, ils vous seront offerts de bon cœur.

L'étranger, frappé de l'état de délabrement de la tour, à laquelle les ténèbres qui couvraient l'horizon donnaient une couleur des plus sombres, jetait autour de lui des regards inquiets et se repentait presque d'avoir accepté si précipitamment l'hospitalité qui lui avait été offerte.

Pour Caleb, il était étourdi de l'aveu public que son maître venait de faire. Il s'avança pourtant, et, malgré les regards d'impatience que lui lançait son maître, il demanda gravement s'il ne servirait pas à la jeune dame un verre de Tockai ou de vin d'Espagne...

— Trêve, encore une fois, à vos folies ! dit Edgar d'un ton sévère, et conduisez les chevaux à l'écurie.

En ce moment la voix de Bucklaw, perçant au milieu des aboiements des chiens et des hennissements des chevaux, annonça qu'il arrivait à la tête d'une troupe de chasseurs.

— Que je meure, se dit Caleb, prenant courage devant cette nouvelle invasion ; que je meure, si cet écervelé qui connaît notre position parvient à entrer avec son engeance. Voyons un peu.... Si nous pouvions nous débarrasser en même temps de ces faquins de laquais qui se sont faufilés dans la cour à la suite de leurs maîtres.... Ce serait un coup de maître, et je pourrais alors parer à tout.

CHAPITRE X

Quand les chasseurs apprirent que celui en l'honneur duquel la chasse avait eu lieu s'était rendu à Wolferag, ils proposèrent d'y apporter le cerf, et Bucklaw, jouissant à l'avance de la consternation qu'éprouverait le pauvre Caleb en voyant une nombreuse troupe entrer dans la cour, accepta cette offre avec empressement ; mais il avait dans le vieux Caleb Balderston un antagoniste aussi rusé qu'habile, dont le génie trouvait toujours des subterfuges propres à *sauver l'honneur de la famille*.

— Dieu soit loué! pensa Caleb; un côté de la grande porte a été solidement fermé ce matin en prévision du grand vent; il me sera facile de fermer l'autre. Mais, en gouverneur il jugea à propos de se débarrasser d'abord des ennemis qui s'étaient introduits dans la place.

— Il me semble, dit-il aux domestiques des étrangers, que les chasseurs apportant le cerf en grande cérémonie au château, il convient que nous allions les recevoir hors de la porte.

Cette proposition n'éprouva pas de contradictions, et, lorsque les domestiques furent sortis, le vieux Caleb, rentrant vivement dans la tour, ferma le second battant de la porte avec une telle force que le bruit s'entendit dans toute la tour. Puis ouvrant un petit guichet, il dit :

— Messieurs, Son Honneur le maître de Ravenswood va faire servir un festin à votre maître; mais c'est un usage observé dans la famille, de temps immémorial, que lorsqu'on est à table on n'ouvre jamais la porte, usage dont la sagesse a été plus d'une fois reconnue en temps de guerre, et dont nous ne nous écartons jamais, même en temps de paix. Au bas de la colline, à Wolfhope, vous trouverez une bonne auberge.

Une telle annonce fit rire les uns, mais indigna les laquais, qui avaient le droit incontestable de servir leurs maîtres, dirent-ils.

Caleb fut inébranlable.

— Le roi sur son trône serait à la porte, dit-il, qu'il ne me ferait pas manquer aux règles établies dans la famille de Ravenswood.

Bucklaw, arrivé au moment où la porte venait d'être fermée, ordonna à Caleb d'aller dire à son maître qu'il voulait lui parler. Mais Caleb fut inflexible.

Cette scène avait eu pour témoin l'homme de confiance

de l'hôte de Ravenswood, qui avait prêté son cheval à Bucklaw. Il avait suivi son maître sans que Caleb s'en aperçût; il était resté à l'écurie pendant l'expulsion des domestiques. Il attendit que le vieux Caleb se fût éloigné, et, allant ouvrir le guichet, il dit aux domestiques et aux piqueurs que son maître leur donnait l'ordre d'aller se rafraîchir, avec les gens de lord Littlebrain, à Wolfhope, à ses frais. Ce qu'ils firent avec plaisir.

Bucklaw, furieux de son expulsion du château, qu'il regardait comme une injure, descendit dans la plaine, bien décidé à rompre en visière avec le Maître de Ravenswood. En arrivant à l'auberge de Wolfhope, il rencontra inopinément une ancienne connaissance. C'était le digne et respectable Craigengelt, qui s'approcha de lui avec cordialité en lui serrant la main.

— Bonjour, mon cher Bucklaw! s'écria-t-il; je suis ravi de vous voir. Je vois qu'il y a encore place dans ce méchant monde pour les *honnêtes gens*.

Il faut savoir que les Jacobites avaient adopté le terme d'*honnêtes gens* pour désigner leur parti.

— Et pour d'autres aussi, à ce qu'il paraît, dit Bucklaw. Sans cela, comment oseriez-vous vous hasarder ici, noble capitaine?

— Qui? moi! Je suis libre comme l'oiseau; tout a été expliqué avec les vieux fous d'Édimbourg. Ils n'auraient pas osé me retenir en prison. Un homme comme moi a plus d'amis que vous ne pensez.

— Allons, allons! dit Bucklaw, faites-moi grâce de vos fanfaronnades, et dites-moi si réellement vous êtes libre.

— Aussi libre qu'un bailli Whig l'est sur le pavé du bourg qu'il administre. Je vous cherchais pour vous apprendre qu'il n'y a ni amende ni condamnation, et que vous n'avez plus besoin de vous cacher.

— Écoutez-moi, Craigengelt, je sais que vous n'êtes jamais sans argent, quoique j'ignore comment il vous arrive. Prêtez-moi une couple de pièces d'or pour balayer la poussière qui s'est arrêtée dans le gosier de ces braves gens.....

— Une couple ? J'en ai vingt, mon ami, et vingt autres encore par derrière.

— Parlez-vous sérieusement ? s'écria Bucklaw en fixant Craigengelt. Ou vous êtes un brave garçon, ce que j'ai peine à croire ; ou vous êtes plus rusé que je ne le soupçonnais, ce qui est difficile.

— L'un n'empêche pas l'autre. Au reste, voyez.

En parlant ainsi, il mit une poignée d'or dans les mains de Bucklaw, qui le prit en disant que dans la circonstance présente il fallait qu'il empruntât, fût-ce du diable. Et se tournant vers les chasseurs :

— Allons, mes amis, venez ; c'est moi qui régale.

— Longue vie au laird de Bucklaw! crièrent-ils tous.

— Et au diable, s'écria un piqueur, celui qui, après avoir couru la bête, laisse les chasseurs aussi secs que la peau d'un tambour.

Pendant ce temps, une scène toute différente se passait à Wolferag. Le Maître de Ravenswood, trop occupé pour avoir fait attention à la manœuvre de Caleb, avait introduit ses hôtes dans la grande salle de Wolferag.

L'infatigable Caleb avait fait disparaître toutes les traces de l'orgie des funérailles ; il avait rangé avec soin le peu de meubles qui s'y trouvaient. Mais cette salle avait un air sombre et lugubre, et les nuages qui voilaient le ciel, les éclairs qui le sillonnaient, ajoutaient encore à l'aspect désolant de cette pièce.

Ravenswood conduisait la jeune personne, quand le bruit violent fait par Caleb en fermant la grande porte fit tressaillir le vieillard, d'autant plus qu'il aperçut par la fenêtre l'expulsion de ses domestiques. Son visage refléta une sorte d'inquiétude.

— Vous n'avez rien à craindre, Monsieur, dit Edgar. Si ce château est trop pauvre pour recevoir dignement de nobles hôtes, il peut encore les protéger. Mais n'est-il pas temps que je m'informe du nom des personnes qui daignent honorer de leur présence ma modeste demeure?

La jeune dame resta immobile; son père s'efforçait de déguiser son embarras.

— Il me semble, dit le Maître de Ravenswood, que sir William Ashton n'est pas disposé à décliner son nom dans le château de Wolferag?

— Je vous suis obligé, Maître de Ravenswood, d'avoir rompu la glace; on est toujours maladroit quand il faut s'annoncer soi-même, surtout quand des circonstances malheureuses, permettez-moi de dire ..

— Je ne dois donc pas, dit Ravenswood, regarder l'honneur de votre visite comme purement accidentel?

— C'est un honneur que j'ai vivement désiré depuis quelque temps, et que je n'aurais peut-être jamais eu sans cet orage. Ma fille et moi, nous ne pouvions manquer de désirer une occasion d'offrir nos remercîments à l'homme généreux à qui nous sommes redevables tous deux de la vie.

Les haines qui divisaient les grandes familles dans les siècles féodaux n'avaient pas encore perdu leur intensité, quoiqu'elles n'éclatassent plus en actes de violence ouverte.

Ni les sentiments qu'Edgar commençait à concevoir pour Lucy, ni l'hospitalité qui était un devoir sacré, n'eurent le pouvoir de subjuguer entièrement les passions qui s'élevaient malgré lui dans son cœur en voyant le plus cruel ennemi de son père sous le toit de celui dont il avait accéléré la ruine. Ses regards se portaient sur le père et sur la fille avec un air d'irrésolution dont sir William ne jugea pas à propos d'attendre le résultat. Il se débarrassa de son manteau, et, s'approchant de Lucy, il dénoua son masque.

— Ma chère Lucy, dit-il, c'est à visage découvert qu'il faut offrir nos remercîments à notre sauveur.

— Oh ! oui ! pourvu qu'il daigne les accepter, répondit Lucy d'une voix si douce qu'elle semblait reprocher et pardonner au Maître de Ravenswood le froid accueil qu'il leur faisait.

Ce peu de mots, prononcés par une créature aussi belle qu'ingénue, pénétrèrent au fond du cœur d'Edgar. Il lui exprima avec chaleur le bonheur qu'il éprouvait en lui offrant un asile chez lui, et l'embrassa, suivant l'usage en pareille circonstance. En ce moment, un éclair si vif pénétra tout l'appartement et fut suivi d'un coup de tonnerre si violent, que la vieille tour fut ébranlée jusque dans ses fondements. L'orage grondait au-dessus du château, et la suie amassée dans la cheminée s'en précipitait à gros flocons ; des torrents de poussière se détachaient des murailles, et de grosses pierres, arrachées du haut du bâtiment, tombèrent avec un fracas épouvantable dans la cour. On aurait dit que les anciens Ravenswood excitaient cette tempête pour protester qu'il ne devait pas y avoir de réconciliation entre le représentant de la famille et son ennemi. Mais si le génie de la maison condamnait toute union entre ces deux familles, il faut avouer qu'il prenait, pour exprimer sa désapprobation, de singuliers moyens, car les attentions d'Edgar pour tranquilliser la jeune fille effrayée, et l'aider à se calmer, devaient faire cesser au moins pour le moment toute trace d'inimitié.

L'orage s'éloigna enfin, mais le tonnerre grondait encore, et la pluie tombant par torrents, il n'était pas possible de songer à regagner le château de lord Littlebrain.

Le Maître de Ravenswood ne put donc se dispenser d'offrir au père et à la fille le couvert pour la nuit ; et il le fit de la manière la plus aimable ; mais son visage s'assombrit quand il ajouta qu'il regrettait de se trouver dépourvu de tout ce qui serait nécessaire pour recevoir dignement ses hôtes.

— N'y pensez pas ! s'écria le lord garde des sceaux,

empressé d'écarter de la conversation tout ce qui pouvait ramener un sujet inquiétant pour lui. Je sais que vous projetez un voyage sur le continent; il est naturel que votre maison soit démeublée et manque de bien des objets regardés comme nécessaires. Ainsi donc, si vous nous parlez encore de cette manière, c'est nous dire qu'il faut que nous cherchions à nous réfugier dans quelque chaumière du village.

Comme le Maître de Ravenswood allait répondre, la porte de la salle s'ouvrit et l'on vit entrer précipitamment Caleb Balderston, les yeux hagards et le visage décomposé.

CHAPITRE XI

— Quel malheur ! s'écria Caleb en entrant, quel malheur ! Faut-il qu'un pareil accident soit arrivé au château de Ravenswood, et que j'aie assez vécu pour en être témoin !

— Qu'est-il donc arrivé, Caleb ? demanda Edgar, alarmé à son tour. Quelque partie du château est-elle écroulée ?

— Écroulée ? non, mais le tonnerre est tombé par la cheminée de la cuisine, a renversé toutes les casseroles et jeté de la suie partout, et cela dans un moment où vous avez à recevoir des hôtes respectables. De sorte qu'il ne reste plus rien qui puisse servir pour le dîner.

— Il ne m'est pas difficile de vous croire, dit Edgar d'un air soucieux.

Caleb, regardant son maître en lui adressant un regard suppliant, continua :

— On avait seulement ajouté quelques bagatelles à votre ordinaire, trois services et le dessert.

— Gardez pour vous ces ridicules sornettes, vieux fou ! s'écria Ravenswood, mortifié de ces mensonges et n'osant contredire le vieux Caleb ouvertement, de peur de donner lieu à quelque scène encore plus ridicule.

Le domestique du garde des sceaux venait d'entrer dans le salon et parlait à son maître dans l'embrasure d'une fenêtre. Caleb en profita pour dire de son côté quelques mots à l'oreille du sien.

— Pour l'amour du ciel, Monsieur, retenez votre langue. Si c'est mon plaisir de risquer mon âme pour sauver l'honneur de la famille, ce ne sont pas vos affaires.

Ravenswood pensa qu'en effet le parti le plus sage était de laisser couler le torrent. Caleb, levant donc une main en l'air et comptant sur ses doigts, reprit la parole.

— Comme je vous le disais, on n'avait pas fait grande cérémonie ; mais il y avait de quoi contenter trois personnes honorables. Premier service : deux chapons à la sauce blanche, du veau et du lard. Second service : un levraut à la broche, des écrevisses, une galantine. Troisième service : un faisan d'une blancheur éblouissante, et qui est maintenant noirci de suie ; une tarte aux prunes et un flan. Dessert : des friandises, confitures, compotes, etc.

Miss Ashton, revenue de sa frayeur de l'orage, avait écouté avec attention le récit de Caleb.

Le sérieux avec lequel il détaillait le menu de son repas imaginaire lui parut si plaisant, qu'elle ne put retenir un éclat de rire, et Ravenswood, malgré son mécontentement, prit part à cette gaîté, ainsi que le lord garde des sceaux lui-même.

— Mais, dit Lucy quand son accès de rire fut passé, toutes ces bonnes choses sont-elles tellement gâtées qu'on ne puisse rien en tirer ?

— Pas la moindre partie, Milady ; tout est plein de suie et de cendres. Il y avait un plat de blanc manger qui devait être excellent et que le tonnerre a renversé au milieu de la cuisine; j'y ai goûté; on dirait du lait aigre ; je voudrais que Vos Honneurs descendissent dans la cuisine voir quel désastre le tonnerre y a produit ! La cuisinière en a presque perdu l'esprit.

— Je crois, Monsieur le maître d'hôtel, dit le lord garde des sceaux, craignant que cette scène trop prolongée ne déplût au Maître de Ravenswood, je crois que vous feriez bien de tenir conseil avec Lockard; il a beaucoup voyagé et est accoutumé aux accidents imprévus. En vous entendant ensemble, vous trouverez certainement quelque expédient pour sortir d'embarras.

— Son Honneur sait, dit Caleb, qui serait mort à la peine plutôt que d'accepter l'offre d'un étranger, que je n'ai pas besoin de conseil quand il s'agit de l'honneur de sa famille.

— Je serais injuste, Caleb, si je disais le contraire, dit Edgar; mais je désire que vous vous entendiez avec M. Lockard. Allez au village; prenez cette bourse...

— Votre bourse ! s'écria Caleb ; de l'argent ! que voulez-vous que j'en fasse? Ne sommes-nous pas sur vos domaines? Quel est celui de vos vassaux qui voudrait vous faire payer ses services?

Et il sortit, suivi de Lockard.

Le lord garde des sceaux adressa quelques mots d'excuses à son hôte sur ce qu'il s'était permis de rire, et Lucy dit qu'elle espérait que sa gaîté n'avait pas molesté le bon vieillard.

— Caleb et moi, Miss Ashton, nous devons supporter avec résignation le ridicule qui s'attache à la pauvreté.

— Vous ne vous rendez pas justice, Maître de Ravenswood, dit sir William ; sur ma parole, je crois connaître vos affaires mieux que vous-même, et j'espère vous prouver, avec tout l'intérêt que j'y porte, que vous avez devant vous une perspective plus belle que vous ne le pensez. Mais permettez-moi de vous assurer que je ne trouve rien de plus respectable qu'un homme dont le caractère s'élève au-dessus de l'infortune et qui sait s'imposer des privations, plutôt que de contracter des dettes ou de se soumettre à un état de dépendance.

Le lord, en parlant ainsi, semblait partagé entre le désir de donner une preuve d'amitié et la crainte de déplaire. Aussi ne faut-il pas s'étonner si Edgar, n'ayant encore nulle expérience des hommes, crut à la sincérité de l'homme d'État. Il répondit néanmoins avec une certaine froideur qu'il était des plus redevables à ceux qui voulaient bien avoir de lui une opinion favorable. Puis il sortit de la salle pour donner les ordres nécessaires pour la nuit, de concert avec la vieille Mysie, qui fut improvisée femme de chambre. Edgar céda son appartement à Miss Ashton, et la chambre secrète fut destinée à sir William.

Edgar chargea Caleb de trouver Bucklaw et de lui expliquer l'impossibilité qu'il y avait de le coucher à la tour pour cette nuit. Le Maître de Ravenswood se détermina à passer la nuit dans la grande salle, et Caleb, donnant sa chambre au domestique de sir William, coucherait au grenier, sur la paille.

Lockard avait reçu de son maître l'ordre d'aller à l'auberge chercher un morceau de venaison, et Caleb comptait sur ses ressources pour sauver l'honneur de la famille. Edgar avait voulu une seconde fois lui donner sa bourse, qui lui eût été bien utile. Mais, comme c'était devant le domestique, il avait refusé.

— Ne pouvait-il me la glisser en cachette? pensait-il. Mais jamais Son Honneur ne saura comment il faut se conduire dans les circonstances délicates.

Mysie, d'après l'usage en Écosse, offrit aux étrangers les produits de sa petite laiterie en attendant que le dîner fût prêt. Edgar promena ses hôtes dans le château. L'orage étant dissipé, il les fit monter au haut de la tour pour leur faire admirer la belle vue que l'on y découvrait.

CHAPITRE XII

Ce ne fut pas sans une secrète inquiétude que Caleb partit pour son expédition. D'une part, il n'avait pas osé dire à son maître la manière dont il avait fermé la porte de la tour au nez de Bucklaw, et il n'était pas sans crainte sur le ressentiment de ce dernier, d'autre part, il regrettait d'avoir refusé la bourse que son maître lui avait offerte, et il se demandait comment y suppléer.

Le petit village de Wolfhope, où il se rendait avec Lockard, lui avait fourni souvent des ressources; mais depuis quelque temps il n'y jouissait plus du même crédit. Ce village, sur les bords d'une petite crique formée par un ruisseau qui se jetait dans la mer, était autrefois une dépendance de Wolferag. Ses habitants allaient à la pêche du hareng et faisaient la contrebande. Ils avaient une espèce de respect héréditaire pour les seigneurs de Ravenswood, ce qui n'avait pas empêché plusieurs d'entre eux de profiter des malheurs de cette famille, en rachetant à bon marché les rentes dont étaient grevées leurs maisons et leurs terres, de sorte qu'ils se trouvaient délivrés de toutes les charges féodales au moment dont nous parlons. Ils étaient donc indépendants; ce qui était pour Caleb une mortification très sensible. En vain il rappelait aux habitants de Wolfhope que lorsque le onzième lord de Ravenswood, surnommé le Marin, eut facilité le commerce de leur petit port en y faisant bâtir à ses frais une jetée, il avait spécifié qu'il aurait droit dans toute sa baronnie à la première motte de beurre de chaque vache après son vêlage, et aux œufs pondus tous les lundis de l'année. Les redevanciers ne répondirent rien, et quand Caleb remit aux notables une réquisition de leur fournir telle quantité de beurre et œufs pour les arrérages de leurs redevances, les notables se réunirent, et le tonnelier, personnage important dans un petit port de pêche du hareng et qui était un père conscrit de l'endroit, déclara que leurs poules avaient assez longtemps caqueté pour les lords de Ravenswood, et qu'il était temps qu'elles caquetassent pour ceux qui leur donnaient de l'orge et des juchoirs.

Des applaudissements unanimes accueillirent ces paroles, et l'on convint séance tenante de charger le procureur Davy Dingwall, rusé matois, qui avait conduit les procès de lord William Ashton contre lord Ravenswood, de répondre pour les habitants aux prétentions de Caleb.

Quand donc celui-ci arriva, le procureur lui opposa le refus formel des habitants de se soumettre à aucune redevance. En vain Caleb mit en œuvre toutes les ressources de son esprit et des services qu'avaient rendus au village les Ravenswood, les conséquences fâcheuses qui résulteraient pour les habitants si le Maître de Ravenswood retirait sa protection au village; il donna même à entendre qu'il pourrait prendre des mesures de rigueur pour faire valoir ses droits. L'homme de loi lui rit au nez.

— Mes clients, dit-il, se contentent de la protection qu'ils assurent eux-mêmes au village, et, au besoin, M. Balderston demanderait au gouvernement un caporal et quatre habits rouges qui seraient plus que suffisants pour mettre le village à l'abri des actes de violence que lord Ravenswood ou les gens de sa suite voudraient exercer.

Le pauvre Caleb retourna au château de Wolferag tout déconfit. — Le diable m'emporte, dit-il, si je mets jamais les pieds dans ce misérable pays ! et il tint parole. Les habitants, quoique charmés d'avoir gagné leur cause, éprouvèrent une sorte d'ennui de l'absence systématique de Caleb, qui ordinairement embellissait leurs petites fêtes de sa présence; on l'écoutait comme un oracle. Enfin, disait-on, il semble qu'il nous manque quelque chose depuis que M. Balderston ne s'écarte plus du château. Mais quant au beurre et aux œufs, c'était une demande déraisonnable ; M. Dingwall le lui a bien prouvé.

Telle était la situation, lorsque Caleb se vit dans l'alternative d'avouer à Lockard l'impossibilité de trouver de quoi dîner, ou de recourir à la compassion des habitants de Wolfhope ! Il fallait d'abord se débarrasser de Lockard.

— Si vous voulez, lui dit-il, entrer dans cette auberge, les chasseurs y sont réunis ; vous pourrez faire la commission de votre maître pour la venaison ; et moi je m'acquitterai de celle de mon maître pour le laird de Bucklaw.

Caleb s'empressa de remplir le message d'Edgar pour Bucklaw, mais d'une manière tellement laconique que ce dernier se fâcha et proposa à l'assistance de donner la chasse au vieux renard. Mais Lockard intima l'ordre aux domestiques de sir William et à ceux du lord Littlebrain d'avoir à respecter le serviteur du Maître de Ravenswood. Caleb quitta donc l'auberge et se demanda à qui il devait s'adresser dans le village pour les demandes délicates qu'il projetait. Le ministre devait sa place au feu lord ; mais il s'était querellé avec lui au sujet des dîmes. La veuve du brasseur avait donné crédit depuis longtemps ; mais son mémoire était encore dû malgré ses réclamations. Gilbert Girder, le tonnelier, était sans contredit le coq du village et celui qui était le plus en état de pourvoir à l'approvisionnement... Mais il avait été le chef de l'insurrection contre les œufs et le beurre.

— Après tout, se dit Caleb, il ne s'agit que de savoir s'y prendre. Il est vrai que j'ai eu le malheur de le traiter de blanc-bec ; mais il a épousé une brave jeune fille, Jeanne Lightbody, et sa mère, la Marion, a été au service de lady Ravenswood.

Caleb s'avança alors vers la maison du tonnelier et entra sans frapper dans le corridor, d'où il vit dans la cuisine un spectacle des plus réjouissants. Un bon feu brillait dans la cheminée, où était pendue une marmite dans laquelle Caleb soupçonna un morceau de bœuf, et devant le feu étaient deux broches que faisaient tourner deux enfants, l'une chargée d'un quartier de mouton, l'autre d'une oie grasse et de deux canards sauvages. La femme du tonnelier, debout devant le dressoir chargé de vaisselle de faïence et d'étain, donnait la dernière main à sa toilette. Sa mère, la Marion, la gaillarde la plus adroite qui fût à vingt milles à la ronde, veillait aux soins de la cuisine; dans la salle à manger à côté, on voyait une grande table préparée pour dix ou douze personnes.

— A quoi diable songe donc ce rustre de tonnelier ? se demanda Caleb en contemplant ces préparatifs avec autant d'étonnement que d'envie... N'est-ce pas une honte de voir de pareils gens se remplir le ventre d'une telle manière, tandis que... Patience !

Il entra dans la cuisine et alla embrasser la mère et la fille.

Wolferag était la cour des environs, Caleb en était le premier ministre. Les deux femmes lui sautèrent au cou.

— Est-ce donc bien vous, M. Balderston ? dit la femme du tonnelier. C'est un miracle de vous voir ! nous faisons aujourd'hui le baptême de notre premier enfant, qui a six semaines. J'espère que vous souperez avec nous ?

— Non, non ! dit Caleb, je suis venu seulement pour vous complimenter; et puis j'avais un mot à dire à votre mari...

Et il fit un mouvement comme s'il eût voulu partir.

— Vous ne vous en irez pas comme cela, s'écria la mère, vous ne vous en irez pas sans rien prendre, ça porterait malheur au nouveau-né.

— Je vous dis que je suis très pressé; et quant à manger, dit-il, en voyant la Marion s'empresser de mettre devant lui une assiette et un couvert, quant à manger,

5.

c'est impossible. Je crois qu'on nous trouvera morts d'indigestion au château un jour ou l'autre. Nous tenons table ouverte. J'en suis honteux.

— Oh! peu importe! il faut goûter des puddings de ma façon, dit la jeune femme.

— Eh bien! je ne veux pas vous refuser, répondit Caleb, et je l'emporterai pour mon souper; je suis las des puddings de Mysie, elle y met trop d'ingrédients recherchés... Vous savez, Marion, j'ai toujours aimé les puddings du pays, et les jeunes filles aussi, Marion! Savez-vous bien que votre fille est tout votre portrait? Voilà comme vous étiez lors de votre mariage avec Gilly. Il n'y avait pas une plus jolie fille que vous ; *mais belle brebis, joli agneau.*

Les deux femmes sourirent du compliment.

— Et quelles nouvelles au château? demanda la jeune femme.

— Quelles nouvelles? dit Caleb en enveloppant le pudding dans une serviette. Ma foi, aucune bien importante, si ce n'est que nous y avons en ce moment le lord garde des sceaux avec sa fille, qu'il est disposé à jeter à la tête du Maître de Ravenswood, et je garantis qu'il attachera à la queue de sa robe tous nos anciens domaines.

— Vraiment! s'écrièrent les deux femmes. Est-elle jolie? Quelle est la couleur de ses cheveux? S'habille-t-elle à l'anglaise ou à la mode du pays?

— Ta, ta, ta! il me faudrait une journée pour répondre à toutes vos questions, et je n'ai pas une minute. Vous devez penser qu'avec de pareils hôtes je ne manque pas d'ouvrage au château. Mais où est donc Girder?

— Il est allé chercher le ministre, le digne et Révérend Père Pierre Bidebent, qui demeure à Mosshead. Le brave homme souffre d'un rhumatisme qu'il a gagné en couchant dans les cavernes pendant la persécution.

— Oui, oui, un Puritain! dit Caleb avec aigreur. Mais, Marion, je me souviens qu'autrefois vous ne vous chauffiez pas de ce bois-là, et que vous vous contentiez des sermons et des prières d'un ministre de l'église du pays.

— C'est vrai, M. Balderston ; mais que voulez-vous que j'y fasse ? Il faut bien que Jeanne se coiffe comme il convient à son mari et qu'elle chante ses psaumes sur l'air qui lui plaît, car il est le maître à la maison, Monsieur Balderston, et plus que le maître, je vous l'assure !

— Et tient-il aussi les cordons de la bourse ? dit Caleb.

— Il tient jusqu'au dernier sou. Cependant elle n'a pas à se plaindre ; elle est bien nourrie, bien vêtue, comme vous le voyez.

— Fort bien, Marion ; vous conduisiez votre mari autrement ; au surplus chacun agit à sa guise. Mais il faut que je m'en aille. J'aurais voulu voir Girder un moment, parce que j'ai entendu dire que Pierre Puncheon, tonnelier des magasins de la reine à Leith, vient de mourir, et je pensais qu'un mot dit par mon maître au lord garde des sceaux pourrait être utile à votre gendre, Marion ; mais puisqu'il n'est pas ici....

— Oh ! vous attendrez qu'il revienne, n'est-ce pas ? Je lui ai toujours dit que vous lui vouliez du bien ; mais il prend la mouche au moindre mot qui le pique.

— Eh bien ! j'attendrai jusqu'au dernier moment.

— Et, reprit la jeune épouse de M. Girder, vous disiez donc, Monsieur Balderston, que Miss Ashton est jolie. Il faut bien qu'elle le soit pour prétendre au jeune Maître de Ravenswood, qui est si beau garçon. Il a une figure, un maintien à cheval ! on le prendrait pour le fils d'un roi ! Il faut que vous sachiez, Monsieur Balderston, qu'il lève toujours la tête quand il passe sous mes fenêtres. Aussi vous jugez si je dois bien le connaître !

— A qui dites-vous cela, ma chère amie ? Mon maître ne m'a-t-il pas répété cent fois que la femme du tonnelier de Wolfhope a les plus beaux yeux noirs du monde ! Ce sont les yeux de sa mère, Milord, lui dis-je, je les ai connus à mes dépens. Eh! Marion, combien de fois avons-nous ri ensemble dans notre jeune temps!

— Taisez-vous donc, vieux fou! est-ce ainsi qu'il faut parler devant une jeune femme?

— Eh! mais, Jeanne, n'entends-je pas crier l'enfant? Oui, c'est lui ; que peut-il donc avoir?

La mère et l'aïeule se précipitèrent dans l'escalier pour monter dans la chambre où l'enfant était couché.

Dès que Caleb vit qu'il avait le champ libre, il prit une grosse prise de tabac pour s'affermir dans sa résolution.

— Je veux être pendu, pensa-t-il, si Girder et Bidebent goûtent à cette oie et à ces deux canards.

Et, s'adressant au garçon d'environ dix ans qui tournait une des deux broches:

— Mon garçon, dit-il, en lui donnant deux pièces dans la main, allez me chercher du tabac chez Mistress Smalltrash; elle vous donnera un morceau de pain d'épice pour votre peine. Soyez sans inquiétude pour votre broche, j'aurai soin de la tourner.

Dès que l'enfant fut parti, Caleb, regardant d'un air grave et sévère le second tourneur de broche, ôta du feu la broche à l'oie et aux canards, et, couvrant d'une serviette les trois précieuses volailles, enfonçant son chapeau sur sa tête, il sortit précipitamment de la cuisine, appuyant sur son épaule la broche chargée des trophées de sa victoire.

CHAPITRE XIII

L'enfant, seul témoin de l'exploit de Caleb, resta immobile comme s'il eût vu paraître devant lui un de ces spectres dont il avait entendu l'histoire dans les veillées.

Ne songeant plus à tourner la broche dont il était chargé, il laissait brûler le quartier de mouton, quand il fut tiré de son état de stupéfaction par un vigoureux soufflet appliqué par la Marion, laquelle savait parfaitement se servir de ses mains, comme son défunt mari l'avait expérimenté plus d'une fois à ses dépens.

— Pourquoi ce rôti est-il brûlé, vaurien?
— Je n'en sais rien.
— Et qu'est devenu ce garnement de Gilles?
— Je n'en sais rien.
— Et où est M. Balderston? — Ah! grand Dieu! où est donc la seconde broche avec l'oie et les deux canards sauvages?

Mistress Girder, entrant en ce moment, joignit ses exclamations à celles de sa mère. Toutes deux, criant en même temps aux oreilles de l'enfant, l'étourdissant de questions, ne purent rien en tirer que des pleurs, et elles n'apprirent ce qui venait de se passer qu'à l'arrivée de Gilles, qui avait vu de loin Caleb, chargé de la broche, prendre le chemin de Wolferag.

— Oh! dit Mistress Lightbody, qui eût jamais cru que Caleb Balderston jouerait un pareil tour à une ancienne connaissance?

— C'est indigne! s'écria Mistress Girder. Que vais-je dire à mon mari? Il m'assommera!

— Vous êtes folle, lui dit sa mère. C'est un malheur sans doute, mais il ne sera pas suivi d'un plus grand. Vous assommer! il faudrait qu'il m'assommât avant, et j'en ai fait reculer de plus braves que lui. Mais le voici avec le Révérend.

Ils n'eurent pas plus tôt mis pied à terre qu'ils se rendirent dans la cuisine se chauffer, car l'orage avait refroidi le temps. La jeune femme se précipita en avant, et sa mère se tenait à l'arrière-garde, prête à la secourir en cas de nécessité. Toutes deux cherchaient à retarder la découverte de l'évènement fatal, la mère en se plaçant devant le feu, et la fille en faisant à son mari et au ministre l'accueil le plus cordial, et en exprimant ses inquiétudes que la pluie ne les eût refroidis.

— Froid ! dit brusquement Girder, c'est ce qui pourra bien arriver si vous ne nous laissez pas approcher du feu.

En parlant ainsi, il se fit jour près du foyer et s'aperçut qu'il manquait une broche.

— Pourquoi diable, ma femme......?

— Fi donc ! s'écria Mistress Girder. Fi ! et devant le Révérend M. Bidebent !

— Prononcer le nom du plus grand ennemi de nos âmes, dit M. Bidebent, c'est...

— J'ai tort, dit le tonnelier; mais...

— C'est nous exposer, continua le ministre, à toutes ses tentations.

— J'ai tort, répéta le tonnelier; mais laissez-moi demander à ces femmes pourquoi elles ont ôté du feu l'oie et les canards sauvages avant notre arrivée?

— Nous n'y avons pas touché, Gilbert, dit la jeune femme; c'est...... c'est un accident qui.....

— Un accident ! reprit Gilbert en lançant un regard courroucé à sa femme; quel accident? Eh bien ! parlerez-vous?

— C'est moi, Gilbert, dit la mère, qui en ai fait présent à une de mes connaissances. Qu'avez-vous à dire?

Devant l'excès d'assurance de sa belle-mère, Gilbert resta un moment interdit.

— Et vous avez donné, s'écria-t-il enfin, le meilleur plat de mon repas, vieille sorcière ! Et quel est cet ami?

— Le digne M. Caleb Balderston de Wolferag.

A ces mots, la rage de Gilbert ne connut plus de borne; car il nourrissait contre le vieux majordome un ressentiment violent. Il leva sa houssine sur Mistress Lightbody; mais celle-ci ne recula pas et fit brandir une grande cuiller de fer avec laquelle elle arrosait le mouton. Girder trouva prudent de tourner sa colère contre sa femme, qui gémissait dans un coin.

— Et vous, sotte créature, vous avez laissé tranquillement donner mon dîner à un fainéant de valet, parce qu'il vient chatouiller les oreilles d'une vieille femme par de belles paroles où il n'y a pas un mot de vérité !

Eh bien ! c'est vous que j'arrangerai comme..... La houssine fut encore levée en l'air ; mais le ministre retint le bras vengeur, et Mistress Lightbody se jeta devant sa fille avec sa formidable cuiller à la main.

— Ne me sera-t-il pas permis de châtier ma femme ? s'écria le tonnelier en fureur.

— Vous pouvez châtier votre femme, dit Mistress Lightbody avec sang-froid ; mais vous ne toucherez pas ma fille, je vous le jure.

— Oh ! Monsieur Girder, dit le ministre, eh quoi ! vous vous abandonniez à une colère criminelle contre la personne qui doit vous être la plus chère ! Et dans quel instant ? Quand vous êtes sur le point de remplir le devoir le plus important pour un père chrétien ! Et pourquoi ? Pour une bagatelle frivole, superflue, inutile !

— Bagatelle ! s'écria Girder, jamais plus belle oie et plus beaux canards n'ont nagé sur un étang !

— Soit ! reprit le ministre, je vous crois ; mais voyez combien il reste de superfluités devant votre feu ? Ah ! j'ai connu le temps où un seul des pains que je vois sur le buffet eût été un don précieux pour les hommes mourants de faim et errants dans les cavernes pour l'Évangile.

— Et c'est là ce qui me vexe le plus, répondit Gilbert. Si la vieille coquine avait fait présent de mes volailles à quelques saints en souffrance, je ne dirais rien ; mais les donner à ce Tory, à ce mécréant, à cet oppresseur qui fit partie de la milice que ce vieux tyran Allan Ravenswood leva contre le duc d'Argyle, voilà ce que je ne puis supporter !

— Eh bien ! mon ami, reprit le conciliant Bidebent, ne voyez-vous pas en cela le doigt de la Providence ? Le fils du puissant oppresseur réduit à couvrir sa table du superflu de la vôtre !

— Et d'ailleurs, dit Mistress Girder, on n'a rien donné pour M. Balderston, ni pour le lord de Ravenswood, mais bien pour le lord garde des sceaux, qui est en ce moment à Wolferag.

— Sir William Ashton est à Wolferag ? s'écria le tonnelier étonné.

— Oui, dit Mistress Lightbody, et il est avec le Maître de Ravenswood comme le gant et la main.

— Et il va lui donner sa fille en mariage, dit la jeune femme.

— Et il lui rendra ses biens, ajouta la mère.

— Allons ! allons ! vous êtes deux idiotes ! Ce vieux fourbe vous ferait accroire que la lune est un fromage mou. Le lord garde des sceaux ami avec le Maître de Ravenswood ! Ils sont comme le chien et le chat, comme le lièvre et le lévrier.

— Je vous dis qu'ils sont aussi bien que mari et femme, dit Mistress Lightbody, et encore mieux même. Et puis, voilà Pierre Puncheon, tonnelier des magasins de la reine, à Leith, qui vient de mourir.....

— Et sa place est à donner, dit Mistress Girder.

— Et qui la donnera, si ce n'est le garde des sceaux ? dit la mère.

— Et qui parlera au garde des sceaux, si ce n'est le Maître de Ravenswood ? reprit la fille.

— Et comment le Maître de Ravenswood lui parlerait-il, ajouta Mistress Lightbody, si ce n'est à la prière de M. Balderston ?

— Paix donc ! paix donc ! s'écria Girder, je ne sais lequel entendre, et vous ne me donnez pas le temps de vous écouter, ni de réfléchir à ce que vous me dites. Que pensez-vous de tout cela, William ? demanda-t-il à son maître ouvrier, qui, entré depuis un instant, avait entendu la discussion.

— Notre maîtresse a raison, répondit William ; j'ai vu les domestiques du lord garde des sceaux boire et manger à l'auberge de la mère Smalltrash.

— Et leur maître est à Wolferag?

— Oui, sur ma foi, il y est.

— Et en bonne amitié avec Edgar Ravenswood?

— Il faut bien le croire, puisqu'il est chez lui.

— Et Pierre Puncheon est mort?

— Oui, oui, il a coulé comme un vieux tonneau. Mais quant à la broche au rôti, la selle est encore sur le dos du cheval ; et, si vous le voulez, je rejoindrai M. Balderston et lui ferai restituer ce qu'il a pris.

— Fort bien, William, vous allez partir ; mais d'abord suivez-moi ; je vais vous instruire de ce qu'il faut dire à Balderston.

— Voilà une belle idée, dit Mistress Lightbody quand Girder fut sorti avec son ouvrier, d'envoyer ce pauvre innocent à la poursuite d'un homme qui porte toujours une rapière.

— Mettons-nous à table, s'écria Girder en rentrant, et soupons gaîment, malgré l'absence regrettable de l'oie et des deux canards.

Le vieux Caleb, comme on peut se l'imaginer, ne s'amusait pas en chemin. Il avait été rejoint par M. Lockard, auquel il avait raconté qu'il avait fait donner quelques tours de broche au gibier par la femme du pourvoyeur, dans la crainte que Mysie, à qui la peur de l'orage avait tourné la tête, n'eût pas un feu assez brillant quand ils arriveraient au château. Toutefois, il marchait avec une telle vitesse que son compagnon avait du mal à le suivre. Il commençait à se croire à l'abri de toute poursuite quand il entendit le galop d'un cheval et une voix qui criait : « Monsieur Caleb, Monsieur Balderston, holà ! attendez-moi donc ! »

Mais c'était ce que Caleb ne se souciait nullement de faire. D'abord il fit semblant de ne rien entendre ; puis, sur l'observation de son compagnon, il dit : — C'est quelque paysan qui veut causer, et je ne peux pas m'attarder. Mais enfin, se voyant au moment d'être atteint, il se retourna courageusement, décidé à se servir de la broche comme d'une arme pour défendre sa proie.

Mais quel fut son étonnement quand l'ouvrier tonnelier, s'avançant d'un air respectueux, lui dit que son maître était bien fâché de ne pas s'être trouvé chez lui quand M. Balderston lui avait fait l'honneur d'y venir, et qu'il regrettait beaucoup qu'il n'eût pu rester au repas du baptême ; mais que sachant qu'il y avait des hôtes au château et qu'on n'avait peut-être pas eu le temps de faire les préparatifs nécessaires pour bien les recevoir, il prenait la liberté de lui envoyer une petite barrique de vin d'Espagne et une autre d'eau-de-vie. Caleb éprouva la même surprise que cet homme, qui, poursuivi par un ours et se voyant au moment d'être atteint, se retourna en levant son bâton pour se défendre, vit l'ours se lever sur ses pattes de derrière et se mettre à danser une sarabande.

Mais ce mystère cessa d'en être un quand William, descendant de cheval, lui dit à l'oreille :

— Si l'on pouvait faire quelque chose relativement à la place de Pierre Puncheon, Gilbert Girder agirait de manière que le Maître de Ravenswood serait content de lui, et il serait bien aise de causer de cela avec M. Balderston.

Caleb prit un air de dignité.

— Nous verrons cela, dit-il. Votre maître a fait ce qu'il devait en m'envoyant ces deux tonneaux, et je ne manquerai pas de rendre compte de son attention au Maître de Ravenswood. Maintenant, mon garçon, allez au château ; et s'il n'y a aucun domestique, ce qui est probable, attendu qu'ils courent les champs dès que j'ai les talons tournés, vous déposerez ces tonneaux dans la loge du portier, qui n'y est pas, sans doute, ayant demandé la permission d'aller voir un parent malade.

William continua sa route, et après avoir déposé les deux barils dans la loge déserte du portier, il revint chez son maître rendre compte de sa commission et prendre sa part de la fête du baptême.

CHAPITRE XIV

Le cœur de Caleb battit d'orgueil lorsqu'après avoir couvert la table de chêne d'une nappe bien blanche, il y déposa la belle oie et les deux canards. Il resta un moment en extase devant le repas le plus somptueux qu'il eût servi à Wolferag depuis les funérailles du feu lord de Ravenswood.

Pendant la soirée, Lockard fut régalé de maintes et maintes histoires plus ou moins vraies sur l'ancienne grandeur des seigneurs de Ravenswood.

— Un vassal n'eût pas regardé un veau ou un mouton comme à lui, Monsieur Lockard, avant d'avoir connu le bon plaisir du Maître de Ravenswood. Hélas! dit Caleb en soupirant, c'était le bon temps! Cependant, quoique l'autorité ne jouisse plus de tous ses droits, encore est-il vrai, et vous avez pu le remarquer jusqu'à un certain point, Monsieur Lockard, nous faisons tous nos efforts, nous autres membres de la famille des Ravenswood, pour maintenir ces relations qui doivent exister entre un seigneur et ses vassaux, et qui sont en danger de se relâcher grâce à la licence qui règne malheureusement aujourd'hui.

— Mais dites-moi, je vous prie, Monsieur Balderston, les habitants du village qui est dans la dépendance de la tour sont-ils généralement traitables? Car je vous avoue que vous n'avez pas laissé derrière vous, au château de Ravenswood, des vassaux bien dociles!

— Ah! Monsieur Lockard, considérez que ces domaines ont changé de maître. L'ancien seigneur pouvait tout attendre d'eux, tandis que le nouveau venu n'en peut rien tirer. D'ailleurs, ces vassaux de Ravenswood ont toujours été turbulents, et lorsqu'ils n'aiment pas leur maître, du diantre si on peut venir à bout d'eux!

— Ma foi! dit Lockard, s'il en est ainsi, je crois que ce qu'il y aurait de mieux à faire serait de bâcler un mariage entre le jeune Maître de Ravenswood et notre jolie maîtresse. Sir William pourrait coudre à la robe de la mariée votre ancienne baronnie, et il saurait bien, habile et savant comme il l'est, s'en procurer une autre.

Caleb secoua la tête.

— Je souhaite, dit-il, que tout cela ne tourne pas mal! Il y a sur cette famille d'anciennes prophéties... A Dieu ne plaise que je les voie jamais s'accomplir!...

— Bah! bah! laissez là les prophéties! répondit Lockard; si ces jeunes gens viennent à s'aimer, ce sera un couple charmant. Allons, buvons à leur santé, je suis sûr que Mistress Mysie se joindra à nous; n'est-ce pas, ma bonne Mistress Mysie? Approchez votre verre, que je vous donne du vin du brave Girder.

Tandis que l'harmonie et la joie régnaient à la cuisine, la compagnie du salon ne passait pas une soirée moins agréable. Dès que Ravenswood se fut déterminé à donner l'hospitalité au lord garde des sceaux, il comprit que son devoir était de paraître charmé de la visite qu'il recevait. Lorsqu'un homme commence à jouer un rôle, il finit presque toujours par s'identifier tout de bon avec son personnage. En moins d'une heure, Edgar, à sa propre surprise, se mit à faire tous ses efforts pour plaire à ses hôtes. Fallait-il attribuer ce changement dans l'humeur ordinairement sombre du jeune Maître de Ravenswood à la beauté si gracieuse de Lucy Ashton et à son aimable enjouement, ou bien à la conversation de lord William, doué de cette éloquence persuasive qui gagne les cœurs ? Nous croyons qu'Edgar n'était insensible ni aux charmes de la fille ni aux avances du père à son égard.

Le lord garde des sceaux était un politique consommé au fait de toutes les intrigues des cours et des cabinets. Il connaissait à fond tous les événements qui s'étaient succédé à la fin du XVIIe siècle. Il savait parler des hommes et des choses de manière à captiver l'attention et sans jamais dire un mot qui pût le compromettre. Il avait l'art de persuader à ses auditeurs qu'il leur parlait avec abandon et sans la moindre réserve.

Ravenswood, malgré les motifs de ressentiment qu'il avait contre le lord garde des sceaux, ne pouvait s'empêcher d'éprouver un vrai plaisir à écouter sa conversation si intéressante et si instructive. Lucy parlait peu, mais elle souriait d'un air aimable, et l'on voyait sur sa physionomie un désir de plaire qui, pour un homme aussi fier qu'Edgar, était comme une flatterie séduisante. Il se sentait, dans cette pauvre salle délabrée, l'objet d'attentions aussi empressées que s'il eût été entouré de la splendeur qui convenait à sa haute naissance. Ses hôtes ne semblaient pas s'apercevoir que rien leur manquât, et, quand l'occasion s'en présentait, ils louaient l'adresse et le dévoûment de Caleb.

Lorsque l'heure du repos arriva, Mysie conduisit Miss Ashton dans sa chambre, et Ravenswood accompagna, selon l'usage, le lord garde des sceaux dans son appartement, suivi de Caleb, qui posa sur la table deux chandelles grossières dans des chandeliers en fer et deux flacons de terre; car, dit-il, la porcelaine avait été rarement employée depuis la mort de Milady. L'un de ces flacons est rempli de vin d'Espagne qui était depuis plus de vingt ans dans la cave de Wolferag. Quant à l'eau-de-vie, c'est bien la liqueur la plus précieuse qui eût jamais paru sur aucune table, c'était la pareille de celle qui fut servie le jour de cette fête mémorable où le vieux Mickleobt avait été tué par Jamie de Jouklebrae à la suite d'une dispute qui intéressait l'honneur d'une dame alliée à la famille, mais néanmoins...

— Monsieur Caleb, dit sir William, voudrez-vous me faire le plaisir de me donner de l'eau.

— De l'eau ! à Dieu ne plaise que Votre Honneur boive de l'eau dans cette maison, au déshonneur de la famille !

— Si tel est le désir de Sa Seigneurie, dit Edgar, il faut vous y conformer, Caleb.

— En effet, si c'est le plaisir de Milord, je ne vois pas grand inconvénient... Et Caleb alla chercher l'élément désiré, assurant que nulle part on ne trouverait de l'eau pareille à celle du puits de Wolferag. Néanmoins...

— Néanmoins, il est temps que nous laissions le lord garde des sceaux goûter quelque repos, dit Ravenswood en interrompant l'éloquent Caleb, qui fit un profond salut et se retira.

Edgar se disposait à quitter le garde des sceaux; mais celui-ci le retint.

— Maître de Ravenswood, dit-il, j'espère que vous connaissez trop bien la loi chrétienne pour souffrir que le soleil se couche sur votre colère ?

Edgar rougit et répondit qu'il n'avait pas sujet en ce moment de pratiquer ce devoir religieux.

— J'osais à peine m'en flatter, dit sir William, après les sujets d'altercation qui, par malheur, se sont trop souvent présentés entre le feu lord votre père et moi.

— Je désirerais, Milord, répondit Ravenswood, agité par une émotion qu'il avait peine à retenir, qu'aucune allusion à ces circonstances ne fût faite dans la maison de mon père.

— En toute autre occasion, dit sir William, je m'inclinerais devant votre désir. Mais il est nécessaire que je m'explique sans réserve. Je n'ai déjà que trop souffert par suite de la fausse délicatesse qui m'empêcha d'insister avec force pour avoir une entrevue avec votre père, entrevue que j'avais demandée plusieurs fois et qui, si elle avait eu lieu, nous aurait, sans doute, épargné mutuellement bien des malheurs...

— Je crois me rappeler, dit Ravenswood après un moment de réflexion, avoir entendu dire à mon père que Votre Seigneurie lui avait proposé une conférence.

— Oui, mon jeune ami (car c'est ainsi que je veux vous nommer), je l'ai proposée; mais j'aurais dû la solliciter, l'implorer comme une grâce. J'aurais dû déchirer le voile que des gens intéressés à nous désunir avaient jeté entre nous et me montrer, comme je l'étais en effet, prêt à sacrifier même une partie de mes droits légaux par égard pour les sentiments qui animaient feu votre père. Je suis assuré que si le lord de Ravenswood et moi nous étions trouvés ensemble le même laps de temps que ma bonne fortune m'a permis de passer aujourd'hui avec vous, je n'aurais pas eu la douleur de me séparer pour toujours avec des sentiments d'inimitié d'un homme dont j'honorais le caractère, et le pays possèderait peut-être encore l'un des membres les plus respectables de son ancienne noblesse.

Sir William porta son mouchoir à ses yeux.

Ravenswood était ému; mais il attendit en silence la suite des révélations du lord garde des sceaux.

— Il est nécessaire que vous sachiez, dit ce dernier, qu'il existe encore bien des points à régler entre nous; et quoique j'aie cru devoir consulter une cour de justice, afin de connaître l'étendue exacte de mes droits légaux, il n'a jamais été dans mes intentions de les faire valoir au-delà des bornes qu'impose l'équité.

— Milord, dit le Maître de Ravenswood, il est inutile de poursuivre plus loin ce sujet. Tout ce que la loi vous donne, tout ce qu'elle peut vous donner encore, vous en jouissez ; personne n'y met obstacle. Ni mon père ni moi n'aurions jamais rien accepté à titre de faveur.

— De faveur? non! vous ne me comprenez pas ; ou, pour mieux dire, vous n'êtes pas jurisconsulte. Des droits peuvent être valables aux yeux de la loi et reconnus comme tels, sans qu'un homme d'honneur veuille, dans tous les cas, s'en prévaloir, ou même le puisse équitablement.

— J'en suis fâché, Milord.

— Allons, allons ; vous parlez comme un jeune avocat qui s'échauffe sans sujet, au lieu de garder son sang-froid. Écoutez, mon jeune ami : il reste, je vous le répète, encore beaucoup de points à décider entre nous. Pouvez-vous blâmer un vieillard qui aime la paix et la tranquillité, et qui se trouve dans la maison d'un jeune seigneur qui a sauvé sa vie et celle de sa fille, de désirer ardemment tout régler à l'amiable et généreusement?

Tout en parlant, sir William avait pris la main d'Edgar et la serrait dans les siennes. Quelque résolution qu'eût prise ce dernier, il était impossible qu'il ne fît pas une réponse conforme aux désirs de son hôte ; et ils se séparèrent en remettant la suite de cette conférence au lendemain.

Ravenswood courut s'enfermer dans la salle où il devait passer la nuit. Pendant quelque temps, il la traversa en tous sens, sans savoir ce qu'il faisait. Son ennemi était dans sa maison, et les sentiments qu'il éprouvait envers lui n'étaient ni ceux d'un ennemi ni ceux d'un chrétien. Le premier de ces titres lui ordonnait de donner un libre cours à sa vengeance ; le second lui imposait le pardon, et ces deux sentiments lui paraissaient également impossibles ; il sentait qu'il faisait un lâche compromis entre son ressentiment contre le père et son affection pour la fille ; il se maudissait lui-même, et, marchant à grands pas dans la chambre éclairée par la lune, il ouvrait et refermait violemment la fenêtre. A la fin, cependant, son agitation se calma et il se jeta dans le fauteuil sur lequel il allait passer la nuit.

S'il est vrai, se dit-il, que cet homme ne désire rien de plus que ce que la loi lui accorde; s'il est même prêt à régler d'après les lois de l'équité des droits valides et reconnus, quel sujet mon père pourrait-il avoir besoin de se plaindre ? Quel sujet en ai-je moi-même ? Ceux de qui nous tenons nos anciennes possessions tombèrent sous l'épée de mes ancêtres et laissèrent leurs biens et leurs domaines aux conquérants; nous succombons sous la force de la loi, trop puissante aujourd'hui pour qu'on puisse lui résister. Entrons donc en pourparlers avec les vainqueurs du jour, comme si nous étions assiégés dans notre forteresse sans espoir d'être secourus. Peut-être cet homme est-il tout autre que je ne l'avais cru d'abord; et sa fille... Mais j'ai résolu de ne point penser à elle.

Edgar s'enveloppa dans son manteau, s'assoupit et rêva de Lucy Ashton jusqu'à ce que le jour le réveillât.

CHAPITRE XV

Sir William, dans sa longue carrière, avait toujours épié avec soin les changements prêts à se manifester à l'horizon politique, et, avant que le combat fût engagé, il se ménageait un appui auprès du parti qu'il croyait devoir être victorieux. Ce caractère ondoyant, prêt à se plier aux circonstances, excitait le mépris des chefs des deux factions qui divisaient l'État. Mais ses talents et ses connaissances en jurisprudence compensaient ce qui lui manquait sous d'autres rapports, et ceux qui étaient à la tête du pouvoir récompensaient ses services sans lui accorder leur estime.

Le marquis d'Athol (le parent d'Edgar) venait d'employer toute son influence pour effectuer un changement dans le cabinet d'Écosse, et il espérait que ses projets allaient être couronnés de succès. Toutefois s'attacher le lord garde des sceaux était une manœuvre adroite ; le marquis chargea un de leurs amis communs de négocier la chose.

Lorsque cet ami arriva au château de Ravenswood, il trouva sir William sous l'impression des paroles de la vieille Alix et de sa rencontre avec Edgar, de l'air de dédain avec lequel ce dernier avait accueilli l'expression de sa reconnaissance, pour lui avoir sauvé la vie ainsi qu'à sa fille. Ces circonstances avaient frappé vivement l'imagination du lord garde des sceaux.

Dès que l'ami du marquis vit de quel côté le vent soufflait, il insinua à sir William des doutes et des craintes d'une autre espèce, mais non moins propres à l'agiter. Il s'informa d'un air d'intérêt si les procès avec la famille de Ravenswood étaient réglés définitivement. Sur la réponse affirmative de sir William, il lui démontra que plusieurs des points importants qui avaient été décidés en sa faveur contre Ravenswood pouvaient, si la partie lésée interjetait appel du jugement, subir un nouvel examen devant les états d'Écosse, qui prononceraient en dernier ressort.

Sir William soutint qu'une pareille mesure serait illégale, et qu'il était impossible que le jeune Ravenswood eût des amis assez puissants dans le Parlement pour proposer de prendre en considération une telle mesure.

— Ne vous bercez pas de cet espoir, lui dit l'ami ; il se peut que, dans la prochaine session, le Maître de Ravenswood ait plus d'amis et de protecteurs que Votre Seigneurie elle-même. Et soyez assuré, mon estimable ami, que ni les services que vous avez rendus à l'État ni vos profondes connaissances en jurisprudence ne pourront vous conserver votre place si le marquis d'Athol parvient à composer un Parlement tel qu'il le désire. Vous savez que le feu lord de Ravenswood était son allié ; car lady Ravenswood descendait, comme le marquis, du baron de Tillibardine. Elle était donc la cousine au cinquième degré du marquis. Je suis sûr qu'il épousera les intérêts du jeune Ravenswood, qui, d'ailleurs, est, dit-on, un garçon intelligent, et qu'il favorisera son avancement dans le monde. Or, si l'on vient à remuer dans le Parlement tous ces anciens procès de Ravenswood, je vous réponds que le marquis vous donnera du fil à retordre.

— Ce serait bien mal récompenser les services que j'ai rendus à l'État et le respect que j'ai toujours témoigné à l'honorable famille du marquis.

— Oh! dit l'ami, il ne faut pas compter sur les services passés ; ce sont des services actuels qu'un homme comme le marquis attend dans les circonstances où nous nous trouvons.

Le lord garde des sceaux répondit qu'il ne savait quels services il n'eût pas toujours été disposé à rendre au marquis, sauf réserve de ses devoirs envers son roi et son pays.

N'ayant ainsi rien promis, tout en paraissant dire beaucoup, sir William choisit un autre sujet de conversation et ne voulut pas se laisser ramener à l'autre. Son hôte partit donc sans avoir pu tirer du rusé politique la promesse de favoriser les projets du marquis ; mais il emporta la certitude qu'il avait excité ses inquiétudes sur un sujet qui lui tenait fort à cœur, et qu'il avait jeté les fondements d'un traité qu'on pourrait réaliser un jour.

Lorsqu'il rendit compte au marquis de sa négociation, ils convinrent ensemble de ne pas laisser le garde des sceaux reprendre son ancienne sécurité.

— Il faut, dit le marquis, l'entretenir dans cet état d'inquiétude, surtout pendant l'absence de sa femme, dont l'esprit orgueilleux et vindicatif lui fournit souvent le courage qui lui manque.

Lady Ashton, alors à Londres, était en grande faveur auprès de la duchesse de Marlborough. Elle cherchait à déjouer les intrigues du marquis, car elle était irrévocablement attachée au parti dominant, d'autant plus qu'elle détestait les Ravenswood, dont l'ancienne splendeur jetait encore son ombre sur la grandeur nouvelle des Ashton ; et elle aurait risqué sans hésiter ses propres intérêts pour donner le coup mortel à ses ennemis.

Il était donc nécessaire de presser sir Ashton avant le retour de sa femme. La lettre du marquis au Maître de Ravenswood était un des préliminaires de son plan d'attaque.

Elle avait été rédigée de manière à laisser à celui qui l'écrivait sa liberté d'action selon que les circonstances se présenteraient. Nous devons dire cependant que le marquis, tout en se servant du nom de Ravenswood pour entretenir des alarmes dans l'esprit du lord garde des sceaux, désirait véritablement être utile à son jeune parent.

Le messager chargé de la lettre pour le Maître de Ravenswood devait passer près du château de lord William. On mit dans ses instructions d'avoir soin de déferrer son cheval, et, pendant que le maréchal réparerait cet accident, de laisser échapper dans son impatience qu'il était porteur d'une dépêche des plus importantes du marquis d'Athol pour le Maître de Ravenswood.

Cette nouvelle parvint aux oreilles de sir William avec toutes les exagérations d'usage. Le lord garde des sceaux écouta les rapports qui lui arrivèrent de plusieurs côtés avec une indifférence affectée. Mais Lockard reçut l'ordre de guetter le messager à son retour et de le faire boire pour lui enlever la réponse à la dépêche du marquis. Ce projet, qui avait été prévu par le marquis, ne réussit pas, le messager ayant reçu l'ordre de revenir par une route autre que celle par où il était arrivé.

Les alarmes du garde des sceaux devinrent sérieuses, et, d'autre part, les rapports qu'il recevait lui paraissaient rendre probable le succès politique du marquis. Sir William pensa qu'il était temps de songer à trouver une protection contre l'orage. Il jugea que l'affaire du taureau, bien conduite, pouvait lui faciliter une entrevue avec le Maître de Ravenswood, et que, de cette entrevue, pouvait sortir une réconciliation, après laquelle il pourrait lui faire accepter un arrangement à l'amiable. Il était décidé, pour arriver à ce résultat, à faire des sacrifices importants. Une réconciliation avec Ravenswood lui donnerait le moyen de faire des conditions au marquis d'Athol.

— Enfin, se disait-il, ce serait un acte de générosité que de relever la fortune du chef de cette famille ruinée. Qui sait si cette générosité ne trouverait pas sa récompense ?

Ravenswood devrait obtenir quelque poste important dans une nouvelle administration ; et, qui sait?... il pouvait y avoir de plus mauvais mariages pour Lucy... On pouvait obtenir la révocation de l'arrêt qui avait dégradé de noblesse les Ravenswood, dont le titre était fort ancien. Enfin, cette alliance légitimerait en quelque sorte en sa personne la possession de la plus grande partie des biens de cette maison.

En conséquence, sir William chercha les moyens de se rapprocher du Maître de Ravenswood, et le château de lord Littlebrain étant dans les environs de Wolferag, sir William se rappela à propos qu'il avait reçu plusieurs invitations d'y aller passer quelques jours. Il écrivit à lord Littlebrain qu'il se rendrait chez lui le lendemain.

Lockard reçut l'ordre de rechercher les occasions de se lier avec quelques-uns des habitants de Wolferag.

L'orage qui survint pendant la chasse favorisa le plan du garde des sceaux plus qu'il n'eût pu l'espérer. La

6.

froideur de l'accueil du Maître de Ravenswood lui fit d'abord une pénible impression ; mais bientôt la glace fut rompue, et Edgar s'acquitta des devoirs de l'hospitalité avec franchise.

Le changement qu'il remarqua dans les manières d'Edgar dissipa ses craintes, et sa pénétration découvrit sans peine que c'était à la grâce et à la beauté de Lucy qu'il était redevable des dispositions favorables de son hôte.

Toutes ces pensées se retracèrent à son esprit quand il fut dans la chambre secrète. Un chandelier de fer, un logement sans meuble, le bruit continuel des vagues se brisant contre le rocher sur lequel la tour était bâtie, tout contribuait à jeter le trouble dans son âme. C'était à lui, c'était à ses manœuvres adroites qu'était due en grande partie la ruine de la famille dont il habitait en ce moment le dernier asile. La vue de cette détresse et de cette désolation lui était pénible.

Et puis, en pensant à ses projets de réparation envers Ravenswood, il se demandait avec une certaine inquiétude :

— Que dira ma femme ?...

Enfin, sir William se détermina sagement à attendre les événements et à y conformer sa conduite, et il finit par s'endormir paisiblement.

CHAPITRE XVI

Le Maître de Ravenswood avait repris son humeur sombre quand il aborda le lord garde des sceaux le lendemain matin. Malgré les sentiments qu'il éprouvait pour Lucy Ashton, il ne pouvait s'empêcher de penser que recevoir avec amitié l'ennemi de sa famille, c'était se dégrader.

Mais sir William voulut reprendre, avant le déjeuner, la conversation de la veille ; il exprima l'espoir que son jeune ami s'armerait de patience pour entendre le détail circonstancié des causes qui avaient donné naissance aux contestations des deux familles et il commença l'histoire d'un prêt de vingt mille marcs que son père avait fait au feu lord de Ravenswood. Il allait expliquer les voies légales par lesquelles cette somme considérable était devenue *debitum fundi*, quand Edgar l'interrompit.

— Ce n'est point ici, dit-il, que je puis écouter l'explication que veut me donner sir William. Ce n'est pas dans le château où mon père mourut de chagrin que je puis m'occuper à rechercher la cause de ses malheurs. Le moment viendra où cette explication pourra avoir lieu en présence de personnes devant lesquelles nous aurons tous deux la liberté de parler et d'écouter.

— Le lieu, le temps et les personnes, répondit sir William, sont des choses indifférentes pour ceux qui ne cherchent que la justice. Cependant, puisque je vous offre toutes les explications désirables, il serait juste, ce me semble, que vous me donnassiez quelques renseignements sur les motifs que vous avez pour revenir contre les décisions prononcées par les cours de justice compétentes.

— Sir William Ashton, répondit le Maître de Ravenswood avec un peu de chaleur, les domaines que vous occupez aujourd'hui ont été accordés à nos ancêtres par nos rois, pour les récompenser des services qu'ils avaient rendus en repoussant les invasions des Anglais. Comment ces domaines sont-ils sortis de nos mains ? Par une suite de transactions qui ne sont ni vente amiable, ni adjudication judiciaire, ni hypothèques, mais qui offrent un mélange confus de toutes ces choses. Comment les intérêts ont-ils dévoré le capital ? comment tous nos biens ont-ils été fondus ainsi que la neige aux rayons du soleil? C'est ce que vous pouvez peut-être savoir mieux que moi. Je suis pourtant disposé à admettre, d'après votre franchise à mon égard, qu'un jurisconsulte éclairé comme vous a pu croire équitable ce qui a paru injuste et oppressif à un homme aussi ignorant que je le suis dans ces sortes de matières.

— Et permettez-moi de vous dire aussi, mon cher Ravenswood, reprit le rusé sir William, que j'étais moi-même dans l'erreur à votre sujet. On vous avait représenté à moi comme un jeune homme fier, impétueux, prêt à jeter votre épée dans la balance à la moindre contestation, et même à recourir à ces actes de violence qui ne sont plus tolérés en Écosse depuis bien des années. Puisque nous nous étions réciproquement mal jugés, pourquoi le jeune homme loyal ne voudrait-il pas écouter l'explication franche que le vieux jurisconsulte veut lui donner?

— Non, Milord, répondit Edgar, c'est devant la Cour suprême du Parlement que cette explication doit avoir lieu. Les barons et chevaliers, les lords et pairs d'Écosse seuls doivent décider si une maison qui n'est pas des moins nobles de ce pays doit se trouver dépouillée de toutes ses possessions, de même qu'un ouvrier est privé du gage qu'il a mis entre les mains d'un usurier quand il a laissé passer l'heure fixée pour le rachat. Si les droits du créancier sont reconnus légitimes, s'il faut que la loi nous ravisse les biens que nous tenions à titre de glorieuse récompense, je saurai m'en consoler; il me reste mon épée, et je pourrai suivre la profession de mes ancêtres partout où j'entendrai le bruit des armes.

Comme Edgar prononçait ces mots d'un ton ferme et mélancolique, il rencontra les yeux de Lucy fixés sur lui avec une expression d'intérêt et d'admiration qu'elle ne cherchait pas à cacher. Les traits distingués d'Edgar, animés par le sentiment de sa dignité, le son expressif de sa voix, la noblesse avec laquelle il supportait l'indigence, tout contribuait à le rendre dangereux pour une jeune fille dont l'esprit et le cœur n'étaient que trop disposés aux sentiments romanesques.

Sir William avait surpris le regard de Ravenswood sur sa fille et l'air ému de celle-ci.

— Je n'ai pas besoin de craindre, se dit-il, ni appel, ni Parlement, j'ai un moyen sûr de tenir le jeune homme au cas où il deviendrait dangereux; mon premier soin est de ne me compromettre en rien. Le poisson a mordu à l'hameçon ; mais je ne me hâterai pas de tirer la ligne, car je puis toujours couper le fil s'il ne vaut pas la peine d'être retiré de l'eau.

Dans ce calcul égoïste, sir William comptait pour rien les chagrins qu'il pouvait occasionner à sa fille en la laissant ouvrir son âme à une passion dangereuse. On eût dit qu'il se flattait de pouvoir allumer ou éteindre à son gré l'affection de sa fille pour Edgar, comme on allume et l'on éteint une bougie.

Caleb vint annoncer que le déjeuner était servi. Les restes du dîner de la veille avaient abondamment pourvu à ce repas. Caleb présenta avec tout le cérémonial d'usage *le coup du matin,* dans un grand gobelet d'étain garni de persil. Il lui demanda pardon de ne pas le lui avoir servi dans la grande coupe d'argent de son maître.
— Mais, dit-il, on l'a envoyée à Édimbourg il y a quelques jours pour y être dorée.

— Il est effectivement probable, répondit Edgar en souriant, qu'elle est à Édimbourg; mais chez qui, et à quel usage sert-elle ? C'est ce que ni vous ni moi ne pouvons savoir.

— Ce que je puis savoir, dit Caleb avec humeur, c'est qu'il y a déjà à la porte de la tour quelqu'un qui désire vous parler. Faut-il le recevoir ?

— Craignez-vous, Caleb, que ce soit un officier de justice ?

— Un officier de justice dans votre château ! En vérité, Votre Honneur veut rire ce matin aux dépens de son vieux Caleb ! Quoi qu'il en soit, ajouta-t-il tout bas à son maître, jetez les yeux sur lui ; c'est un homme de mauvaise mine ; Votre Honneur fera bien d'y regarder à deux fois avant de le laisser entrer dans la tour.

C'était le respectable capitaine Craigengelt, le nez rougi par la boisson, son chapeau galonné posé de côté sur sa perruque : une épée, des pistolets aux arçons de sa selle, et un habit de chasse usé, garni de vieux galons ; véritable portrait de l'homme qui, rencontrant un voyageur dans un bois, est disposé à lui demander la bourse ou la vie.

Lorsque le Maître de Ravenswood eut reconnu Craigengelt, il fit ouvrir la porte de la cour et dit :

— Je présume, capitaine, que les affaires que vous avez à me dire peuvent se traiter ici. La manière dont nous nous sommes quittés il n'y a pas longtemps doit vous faire comprendre que je ne vous fasse pas entrer au château.

Malgré son impudence, Graigengelt fut déconcerté par cet accueil.

— Je ne viens pas, dit-il, demander l'hospitalité au Maître de Ravenswood, mais je m'acquitte d'une mission honorable que m'a confiée un ami ; sans cela, le Maître de Ravenswood ne me verrait pas chez lui.

— Eh bien ! Monsieur, terminons en peu de mots. Quel est l'homme assez heureux pour vous employer à porter ses dépêches ?

— Mon ami Hayston de Bucklaw, répondit Graigengelt avec importance. Il trouve que vous ne l'avez pas traité avec les égards qui lui sont dus, et il veut en avoir satisfaction. Je vous apporte la mesure de son épée, et il vous somme de vous trouver aujourd'hui, accompagné d'un ami et muni d'armes égales, en tel endroit qu'il vous plaira. Je lui servirai de second.

— Satisfaction ! armes égales ! s'écria Ravenswood, qui était loin de penser qu'il eût offensé Bucklaw. Sur ma parole, capitaine Craigengelt, votre coup du matin a sans doute été trop copieux. Quel motif aurait pu engager Bucklaw à m'envoyer un tel message ?

— Je suis chargé, Monsieur, de vous dire que c'est l'insulte que vous avez faite à mon ami en le chassant de votre maison.

— Cela est impossible ! répondit Edgar ; Bucklaw ne peut regarder comme une insulte ce qui était une affaire de nécessité, et pour une nuit seulement ; mais je ne puis croire que, connaissant ma manière de penser sur votre compte, il eût choisi pour une telle mission un homme qui n'a droit à aucune considération. Où trouverais-je un homme d'honneur qui consentît à agir comme témoin de concert avec vous ?

— A aucune considération ! répéta Craigengelt en mettant la main sur son épée. Diable ! si la querelle de mon ami ne devait pas être vidée la première, je vous ferais voir....

— Je n'ai rien à écouter de votre part, dit Edgar froidement ; vous avez entendu ma réponse ; retirez-vous.

— Morbleu ! répéta le fanfaron. Et voilà tout ce que vous avez à répondre à un message honorable !

— Si le laird de Bucklaw vous a député vers moi, ce que j'ai peine à croire, dites-lui que lorsqu'il m'enverra un message par un homme digne de servir d'intermédiaire entre lui et moi, je lui donnerai toutes les explications qu'il pourra désirer.

— Au moins, Monsieur, faites-moi remettre les bagages que mon ami a laissés dans votre château.

— Tout ce que Bucklaw a laissé ici sera reporté par mon domestique à l'endroit qu'il m'indiquera. Je ne vous remettrai rien, attendu que vous ne me justifiez pas de lettres de créance.

— Fort bien, Monsieur ! s'écria Craigengelt emporté par la colère au-delà des bornes de sa prudence ordinaire. Il faut avouer que vous m'avez reçu honnêtement ce matin; mais la honte en retombera sur vous. Un château ! continua-t-il en jetant les yeux autour de lui !... Cette demeure en ruine ressemble plutôt à un coupe-gorge, où l'on attire les voyageurs pour s'emparer de leurs dépouilles !

— Insolent ! s'écria Ravenswood en saisissant la bride du cheval de l'intrigant et en levant un bâton, si vous ne partez pas à l'instant, sans proférer une syllabe, je vous ferai périr sous le bâton !

En voyant le bâton levé sur lui, Craigengelt ne se fit pas prier pour partir. Il donna à son cheval un coup d'éperon et s'éloigna au galop.

Ravenswood, en se retournant pour rentrer dans la tour, vit le garde des sceaux, qui avait assisté de loin à cette scène.

— Je suis sûr, dit sir William, d'avoir vu cet homme il n'y a pas longtemps ; ne se nomme-t-il pas Crai..... Craigen.....

— Craigengelt, dit Ravenswood, du moins c'est le nom qu'il se donne à présent.

— Craig-en danger, Craig-en l'air, s'écria Caleb, jouant sur le mot *craig*, qui en écossais signifie *cou*. Le coquin a la potence gravée sur le front; et je gagerais que le chanvre qui doit lui filer une cravate est déjà récolté.

— Vous êtes bon physionomiste, mon cher Caleb, dit le garde des sceaux en souriant; et je vous assure que cet homme a déjà été bien près de vérifier votre prédiction ; car je me souviens parfaitement que pendant mon dernier voyage à Édimbourg, il y a environ quinze jours, je vis ce Craigengelt subir un interrogatoire fort sévère devant le Conseil privé.

— Quel en était le sujet ? demanda le Maître de Ravenswood avec intérêt.

La réponse à cette question conduisait à une conversation à laquelle sir William était pressé d'arriver. Il prit le bras d'Edgar, et l'entraînant dans la grande salle :

— Cette affaire n'a pas une grande importance, dit-il ; cependant je ne puis vous en parler qu'en particulier.

CHAPITRE XVII

Le lord garde des sceaux commença son discours avec la plus grande aisance, mais en ayant soin d'examiner avec attention l'effet qu'il produisait sur Edgar.

— Vous savez, mon jeune ami, que la méfiance est la maladie naturelle du temps où nous vivons, et qu'elle expose souvent l'homme le plus sage à se laisser tromper par les artifices d'un intrigant. Si j'avais été disposé, il y a quelque temps, à ouvrir mon cœur au soupçon, si j'avais été le rusé politique pour lequel on m'a fait passer à vos yeux, au lieu d'être aujourd'hui bien tranquille avec moi dans votre château, en pleine liberté d'agir comme bon vous semblera, pour faire valoir ce que vous croyez être vos droits, vous seriez enfermé dans le château d'Édimbourg ou dans quelque autre prison d'État, à moins que vous n'eussiez réussi à vous sauver en pays étranger, au risque d'une sentence de confiscation des biens qui vous restent.

— Je crois, Milord, dit Ravenswood, que vous ne voudriez pas plaisanter sur un tel sujet ; et j'ai pourtant peine à croire que vous me parliez sérieusement.

— L'innocence est toujours pleine de confiance, dit sir William ; elle va même quelquefois jusqu'à la présomption. Au surplus, c'est excusable en pareil cas.

— Je ne crois pas, Milord, que la confiance que l'on

peut avoir en son innocence puisse jamais passer pour de la présomption.

— On peut du moins la traiter d'imprudence, dit sir William, puisqu'elle nous induit en erreur en nous faisant croire que ce qui est connu de notre conscience doit être évident pour les autres. C'est pour cette raison que j'ai vu plus d'une fois un coquin se défendre beaucoup mieux qu'un honnête homme faussement accusé ne l'aurait pu faire dans les mêmes circonstances. Un coquin, n'ayant pas le soutien de son innocence, ne laisse passer aucun des avantages que la loi lui accorde; et si son avocat est un homme de talent, il parvient souvent à forcer ses juges à le déclarer innocent. Je me rappelle à ce sujet la fameuse affaire de sir Cooly Condiddle.....

— Me permettez-vous, dit Edgar, de vous prier de revenir au sujet qui m'occupe le plus? Il me semble que vous me disiez en commençant qu'on avait conçu quelques soupçons contre moi?

— Des soupçons, Maître de Ravenswood? Oui, vraiment; je puis vous en montrer les preuves, si, comme je le pense, je les ai ici.

Et le garde des sceaux sonna pour qu'on appelât Lockard, qui se présenta de suite.

— Lockard, lui dit-il, apportez-moi le portefeuille fermant à clef que je vous ai confié. Vous savez ce que je veux dire?

— Oui, Milord, répondit Lockard. Et il sortit à l'instant.

— Je crois que ces pièces doivent s'y trouver, continua sir William; car il me semble les avoir laissées dans ce portefeuille, où j'avais réuni quelques dossiers pour les examiner pendant mon séjour chez lord Littlebrain. Au surplus, je suis sûr de les avoir au château de Ravenswood; et peut-être mon jeune ami pourrait-il consentir à me faire l'honneur.....

Lockard rentra en ce moment, et remit à son maître un portefeuille en maroquin vert dont sir William avait toujours la clef dans sa poche. Il en tira, après avoir eu l'air d'y chercher longtemps, deux ou trois pièces relatives à ce qui s'était passé aux funérailles de feu lord Ravenswood, et aux démarches qu'il avait faites pour empêcher qu'on donnât suite à cette affaire. Il avait choisi ces pièces avec soin parmi plusieurs autres pour bien démontrer à Ravenswood qu'il lui avait servi d'avocat auprès du Conseil privé et avait joué le rôle de pacificateur dans cette affaire.

Laissant ces papiers dans les mains d'Edgar pour qu'il les examinât, sir William s'approcha de la table où le déjeuner était servi, et entra en conversation avec sa fille et avec le vieux Caleb. Le ressentiment qu'avait ce dernier contre celui qu'il appelait l'usurpateur commençait à s'adoucir devant le ton de familiarité avec lequel le garde des sceaux daignait lui parler.

Après avoir lu ces pièces attentivement, le Maître de Ravenswood resta quelques instants le front appuyé sur sa main et plongé dans de profondes réflexions. Puis il les relut encore une fois avec plus d'attention, et, sa lecture terminée, il quitta brusquement le fauteuil sur lequel il était assis, et s'avançant vers le garde des sceaux, il lui prit la main, la serra fortement, et lui demanda pardon de l'avoir mal jugé et de s'être rendu coupable d'injustice à son égard, précisément au moment où sir William protégeait sa personne et défendait son honneur.

L'homme d'État l'écouta d'abord avec une surprise bien jouée, et ensuite avec toutes les démonstrations d'une franche cordialité.

Des pleurs coulaient des beaux yeux de Lucy devant cette scène inattendue et attendrissante. Voir le Maître de Ravenswood, naguère si hautain et si réservé, qu'elle avait toujours considéré comme la partie lésée, demander à lord William de lui accorder son pardon, c'était un changement dont elle était aussi heureuse que surprise.

— Essuyez vos yeux, Lucy, dit le lord garde des sceaux; faut-il pleurer parce qu'on reconnaît que votre père, quoique attaché au barreau, est un homme juste, un homme d'honneur? Vous ne me devez pas de remerciments, mon jeune ami; j'ai fait pour vous ce que vous auriez fait pour moi si vous aviez été à ma place : *Suum cuique tributo* (1) était la maxime des jurisconsultes romains, et je l'ai apprise en étudiant Justinien. D'ailleurs ne m'avez-vous pas payé au centuple en sauvant la vie de ma chère enfant!

— Ah! répondit Ravenswood, le service que je vous rendis ne fut qu'un acte d'instinct, provoqué par un grand danger; mais vous, en prenant ma défense et connaissant mes préventions contre vous, sachant que j'étais disposé à être votre ennemi, vous avez fait un trait de générosité sans pareil.

— Eh bien! dit sir William, chacun de nous a agi comme il était naturel qu'il le fît selon son âge et sa position, vous en jeune homme courageux, moi en vieillard réfléchi et en juge intègre. Nous n'aurions guère pu changer de rôle. Du moins, quant à moi, je suis sûr que j'aurais été un fort mauvais *toréador;* et vous, mon jeune ami, malgré la bonté de votre cause, vous ne l'auriez peut-être pas aussi bien plaidée que moi devant le Conseil privé.

— Mon généreux ami! s'écria Edgar. En donnant à son ancien ennemi ce nom d'ami que ce dernier lui avait prodigué si souvent, il lui accordait l'entière confiance d'un cœur où l'honneur ne régnait pas moins que la fierté. Ravenswood était d'un caractère opiniâtre et irascible, mais franc et plein de droiture. Ses préjugés, quoique profondément enracinés, devaient disparaître devant la reconnaissance et l'amour. Les charmes si doux de la fille et les services généreux du père firent sortir de sa

(1) Rends à chacun le sien.

mémoire le vœu solennel de vengeance prononcé par lui dans la nuit qui suivit les funérailles de son père, mais ce vœu avait été enregistré dans le livre du destin.

Caleb était présent à cette scène attendrissante, et il croyait y voir le présage d'une alliance entre Edgar et Miss Ashton, qui ferait rentrer le château de Ravenswood et ses dépendances dans les mains de l'ancien possesseur.

Quant à Lucy, lorsque Edgar lui adressa les excuses les plus passionnées pour la froideur avec laquelle il l'avait d'abord accueillie, elle versa quelques larmes, et, sans retirer la main qu'il lui avait prise, elle l'assura avec le plus doux sourire du bonheur qu'elle éprouvait de voir une réconciliation complète entre son père et celui qui lui avait sauvé la vie.

Sir William lui-même fut ému par l'abandon sans réserve avec lequel le fier Ravenswood abjurait en un instant son inimitié et lui demandait pardon de l'injustice dont il se reconnaissait coupable... Ses yeux brillèrent en fixant ces deux jeunes gens, qui paraissaient faits l'un pour l'autre, et étaient déjà unis par les nœuds d'un secret attachement. Il songea à quelle élévation pourrait arriver Ravenswood, aidé par un caractère entreprenant et chevaleresque, et guidé par un homme connaissant les cours et les hommes. Et sa fille, son enfant chérie, ne semblait-elle pas formée pour trouver le bonheur avec un époux tel que Ravenswood? Il se plaisait à regarder leur union comme un événement probable, et ce ne fut qu'une heure après que son imagination fut arrêtée dans ses rêves par la pensée que lady Ashton pourrait ne pas consentir à ce mariage. Il est certain que le sentiment de bienveillance et d'attendrissement par lequel sir William venait de se laisser surprendre donna un encouragement tacite à l'affection d'Edgar et de Lucy, et les porta à se flatter qu'il verrait leur union avec plaisir.

Le lord garde des sceaux reconnut cette vérité plus tard ; car on l'entendit déclarer, longtemps après la catastrophe qui mit fin aux amours des deux jeunes gens, qu'on ne devait jamais permettre à la sensibilité de l'emporter sur le jugement, et que le plus grand malheur de sa vie avait été dû à un moment de pareille faiblesse.

Après quelques instants de silence, sir William reprit la parole.

— Dans la surprise que vous avez éprouvée, dit-il, en me trouvant meilleur que vous ne supposiez, vous avez perdu de vue votre curiosité relativement à ce Craigengelt ; et cependant il fut question de vous dans l'affaire de ce triste personnage.

— Le misérable ! s'écria Ravenswood, je n'eus avec lui qu'une liaison momentanée ; mais il est vrai que jamais je n'eusse dû en avoir aucune. Et que peut-il dire de moi ?

— Assez pour exciter les appréhensions de quelques-uns de nos grands personnages, qui, dans leur loyauté exagérée, sont toujours disposés à prendre un parti violent sur de simples soupçons et d'après les rapports d'un délateur mercenaire. Ce furent quelques sottes déclarations sur votre projet d'entrer au service du roi de France ou du Prétendant, je ne saurais dire lequel des deux ; mais un de vos meilleurs amis, votre parent, le marquis d'Athol, et un homme que vous regardiez comme votre ennemi acharné et qui aurait eu peut-être quelque intérêt à l'être, prirent votre défense.

— J'ai beaucoup d'obligation à mon honorable parent, dit Edgar en prenant la main du lord garde des sceaux, mais encore plus à mon estimable ennemi.

— *Inimicus amicissimus* (1), dit sir William en lui serrant la main à son tour. Mais j'ai entendu ce misérable prononcer le nom de M. Hayston de Bucklaw. Je crains que ce pauvre jeune homme ne suive un triste guide !

(1) Son ennemi est son plus grand ami.

— Il est assez âgé pour pouvoir se diriger lui-même, dit Edgar.

— Assez âgé, peut-être ; mais je doute de sa prudence s'il a choisi ce drôle pour son *fidus Achates*. Craigengelt avait fait au Conseil privé une dénonciation directe et formelle.

— C'est un scélérat ! répondit Ravenswood. M. Hayston de Bucklaw est un homme d'honneur, et je le crois incapable de bassesse ou de trahison.

— Au moins est-il capable de beaucoup d'inconséquence, répondit sir William. La mort va le mettre bientôt en possession de superbes propriétés, si elle ne l'a déjà fait. Lady Girmington, sa tante, est probablement morte dans ce moment. Elle est immensément riche, et tous ses biens doivent passer à Bucklaw. Je connais ses propriétés, ce sont de nobles domaines.

— J'en suis charmé, dit Ravenswodd, et je le serais encore plus si j'espérais que les mœurs et les habitudes de Bucklaw changeassent avec sa fortune. Mais le choix qu'il vient de faire pour servir d'intermédiaire entre nous ne me permet guère d'espérer sa conversion.

— Ce Craigengelt, c'est bien certainement un oiseau de mauvais augure, dit le lord garde des sceaux ; son chant annonce la prison et la potence. Mais occupons-nous du déjeuner. Je vois dans les yeux du digne M. Caleb qu'il pense que nous oublions trop longtemps le repas.

CHAPITRE XVIII

Le lord garde des sceaux et sa fille se retirèrent après le déjeuner pour se préparer à partir, et Ravenswood alla faire part au vieux Caleb de son intention de quitter

Wolferag et d'accompagner lord Ashton au château de Ravenswood, pour y passer quelques jours.

— Que la bonté du ciel ne le permette pas! s'écria le vieillard devenant aussi pâle que la nappe qu'il était en train de plier.

— Et pourquoi, Caleb, pourquoi, désirez-vous que la bonté du ciel ne me permette pas de rendre à sir William la visite qu'il m'a faite?

— Ah! Monsieur Edgar, je suis un vieux serviteur; j'ai servi votre père et votre grand-père. J'ai même vu votre bisaïeul, lord Randal; il est vrai que je n'étais encore qu'un enfant...

— Et qu'est-ce que tout cela a de commun, Caleb, avec une visite que j'ai dessein de rendre à un voisin?

— Ce que cela a de commun, Monsieur Edgar? Votre conscience ne vous dit-elle pas que le fils de votre père ne doit pas aller chez de tels voisins? Que deviendrait l'honneur de la famille? Ah! si le seigneur entendait raison, s'il vous rendait ce qui vous appartient, et qu'alors vous voulussiez honorer sa famille de votre alliance, je ne dirais pas non. Mais jusque-là il faut vous tenir à votre place. Je les connais. Ils ne vous en priseront que mieux.

Caleb frappait assez juste, et Ravenswood le sentit; mais il ne voulait pas en convenir; il tourna la chose en plaisantant.

— Vous allez plus vite en besogne que moi, Caleb, dit-il; vous me cherchez déjà une épouse dans une famille où vous ne voulez pas que je rende une visite. Mais qu'avez-vous donc? Vous êtes pâle comme la mort!

— Vous vous moquerez de moi si je vous le dis, Monsieur Edgar; et, cependant, Thomas le Rimeur n'a jamais menti; toujours ses prédictions se sont accomplies; et il en a fait une relative à votre famille qui me fait trembler si vous allez à Ravenswood! Faudrait-il que j'eusse assez vécu pour en voir l'accomplissement!

— Mais quelle est donc cette prédiction terrible ? demanda Edgar. qui désirait calmer les craintes de son vieux serviteur.

— Jamais, dit Caleb, je n'ai récité ces vers à âme qui vive. Je les ai appris d'un vieux prêtre qui avait été confesseur de votre grand-père. Mais combien de fois ne me suis-je pas rappelé ces paroles mystérieuses ! Je ne pensais guère qu'elles me reviendraient à l'esprit aujourd'hui !

— Trêve de sottises, Caleb ! s'écria Edgar avec impatience. Dites-moi ces vers sur-le-champ; je veux les connaître.

Caleb leva les yeux au ciel et récita d'une voix tremblante les vers suivants :

> Quand le dernier des Ravenswood ira
> Dans le château qui ce nom portera,
> Pour fiancée une morte il prendra,
> Dans le Kelpy son cheval logera,
> Et pour jamais sa famille éteindra.

— Je connais le Kelpy, Caleb, dit le Maître de Ravenswood; c'est ainsi qu'on nommait autrefois les sables mouvants qui se trouvent le long de la mer entre Wolferag et Wolfhope. Mais jamais homme de bon sens ne s'avisera d'y loger son cheval.

— Ne cherchez pas à expliquer la prophétie, Monsieur Edgar. A Dieu ne plaise que nous en connaissions jamais le sens ! Mais restez chez vous et laissez ces étrangers. Nous avons assez fait pour eux. En faire davantage serait agir contre l'honneur de la famille.

— Je vous sais le meilleur gré de vos avis, mon cher Caleb; mais je ne vais pas au château de Ravenswood pour y chercher une fiancée morte ou vivante, et je tâcherai de trouver pour mon cheval une autre écurie que le Kelpy. D'ailleurs, je ne me suis jamais hasardé de ce côté depuis qu'une patrouille anglaise y fut engloutie il y a environ dix ans. Mon père et moi nous les vîmes du haut de la tour disparaître avant qu'on eût pu leur donner aucun secours.

— Et ils l'avaient bien mérité, les coquins! dit Caleb; qu'avaient-ils besoin de faire le métier d'espions sur nos côtes, et d'empêcher d'honnêtes gens de rapporter chez eux un petit baril d'eau-de-vie? Que de fois j'ai été tenté de faire feu sur ces Anglais avec la vieille couleuvrine qui était sur la Tour! mais je craignais que le coup en partant ne fît crever la pièce.

Caleb était si bien occupé à maudire les soldats anglais qui empêchaient la contrebande, que son maître échappa à de nouvelles remontrances. Tout étant prêt pour le départ, et Lockard ayant sellé les chevaux, on se disposa à se mettre en route.

Caleb avait, non sans peine, ouvert les deux battants de la grande porte et se tenait debout avec un air d'importance respectueuse, tâchant de faire oublier qu'on n'y voyait ni portier, ni gardes, ni domestiques en livrée. Le garde des sceaux lui rendit son salut d'un air de bonté et lui glissa dans la main le présent d'usage. Lucy sourit au vieillard en lui remettant aussi son présent, et lui dit adieu avec un accent si doux qu'elle aurait certainement gagné le cœur du vieux serviteur sans la prophétie de Thomas le Rimeur. Ravenswood, à côté de Lucy, tenait la bride de son cheval, le guidait le long du sentier rocailleux et étroit par lequel on descendait du château, quand il entendit Caleb l'appeler à grands cris. Il craignit que ses compagnons ne trouvassent singulier qu'il ne s'arrêtât pas pour écouter son domestique, et il retourna sur ses pas en le maudissant intérieurement. Il lui demanda d'un ton brusque ce qu'il lui voulait.

— Paix, Monsieur! paix! dit Caleb à voix basse, je n'ai qu'un mot à vous dire, mais je ne pouvais le dire devant le monde. Voilà trois bonnes pièces d'or, ajouta-t-il en lui mettant dans la main les pièces qu'il venait de recevoir ; prenez-les ; vous aurez besoin d'argent là-bas. Seulement ayez soin de les changer, car elles sont toutes neuves, et il est possible qu'elles gagnent quelque chose.

— Vous oubliez, Caleb, que ma bourse est suffisamment garnie. Gardez cela pour vous, mon vieil ami, et laissez-moi partir (car Caleb tenait toujours la bride du cheval). Je vous assure que je ne manque pas d'argent.

— Eh bien ! dit Caleb, elles serviront dans un autre moment. Mais êtes-vous bien sûr que vous avez assez d'argent ? car, pour l'honneur de la famille, il faudra que vous fassiez la politesse aux domestiques en partant. Puis si l'on vous dit : « Allons, Maître de Ravenswood, je vous parie une pièce d'or... » vous devrez tirer votre bourse et faire voir que vous pouvez tenir la gageure. Ayez soin seulement de n'être pas d'accord sur les conditions, et remettez votre argent dans votre poche.

— Cela devient insupportable, Caleb ; il faut que je parte.

— Et vous partirez donc, dit Caleb passant du genre didactique au pathétique, vous partirez après tout ce que je vous ai dit de la prédiction de la fiancée morte et du Kelpy ? Allons ! ajouta-t-il en soupirant et en lâchant la bride du cheval, il faut qu'un homme volontaire passe sa volonté. Mais je vous en conjure, Monsieur Edgar, si vous chassez dans le parc, ne buvez pas de l'eau de la fontaine de la Sirène... Allons ! le voilà parti aussi vite qu'une flèche ! Oh ! vraiment les Ravenswood ont perdu la tête !

Le vieux Caleb suivit son maître des yeux aussi loin qu'il put le distinguer, en essuyant de temps en temps une larme qui mouillait sa paupière.

— A côté d'elle, dit-il, oui ! tenant la bride de son cheval... Sans cette femme, peut-être notre ruine n'aurait pas été complète !

Le cœur plein de funestes présages, Caleb rentra dans

la Tour pour y remettre tout en ordre. Cependant, nos voyageurs continuaient gaîment leur route. Le Maître de Ravenswood, ayant une fois pris son parti, n'était pas homme à chanceler dans sa résolution ; et il s'abandonna sans réserve au plaisir qu'il trouvait dans la compagnie de Lucy Ashton. Le lord garde des sceaux avait été frappé de la justesse des observations d'Edgar et de la manière dont il avait profité de ses études. Il appréciait surtout en lui ce caractère ferme et décidé qui ne laissait entrer dans son cœur ni crainte ni hésitation. Sir William s'applaudissait de s'être réconcilié avec ce jeune homme qui eût pu devenir un ennemi redoutable ; et il jouissait d'avance de l'élévation à laquelle Edgar pourrait parvenir si le vent de la faveur de la cour venait enfler ses voiles.

— Que peut-elle désirer ? pensait-il ; car son esprit évoquait malgré lui l'opposition de lady Ashton. Que peut désirer de plus une mère en mariant sa fille, que d'étouffer une réclamation dangereuse et de s'assurer un gendre noble, brave, doué de grands talents, allié à des hommes puissants, sûr de conduire sa barque d'où que vienne le vent ? Certainement, aucune femme raisonnable ne pourrait hésiter. Mais, hélas... !

Ici il s'arrêta ; car il ne pouvait se dissimuler que lady Ashton, en fait de raison, ne connaissait que sa volonté.

Nos voyageurs arrivèrent bientôt chez le lord Littlebrain, qui les reçut avec honneur et fit en particulier l'accueil le plus flatteur au Maître de Ravenswood. Lord Littlebrain avait été promu depuis peu à la dignité de pair d'Écosse, et ayant peine à soutenir le poids de sa nouvelle grandeur, il faisait une cour assidue à ceux qui, nés dans une sphère élevée, consentaient à rabaisser leur vol jusqu'à lui. Les attentions que lui et son épouse eurent pour le jeune Ravenswood ne manquèrent pas de donner à ce dernier une nouvelle importance aux yeux du garde des sceaux.

— Je voudrais, pensa-t-il, que lady Ashton fût témoin de cette réception. Personne ne sait mieux que lord Littlebrain de quel côté le pain est beurré. Peut-être est-il au courant des intrigues du marquis d'Athol pour opérer un changement dans l'administration, et lady Littlebrain met en avant ses quatre filles en ayant l'air de dire : « Choisissez. » Mais elles ne sont pas plus comparables à Lucy qu'une chouette à un cygne.

Après le dîner, nos voyageurs quittèrent le château de lord Littlebrain, et la nuit tombait quand ils entrèrent dans la longue avenue qui conduisait au château de Ravenswood.

Les feuilles des arbres, agitées par le vent du soir, semblaient soupirer en voyant l'héritier de leurs anciens maîtres passer sous leur ombrage en compagnie et presque à la suite de leur nouveau maître. Un sentiment analogue pesait sur le cœur d'Edgar. Il devint silencieux et se rappela le jour où, à la même heure, il avait quitté pour toujours le château de Ravenswood. Quoiqu'il fût bien jeune à cette époque, il se souvenait de s'être retourné plusieurs fois et d'avoir regardé avec regret la façade sombre de ce château qui lui apparaissait dans ce moment étincelant de lumières. Ce contraste douloureux rendit sa physionomie triste et sévère, quand il se trouva devant ce château qui n'était plus le sien, entouré des nombreux domestiques du nouveau maître.

Sir William s'avança pour lui souhaiter la bienvenue avec la cordialité que leur liaison semblait autoriser ; mais, s'apercevant de sa tristesse, il se contenta de lui faire un profond salut, témoignant ainsi avec délicatesse qu'il appréciait les sentiments qui agitaient le cœur de son jeune hôte.

Deux domestiques, portant de superbes flambeaux d'argent, introduisirent la compagnie dans un salon que Ravenswood crut reconnaître, mais où de nombreux changements en harmonie avec la fortune des nouveaux seigneurs avaient été faits. La vieille tapisserie du temps du feu lord était remplacée par une boiserie sculptée représentant des fleurs et des oiseaux. De vieux portraits de famille et quelques trophées d'armes avaient fait place aux portraits en pied du roi Guillaume et de la reine Marie, de sir Thomas Hope et de lord Stair, célèbres jurisconsultes écossais. On y voyait aussi ceux du père et de la mère du garde des sceaux, celle-ci à l'air rechigné et acariâtre, couverte d'un mantelet noir, coiffée d'un bonnet orné de barbes, et tenant à la main un livre de prières; l'autre, véritable figure de puritain, où l'orgueil paraissait dans toute sa petitesse. C'était une de ces physionomies où l'hypocrisie semble le disputer à l'avarice et à la friponnerie.

Mais deux portraits en pied de grandeur naturelle attirèrent l'attention d'Edgar: celui du garde des sceaux en grand costume, et celui de sa noble épouse couverte d'hermine et de velours, beauté altière, exprimant tout l'orgueil de la maison de Douglas, dont elle était descendue.

Le parquet du salon était couvert de riches tapis. De grands feux brillaient dans les deux cheminées aux deux bouts du salon, et dix appliques d'argent réfléchissaient dans les plaques dont elles étaient garnies la lumière des bougies.

— Le Maître de Ravenswood voudrait-il accepter quelques rafraîchissements? demanda sir William, qui commençait à trouver le silence embarrassant.

Il ne reçut aucune réponse et réitéra son offre en ajoutant que le souper ne tarderait pas à être servi. Edgar sortit alors de sa distraction et fit un effort sur lui-même pour tâcher de prendre un air d'aisance.

— Vous ne pouvez être surpris, sir William, dit-il, de l'attention avec laquelle j'examine les changements que vous avez faits dans ce salon. Du temps de mon père, lorsque nos infortunes l'eurent forcé de vivre dans la retraite, cette pièce n'était guère habitée que par moi. Dans ce coin gauche, j'avais un petit établi de menuisier dont Caleb m'apprenait à me servir; dans celui-ci je suspendais ma ligne, mes filets, mon arc et mes flèches.

— J'ai un petit bambin qui a les mêmes goûts, dit le lord garde des sceaux, qui désirait changer la conversation. Il n'est heureux que lorsqu'il est dans le parc, occupé à la pêche ou à la chasse. (Il sonna.) Qu'on fasse venir Henry. Je présume qu'il est pendu au tablier de sa sœur; car il faut que vous sachiez, Maître de Ravenswood, que cette petite fille est le bijou de toute la famille.

Cette allusion à Lucy ne suffit pas pour interrompre le cours des idées de Ravenswood.

— Nous fûmes obligés, dit-il, de laisser dans ce salon quelques portraits de famille et des trophées d'armes. Oserais-je vous demander ce qu'ils sont devenus?

— Cet appartement, dit le garde des sceaux en hésitant, a été arrangé en notre absence, et vous savez que *cedant arma togæ* est la maxime des jurisconsultes. Je crains qu'on ne l'ait suivie trop à la lettre. Puis-je me flatter que vous voudrez bien accepter ces objets en expiation de leur déplacement?

Edgar salua d'un air froid et continua d'examiner le salon, les bras croisés sur sa poitrine.

En ce moment, Henry, enfant gâté d'environ dix ans, entra dans le salon en sautant.

— Voyez, dit-il, comme Lucy est contrariante: elle ne veut pas descendre à l'écurie voir le petit cheval que Bob Wilson m'a ramené de Galloway.

— La place d'une demoiselle n'est pas à l'écurie, dit sir William.

— Eh bien! vous aussi, vous êtes contrariant. Mais patience! quand maman reviendra, elle vous dira votre fait à tous deux.

— Taisez-vous, petit impertinent! Où est votre précepteur?

— Il est allé à la noce à Dunbar.
Et Henry se mit à chanter :

> De Dunbar vive le boudin !
> Tal de ral, tal de ral,
> De Dunbar vive le boudin
> Quand on veut faire un bon festin !

— Je suis fort obligé à M. Corders de son attention. Et avec qui avez-vous passé votre temps ?

— Avec Norman, Bob Wilson... et moi-même.

— Un garde-chasse, un palefrenier, voilà d'excellents précepteurs pour un jeune avocat. Vous ne connaîtrez jamais que les lois sur la chasse.

— A propos de chasse, dit Henry, est-ce vrai que vous avez tué, avec la meute de lord Littlebrain, un cerf dix cors ?

— Je ne sais, dit lord William ; mais voilà quelqu'un qui va vous renseigner. Allez saluer le Maître de Ravenswood.

Henry courut, et, tirant Edgar par le pan de son habit :

— Monsieur, dit-il, Monsieur, me direz-vous si c'est un cerf dix cors ?

Mais dès que Ravenswood se fut retourné, Henry parut tout décontenancé ; il s'éloigna et s'en fut près de son père.

— Approchez, Monsieur Henry, dit le Maître de Ravenswood, je me ferai un plaisir de répondre à toutes vos questions.

— Pourquoi, dit sir William voyant l'immobilité d'Henry, ne répondez-vous pas au Maître de Ravenswood ?

— Il me fait peur ! répondit le jeune Henry ; il ressemble au portrait de sir Malise de Ravenswood, qui est dans la buanderie ; celui-ci ne vient-il pas pour nous chasser et nous tuer ? Comme sir Malise ne va-t-il pas s'écrier aussi : *J'attends le moment ?*

— Taisez-vous ! s'écria le lord garde des sceaux, vous ne savez que dire des sottises.

Heureusement l'arrivée de Lucy changea le cours de cette conversation, qui déplaisait considérablement au garde des sceaux.

Lucy avait changé de costume : une robe de soie bleu de ciel faisait valoir sa taille, et les boucles de ses beaux cheveux blonds accompagnaient avec grâce ses traits charmants. Sa beauté enchanteresse et son sourire firent disparaître les idées sombres d'Edgar, et ce fut dans une disposition d'esprit toute différente de celle qui occupait sa pensée depuis son arrivée au château qu'il quitta le salon pour entrer dans la salle à manger en donnant le bras à la jeune fille.

CHAPITRE XIX

Le repas servi au château de Ravenswood fut aussi remarquable par la profusion qui y régnait que celui de Wolferag l'avait été par une gêne mal déguisée. Sir William, avec son tact habituel, chercha à dissimuler ce contraste en disant qu'il se rappelait avec plaisir le dîner *de garçon* apprêté par le digne M. Balderston.

— J'ai été accoutumé, dit-il, à la table frugale de mon père ; et j'aimerais que ma femme me permît de retourner à mon épaule de mouton et à mon pudding de farine d'avoine.

Il y avait de l'exagération dans ces paroles, et le Maître de Ravenswood répondit d'un ton un peu sec que la différence de fortune exigeait une manière de vivre différente.

La soirée se passa gaiement ; Henry, oubliant ses appréhensions, organisa pour le lendemain une chasse pour courre le cerf avec le descendant de sir Malise de Ravenswood.

La chasse eut lieu par un temps superbe et fut aussi agréable qu'heureuse. Sir William invita avec tant de cordialité le Maître de Ravenswood à rester un jour de plus, que celui-ci, malgré sa résolution de ne passer qu'un jour au château, accepta l'invitation, d'autant plus qu'il désirait revoir la vieille Alix, l'ancienne protégée de sa famille.

La matinée du lendemain de la chasse fut donc destinée à cette visite, et Lucy servit de guide. Henry accompagna les deux jeunes gens, ce qui ôtait à leur promenade l'air d'un *tête-à-tête*. Et pourtant la conversation entre Edgar et Lucy prit une tournure presque confidentielle, Henry étant constamment soit à courir à la poursuite d'un lièvre, soit à causer avec les gardes qu'il rencontrait.

Lucy témoigna au jeune Ravenswood combien elle sentait ce qu'il y avait de pénible pour lui à revoir ces lieux où s'était passée son enfance. Elle ressentait une si douce sympathie pour Edgar, qu'il se crut dédommagé de tous ses malheurs, et il laissa échapper quelques mots qui exprimèrent à Lucy ce qui se passait dans son cœur pour elle.

La jeune fille écouta avec un peu de confusion et fit un effort pour détourner la conversation. Elle y réussit; car le Maître de Ravenswood s'était avancé malgré lui, et sa conscience lui fit de vifs reproches quand il se sentit sur le point de parler d'amour à la fille de sir Ashton.

Ils arrivèrent à la chaumière de la vieille Alix, et trouvèrent la vieille aveugle assise sur un banc sous le grand saule pleureur près de ses ruches.

Dès qu'elle entendit arriver des étrangers, elle tourna la tête de leur côté et dit:

— Je reconnais le bruit de vos pas, Miss Lucy; mais ce n'est pas le lord votre père qui vous accompagne.

— Et comment le savez-vous, Alix? Comment le son des pas dans l'air peut-il vous faire distinguer les personnes?

— La perte de mes yeux, ma chère enfant, a rendu mon ouïe plus fine, et je suis en état maintenant de juger certaines choses d'après de légers bruits auxquels je n'eusse fait nulle attention autrefois.

— Mais comment pouvez-vous savoir que ce n'est pas le pas de mon père ?

— Le pas de la vieillesse annonce la prudence, il se détache de la terre et s'y repose avec circonspection. Mais c'est le pas hardi et déterminé de la jeunesse que je viens d'entendre, et si je pouvais admettre dans mon esprit une idée si étrange, je dirais que c'est le pas d'un Ravenswood.

— Voilà, dit Edgar, une finesse d'organe que je n'aurais pu croire si je n'en avais été témoin ! Oui, ma bonne Alix, je suis le Maître de Ravenswood.

— Vous ! s'écria la vieille aveugle en poussant un cri de surprise, vous, le Maître de Ravenswood, et en pareille compagnie ! Permettez-moi de passer ma main sur votre visage.

Edgar s'assit près d'elle, et elle promena une main tremblante sur ses traits.

— C'est pourtant vrai ! dit-elle, ce sont tous les traits des Ravenswood ! Ces lignes saillantes qui indiquent leur fierté d'accord avec l'accent impérieux de leur voix ! Mais que faites-vous ici, Maître de Ravenswood ? Pourquoi êtes-vous sur les domaines de votre ennemi ? Pourquoi êtes-vous avec sa fille ?

— Le Maître de Ravenswood est en visite chez mon père, dit Lucy, à laquelle toutes les questions d'Alix étaient désagréables.

— Est-il bien possible ? s'écria la vieille femme.

— Je savais, continua Lucy, vous faire plaisir en amenant lord Ravenswood chez vous.

— Et j'espérais, dit Edgar, y recevoir un meilleur accueil.

— Quoi de plus surprenant ! dit l'aveugle, mais les

voies de la Providence sont impénétrables ! Écoutez-moi, jeune homme : vos pères ont été ennemis jurés, mais ennemis honorables Ils n'ont jamais abusé des droits de l'hospitalité pour satisfaire leur vengeance. Qu'avez-vous de commun avec Lucy Ashton ? Pourquoi vos pas sont-ils tournés dans la même direction que les siens ? Le son de votre voix devrait-il être d'accord avec celui de la fille de sir William Ashton ? Jeune homme, si vous avez recours pour vous venger à des moyens honteux....

— Paix ! interrompit Edgar avec force, paix ! de tels discours ne peuvent vous être inspirés que par l'ennemi du genre humain ! Sachez que Miss Ashton n'a pas sur la terre un seul ami plus empressé que moi à lui rendre service et à la protéger envers et contre tous !

— Cela est-il bien vrai ? dit l'aveugle, dont la physionomie exprima une profonde mélancolie. En ce cas, que le ciel vous protège tous deux !

— Ainsi soit-il ! dit Lucy, et puisse-t-il vous rendre votre bon sens, Alix ; car si vous tenez un pareil langage aux amis, vous leur feriez penser de vous ce que les autres pensent.

— Et que pensent donc les autres ? dit Ravenswood.

— Ils pensent, dit Henry, qui venait d'arriver, que c'est une sorcière qui aurait dû être brûlée avec celles qui l'ont été à Haddington il n'y a pas longtemps.

— Que dites-vous ? s'écria Alix le visage enflammé de colère : qu'on aurait dû me brûler comme les malheureuses qu'on a assassinées à Haddington ? Ah ! si l'oppresseur et l'usurier, l'usurpateur du bien d'autrui, celui qui ruine d'anciennes familles était enchaîné avec moi au même poteau, je m'écrirais : Au nom du Ciel, allumez ! allumez le bûcher !

— C'est épouvantable ! dit Lucy, je n'ai jamais vu la pauvre femme dans une pareille agitation. Venez, Henry, peut-être désire-t-elle parler en particulier au Maître de

Ravenswood. Nous nous reposerons à la fontaine de la Sirène, ajouta-t-elle en regardant Edgar.

Lorsque le frère et la sœur furent éloignés, Alix dit au Maître de Ravenswood :

— Et vous aussi, m'en voulez-vous, parce que je vous suis attachée? Que des étrangers s'offensent de mes paroles, je le conçois ; mais vous, pourquoi être en colère ?

— Je ne suis pas en colère, Alix ; je suis seulement surpris que vous, dont j'ai entendu souvent vanter le bon sens, vous puissiez vous livrer à des soupçons si offensants pour moi.

— Offensants ! c'est possible, la vérité offense souvent.

— Il n'y a pourtant rien de fondé dans tout ce que vous venez de dire, Alix.

— Alors, répondit l'aveugle, le monde est bien changé ; les Ravenswood ne sont plus ce qu'ils étaient jadis. Quand est-il arrivé qu'un Ravenswood soit entré dans la maison de son ennemi sans quelque projet de vengeance ? Je vous le dis, Edgar Ravenswood, vous avez été conduit ici par un funeste ressentiment, ou par un amour plus funeste encore.

— Ni l'un ni l'autre, Alix, je vous proteste...

Alix ne put voir la rougeur qui couvrait le visage d'Edgar, mais elle remarqua qu'il hésitait à finir sa phrase.

— Voilà donc où en sont les choses ! s'écria-t-elle douloureusement. Et voilà pourquoi elle veut se reposer à la fontaine de la Sirène ! On sait que cet endroit a toujours été funeste à la maison de Ravenswood ; mais il ne l'aura jamais été autant qu'il va le devenir aujourd'hui.

— Vous me rendriez fou, Alix ! Vous êtes encore plus superstitieuse que le vieux Balderston. Voudriez-vous que je fisse une guerre sanglante à la famille Ashton comme c'était l'usage autrefois ? De ce que j'ai été la victime de l'injustice, s'ensuit-il que je veuille m'en venger par un crime ? Enfin, me croyez-vous assez faible pour ne pouvoir me promener avec une jeune fille sans en devenir amoureux ?

— Mes pensées n'appartiennent qu'à moi, répliqua Alix ; et si les yeux de mon corps sont fermés sur tout ce qui m'entoure, ceux de mon esprit n'en sont, peut-être, que plus en état de percer les ténèbres qui cachent l'avenir. Enfin, Edgar de Ravenswood, êtes-vous disposé à prendre la dernière place à la table où présidait jadis votre père, à devoir votre existence aux bontés de son orgueilleux usurpateur ? Êtes-vous prêt à le suivre dans les détours de la chicane et de l'intrigue que personne ne peut mieux vous montrer, et à ronger les os de la proie dont il aura dévoré la chair ? Pourrez-vous penser comme sir William Ashton, parler et agir comme lui, être le gendre respectueux du meurtrier de votre père ? Edgar de Ravenswood, je suis attachée fidèlement à votre famille, mais j'aimerais mieux vous voir dans le cercueil que jouer un aussi triste rôle !

Un trouble cruel s'éleva dans le cœur d'Edgar et réveilla en lui des pensées qui n'y étaient qu'assoupies. Il se promena à grands pas dans le petit jardin de l'aveugle et, s'arrêtant tout à coup devant elle :

— Alix, lui dit-il, est-ce bien vous, qui touchez presque au tombeau, qui osez pousser le fils de votre maître à des actes de vengeance sanguinaire ?

— A Dieu ne plaise ! répondit Alix d'un ton solennel, et c'est pourquoi je voudrais vous voir bien loin d'un endroit où votre amour et votre haine ne peuvent occasionner que des malheurs pour vous et les autres. Je voudrais que cette main desséchée, étendue entre la famille Ashton et vous, fût une barrière qu'aucun projet de vengeance de part et d'autre ne pût renverser. Je voudrais vous sauver tous de vos propres passions. Vous ne pouvez, vous ne devez avoir rien de commun avec eux. Fuyez-les donc ; et si la vengeance du ciel doit s'appesentir sur la maison de l'oppresseur, n'en devenez pas l'instrument.

— Je réfléchirai à ce que vous venez de me dire, Alix, dit Ravenswood d'un ton grave. Je crois que vous m'avez parlé ainsi avec affection. Adieu. Si la fortune me devient favorable, je ne manquerai pas de rendre votre situation meilleure.

Et il tira de sa bourse une pièce d'or et la lui mit dans la main ; mais elle refusa de la prendre, et la pièce tomba par terre.

— Je n'en ai nul besoin, dit-elle ; gardez-la, qui sait à quoi elle peut vous servir ? Mais laissez-la un instant par terre, ajouta-t-elle en entendant qu'il se baissait pour la ramasser. Cette pièce d'or est l'emblème de celle que vous aimez. Lucy est d'un prix inestimable, mais il faut que vous vous abaissiez pour l'obtenir. Quant à moi, les passions terrestres me sont étrangères, et la meilleure nouvelle que je puisse apprendre, ce sera qu'Edgar Ravenswood est à cent milles du château de ses pères avec la ferme résolution de ne jamais le revoir.

— Alix, reprit le Maître de Ravenswood, j'ai entendu ma mère faire l'éloge de votre fidélité et de votre justesse d'esprit. Vous n'êtes ni assez folle pour vous effrayer d'une ombre, ni assez superstitieuse pour craindre de vieilles prédictions comme Caleb Balderston. Si donc vous craignez pour moi quelque danger, dites-moi en quoi il consiste.

Je n'ai pas sur Miss Ashton les vues que vous me supposez. J'ai des affaires indispensables à régler avec sir William ; dès qu'elles seront terminées, je partirai sans avoir la moindre envie de revoir des lieux qui remplissent mon esprit de souvenirs funestes.

Alix baissa la tête et resta quelques instants plongée dans une profonde méditation.

— Je vous dirai la vérité, Edgar Ravenswood, je vous dirai quelle est la source de mes craintes, quoique je ne sache pas trop si j'ai tort ou raison de vous le dire: Lucy Ashton vous aime.

— Cela est impossible ! s'écria-t-il.

— Mille circonstances me l'ont prouvé, répondit la vieille aveugle. Ses pensées n'ont eu que vous pour objet depuis le jour où vous lui avez sauvé la vie, et mon expérience a deviné son secret en l'entendant parler. Instruit de sa faiblesse, si vous êtes un homme d'honneur, si vous êtes un homme de cœur, vous y trouverez un motif pour fuir sa présence; sa passion s'éteindra comme une lampe s'éteint faute d'aliment. Mais si vous restez ici, sa perte et la vôtre sera la suite infaillible d'un attachement mal placé. Je vous ai dit ce secret malgré moi ; mais il n'aurait pu vous être caché longtemps, vous l'auriez découvert vous-même, et il vaut mieux que vous l'ayez appris de moi. Partez donc, Ravenswood ; si vous restez une heure sous le toit de sir William Ashton sans l'intention d'épouser sa fille, vous êtes un homme sans honneur ; si vous concevez le projet de vous allier avec sa famille, vous êtes un insensé qui courez à votre perte.

A ces mots, la vieille aveugle se leva, prit son bâton et regagna sa chaumière, dont elle ferma la porte, abandonnant Edgar à ses réflexions.

CHAPITRE XX

Ravenswood sentit qu'Alix avait raison et que l'honneur exigeait de lui qu'il quittât à l'instant le château de sir William, ou qu'il se déclarât fiancé de Lucy. Mais, même en pardonnant à sir William les injures que sa famille en avait reçues en lui sachant gré des bonnes intentions qu'il lui montrait, il ne pouvait se résoudre à regarder comme possible une alliance avec lui. Et d'ailleurs, s'il demandait la main de Lucy à son père, qui sait si cet homme, fier de ses richesses et de sa puissance, la lui accorderait? Un Ravenswood refusé par un Ashton! quelle humiliation !

— Je désire qu'elle soit heureuse, se dit-il ; je pardonne, en sa faveur, à son père; mais jamais je ne la reverrai.

Il venait de prendre cette résolution, non sans qu'il lui en coûtât, lorsqu'il arriva à un endroit du bois où le chemin se divisait en deux routes, l'une conduisant au château, et l'autre à la fontaine de la Sirène; et, en même temps, il vit accourir Henry Ashton tout hors d'haleine.

— Arrivez donc, Monsieur Edgar, arrivez! il faut que vous donniez le bras à ma sœur pour la reconduire au château. Je viens de rencontrer Norman qui fait sa tournée dans les bois, et je vais avec lui. Ainsi accompagnez Lucy, qui aurait peur de s'en aller seule, quoiqu'on ait tué tous les taureaux sauvages. Allons, vite, vite, rejoignez Lucy!

— Il est impossible, pensa Edgar, que je me refuse à reconduire Miss Ashton au château; et puis la politesse exige que je lui apprenne l'intention où je suis de partir aujourd'hui.

Edgar entra dans le chemin qui conduisait à la fontaine et ne tarda pas à arriver près de Lucy.

Elle était assise au milieu des ruines de la fontaine, regardant l'eau couler à ses pieds. Ses longs cheveux tombaient en boucles légères sur ses épaules recouvertes du plaid écossais. On eût pu la prendre pour la naïade de la fontaine. Edgar ne vit en elle qu'une mortelle, mais la plus belle des mortelles. En la regardant il sentait faiblir la résolution qu'il venait de prendre, surtout en songeant qu'il était l'objet de son affection.

— Mon étourdi de frère vient de m'abandonner, dit Lucy; mais il ne tardera pas à revenir, car ses fantaisies ne sont pas, heureusement, de longue durée.

Ravenswood s'assit sur le gazon, près de Lucy, et s'abandonna entièrement au dangereux plaisir de la voir.

Tous les deux restèrent quelques minutes sans parler.

— J'aime cet endroit, dit Lucy, que ce silence embarrassait. Le murmure de ces belles eaux, ce feuillage sombre, ce gazon, ces fleurs qui croissent entre les pierres, donnent à ces ruines un attrait enchanteur.

— Il passe pour être fatal à ma famille, dit Edgar ; et j'ai quelques raisons de le croire, car c'est ici que j'ai vu Miss Ashton pour la première fois, et c'est ici que je dois lui faire mes adieux pour toujours.

Une vive rougeur et une pâleur mortelle se succédèrent sur le visage de Lucy.

— Vos adieux ; s'écria-t-elle ; quel motif peut donc vous obliger à nous quitter pour toujours ? Est-ce qu'Alix...? Je sais qu'elle hait mon père, et elle a tenu aujourd'hui des propos si singuliers, si mystérieux !... Mais je sais que mon père est sincèrement reconnaissant du service que vous nous avez rendu..... Permettez-moi d'espérer qu'ayant gagné votre amitié, nous ne la perdrons pas si vite !

— La perdre, Miss Ashton ! oh ! non... En quelque lieu que m'appelle la fortune, de quelque manière qu'elle me traite, je serai toujours votre ami, votre ami sincère. Mais il faut que j'obéisse à mon destin,.... il faut que je parte, si je ne veux ajouter la ruine des autres à la mienne.

— Vous ne nous quitterez pas, dit Lucy en mettant la main, avec la simplicité de l'innocence, sur le bras d'Edgar comme pour le retenir ; vous ne nous quitterez pas ! Mon père est puissant ; il a des amis qui le sont encore davantage. Ne partez pas sans savoir ce que sa reconnaissance peut faire pour vous. Je sais qu'il travaille déjà en votre faveur près du Conseil privé.

— Cela peut être, dit Ravenswood avec fierté, mais ce n'est point à votre père, Miss Ashton, c'est à mes propres efforts que je veux devoir mes succès dans la carrière où je me propose d'entrer. Mes préparatifs sont faits : un manteau et une épée, un cœur brave et un bras déterminé.

Lucy se couvrit le visage de ses deux mains et ses larmes coulèrent malgré elle.

— Pardonnez-moi, lui dit Edgar en lui prenant une main, pardonnez-moi ; mon caractère est trop rude, trop sauvage pour un être aussi doux, aussi aimable et sensible que vous. Oubliez que j'ai paru un instant devant vos yeux ; laissez-moi obéir au destin. Il ne peut me réserver aucun chagrin plus amer que celui que j'éprouve en vous quittant.

Lucy pleurait, mais ses larmes lui semblaient douces, car chaque tentative faite par Edgar pour lui prouver la nécessité de son départ ne servait qu'à démontrer son désir de ne jamais la quitter. Enfin, au lieu de faire ses adieux à la jeune fille, Edgar lui engagea sa foi et reçut la sienne. Tout cela fut le résultat de l'impulsion irrésistible du moment. Avant que Ravenswood eût eu le temps de réfléchir, leurs lèvres et leurs mains s'étaient donné le gage d'une tendresse éternelle.

— Maintenant, dit-il, sir William doit connaître nos sentiments. Ravenswood ne peut rester sous son toit pour s'emparer clandestinement du cœur de sa fille.

— Parler à mon père ! répondit Lucy avec effroi. Oh ! non ! non ! pas encore ! attendez que votre état et votre rang dans le monde soient déterminés. Mon père vous aime, j'en suis sûre ; je crois qu'il consentira,..... mais ma mère.....

Elle s'arrêta, n'osant exprimer le doute que son père osât prendre une résolution positive sans l'assentiment préalable de lady Ashton.

— Votre mère, Lucy, répliqua Ravenswood, c'est une Douglas. Elle est d'une famille qui a contracté plusieurs alliances avec les Ravenswood ; quelle objection pourrait-elle faire ?

— Je ne dis pas qu'elle en ferait, répondit Lucy; mais elle est jalouse de ses droits et peut croire qu'elle eût dû être consultée la première sur le mariage de sa fille.

— Eh bien! dit Edgar, votre mère a quitté Édimbourg; elle est à Londres, m'a dit votre père; c'est loin d'ici, mais une lettre peut y arriver et la réponse nous parvenir en une quinzaine de jours. Je ne presserai pas sir William d'accepter mes propositions avant de s'être concerté avec lady Ashton.

— Mais, dit Lucy en hésitant, ne vaudrait-il pas mieux attendre,..... attendre quelques semaines jusqu'au retour de ma mère? Si ma mère vous voyait, si elle vous connaissait, je suis certaine qu'elle ne ferait pas d'objections; mais jusque-là..... je crains que la haine qui a divisé les deux familles.....

— Lucy, dit Ravenswood en fixant sur elle ses yeux perçants, je vous ai sacrifié des projets de vengeance que j'avais fait vœu d'exécuter. Pendant la nuit qui suivit les funérailles de mon père, je me coupai une mèche de cheveux, et, la jetant dans un brasier, je fis serment que ma rage et ma vengeance poursuivraient ses ennemis jusqu'à ce que je les visse anéantir.

— Vous fûtes bien coupable, s'écria Lucy en pâlissant, de prononcer un vœu si funeste!

— Je me reprocherais encore plus aujourd'hui de songer à l'exécuter!... A peine vous eus-je vue, ma fureur se calma et j'abjurai mes projets de vengeance sans me rendre compte de la cause qui opérait ce changement dans mon cœur, et ce fut en vous revoyant que je reconnus votre influence sur moi.

— Et pourquoi, demanda Lucy, rappelez-vous ces souvenirs terribles, si peu compatibles avec l'affection que vous avez pour moi?

— Parce que je veux que vous sachiez à quel prix j'ai acheté votre tendresse; quel droit j'ai sur votre constance; je ne dis pas que j'y ai sacrifié l'honneur de ma maison, seul bien qui me reste,... mais le monde le croira.

— Si vous pensez ainsi, dit Lucy, vous avez agi cruellement avec moi... Mais il n'est pas trop tard pour reprendre cette foi que vous ne pouvez me donner sans qu'il en coûte à votre honneur. Oubliez-moi, et je m'efforcerai d'oublier moi-même.....

— Vous me faites la plus cruelle des injustices, Lucy! Si je vous parle du prix auquel j'ai acheté votre tendresse, c'est pour vous prouver combien elle m'est précieuse, pour consacrer nos engagements par des nœuds solides, pour vous prouver combien je serais malheureux si vous deveniez inconstante.

— Et pourquoi, Edgar, croiriez-vous un tel évènement possible? Pourquoi me blesser par le seul soupçon d'inconstance? Est-ce parce que je vous ai engagé à attendre quelque temps pour parler à mon père? Liez-moi par de tels serments qu'il vous plaira : s'ils ne sont pas nécessaires pour assurer la constance, ils peuvent peut-être bannir le soupçon.

Ravenswood employa tous les moyens que l'amour put lui suggérer pour apaiser Lucy, et, cette petite querelle terminée, les deux fiancés se donnèrent un gage de leur foi, selon l'usage écossais. Ils rompirent en deux et se partagèrent la pièce d'or qu'Alix avait refusée.

— Toujours elle restera sur mon cœur, dit Lucy en prenant une des deux moitiés; et la suspendant à un ruban, elle la passa à son cou. Je la porterai jusqu'à ce que vous me la redemandiez; tant que je la porterai, mon cœur n'admettra jamais un autre amour.

Ravenswood prit l'autre moitié, il la plaça dans son sein en faisant les mêmes serments.

Le temps avait marché sans qu'ils s'en aperçussent; ils se levaient pour retourner au château, quand ils entendirent siffler une flèche, et un corbeau percé de part en part tomba aux pieds de Lucy, dont la robe fut tachée

8.

de quelques gouttes de sang. En même temps ils virent Henry Ashton accourir vers eux.

— Ah! ah! dit-il, vous aviez l'air si affairés que j'ai cru que le corbeau vous tomberait sur la tête sans que vous le vissiez. De quoi vous parlait donc le Maître de Ravenswood, Lucy?

— Je disais à votre sœur, répondit Edgar, que vous étiez un jeune étourneau de nous faire attendre si longtemps ici.

— Vous faire attendre? mais je vous avais dit de reconduire Lucy au château pendant que j'allais faire une tournée dans les bois avec Norman. Nous avons couru plus d'une heure, et je vous retrouve assis, près de Lucy, en vrai paresseux!

— Mais, Henry, dit Edgar, comment vous justifierez-vous envers moi d'avoir tué cet oiseau? Ne savez-vous pas que tous les corbeaux sont sous la protection spéciale des lords de Ravenswood (1) et qu'il est de mauvais augure d'en tuer un en leur présence?

— C'est ce que me disait Norman; il ajoutait qu'il n'avait jamais vu un corbeau perché aussi près de quelqu'un que celui-ci l'était de vous, et qu'il souhaitait que cela fût de bon augure, car c'est l'oiseau le plus farouche des bois. Aussi je me suis avancé tout doucement, et quand j'ai été à portée, paf! le trait est parti. Je n'ai pas mal visé, je crois?

— Parfaitement! dit Ravenswood. Vous promettez de devenir un bon tireur si vous vous exercez.

— C'est ce que me dit Norman. Si je ne m'exerce pas davantage, ce n'est pas ma faute; car, par goût, je ne ferais pas autre chose du matin au soir; mais mon père et mon précepteur se fâchent souvent, et Miss Lucy elle-même, qui pourtant passe des heures entières à la fontaine de la Sirène, pourvu qu'elle ait un beau jeune

---

(1) *Raven* en anglais signifie corbeau.

homme pour babiller. Allons, Lucy, continua l'enfant gâté, voyant qu'il contrariait sa sœur, je n'ai que voulu rire; ne vous fâchez pas.

Ils arrivèrent au château, où sir William les attendait, trouvant leur promenade un peu longue.

— Si Lucy n'avait pas été si bien accompagnée, j'aurais été inquiet, dit-il; mais avec le Maître de Ravenswood je savais ma fille en sûreté.

Lucy voulut alléguer quelque motif pour justifier leur absence prolongée; mais elle éprouva un embarras que sir William ne parut pas remarquer, bien que la confusion des deux fiancés fût loin de lui échapper. Mais il ne désirait rien tant que de voir Ravenswood complètement épris par sa passion pour Lucy; et s'il ne dissimulait pas qu'il fût probable que sa fille partageât cette affection romanesque et que les circonstances ou la volonté absolue de Lady Ashton exigeassent qu'elle y renonçât, il se persuadait qu'un voyage à Édimbourg ou un nouvel ajustement de dentelles aurait raison de cet amour né depuis si peu de temps. Aussi, sous tous les points de vue, il était disposé à favoriser le penchant des deux jeunes gens.

Il s'empressa de communiquer à Edgar une lettre qu'il venait de recevoir de l'un de ses amis, ami également du marquis d'Athol, qui avait déjà sondé ses sentiments à propos d'un changement dans l'administration. Cet ami le prévenait que le marquis désirait faire une visite sans cérémonie à sir William Ashton dans son château de Ravenswood.

Le marquis devait faire sous peu un voyage dans le nord de l'Écosse; les routes étaient mauvaises, les auberges détestables; mais le marquis était le collègue de Sir William; c'en était assez pour fermer la bouche à ceux qui seraient tentés d'attribuer à cette visite quelque intrigue politique. Le lord garde des sceaux répondit sur-le-champ qu'il se ferait un honneur et un plaisir de recevoir le marquis d'Athol, quoique bien déterminé à ne pas faire un pas pour favoriser les vues du marquis, à moins que la raison (c'est-à-dire son intérêt personnel) ne le lui prescrivît.

Deux circonstances lui faisaient un grand plaisir eu cette occasion : la présence du Maître de Ravenswood et l'absence de Lady Ashton. En ayant accueilli chez lui avec sympathie le parent du marquis, il témoignait du désir de prouver sa considération à son collègue, qui ne pourrait qu'en être flatté. Lucy serait une meilleure maîtresse de maison que sa mère, dont le caractère altier aurait déconcerté de manière ou d'autre son système politique.

Edgar ne se fit pas prier pour rester au château jusqu'à l'arrivée du marquis, son rendez-vous à la fontaine de la Sirène ayant banni de son cœur toute pensée de départ.

Lucy et Lockard reçurent donc ordre de préparer, dans leurs départements respectifs, tout ce qui était nécessaire pour recevoir le marquis, dont l'arrivée fut retardée par une affaire imprévue, ce qui donna le temps d'organiser la réception avec tout le luxe et la pompe dignes d'un pareil hôte.

CHAPITRE XXI

Sir William était un homme de grand sens; il avait une connaissance pratique du monde; mais son caractère se ressentait de sa timidité personnelle et des moyens d'intrigues auxquels il devait son élévation. Malgré le soin qu'il avait pris de cultiver son esprit, il était entaché d'une petitesse naturelle. Il aimait à faire parade de ses richesses avec l'ostentation d'un parvenu; nul détail, quelque trivial qu'il fût, ne lui échappait. Et Lucy remarquait le mépris qui se réflétait sur le visage d'Edgar quand il entendait le garde des sceaux discuter gravement avec Lokard, même avec la vieille femme de charge, des minuties dont on ne s'inquiète jamais chez les personnes de haut rang, parce qu'il est impossible qu'elles soient oubliées.

— Je comprends, dit un soir Ravenswood à Lucy, le désir qu'a sir William de recevoir convenablement le marquis d'Athol, car cette visite est un honneur pour lui, et il doit prouver qu'il y est sensible. Je trouve très bien qu'il veuille que rien ne manque à sa réception. Mais quand je le vois descendre aux misérables détails du garde-manger, de l'office, même du poulailler, j'avoue que je perds patience, et je me prends à préférer la pauvreté de Wolferag à toute l'opulence de Ravenswood.

— Et cependant, répondit Lucy, c'est en faisant attention à tous ces détails que mon père se trouva en état d'acquérir...

— Les biens que mes ancêtres furent obligés de vendre pour avoir agi autrement, ajouta Ravenswood.

Lucy soupira. Elle souffrait de voir son fiancé mépriser les habitudes de son père, de celui qu'elle avait toujours regardé comme son meilleur, son seul ami, et dont la tendre affection la consolait des froideurs de sa mère.

Ravenswood avait l'âme plus élevée que les gens avec lesquels Lucy avait vécu jusqu'alors ; ses idées étaient plus nobles, plus libérales ; il méprisait ouvertement des opinions qu'on avait appris à Lucy à respecter. Aussi se mêlait-il à la tendresse qu'elle avait pour lui une sorte de crainte. Quant à Edgar, il voyait dans Miss Ashton un caractère doux et flexible, trop susceptible de se courber sous la volonté de ceux avec qui elle vivait. Il aurait voulu trouver dans son épouse un esprit plus ferme, plus indépendant, plus capable de braver avec lui les orages de la vie. Mais Lucy était si belle, elle lui était si tendrement attachée, elle avait une telle égalité d'âme, que, tout en éprouvant parfois une certaine impatience des craintes qu'elle lui témoignait que leur tendresse réciproque ne fût découverte prématurément, il sentait que cette faiblesse de caractère la lui rendait plus chère encore. C'était un être timide qui s'était mis sous sa protection et avait fait de lui l'arbitre de sa destinée.

Peut-être, s'ils avaient eu le temps de se connaître avant de s'abandonner à leur passion, Ravenswood eût-il inspiré trop de crainte à Lucy pour qu'elle s'attachât à lui et la douceur de Miss Ashton eût été regardée par Edgar comme une faiblesse d'esprit. Mais ils s'étaient donné leur foi, et ils se bornaient à s'aimer; mais Lucy craignait que l'orgueil de son fiancé ne lui fît regretter un jour de lui avoir donné son cœur, et Edgar craignait que l'absence, les difficultés, les instances des parents ne pussent déraciner du faible cœur de Miss Ashton l'affection qu'elle lui avait vouée.

— Croyez-moi, lui disait-elle, je n'épouserai jamais un homme sans le consentement de mes parents, mais jamais ni la crainte ni la persuasion ne me feront accorder ma main à un autre que vous; à moins que vous ne renonciez vous-même au droit que je vous y ai donné.

Sir William, au milieu de ses occupations politiques et domestiques, semblait ne pas s'apercevoir que sa fille n'avait pas d'autre compagnie que celle de Ravenswood. Ses voisins, suivant l'usage des voisins de tous les pays, le blâmaient de souffrir une telle intimité entre ces deux jeunes gens, à moins qu'il ne les destinât l'un à l'autre, ce que l'on avait peine à croire.

Parmi ceux qui blâmaient avec le plus de sévérité la conduite du garde des sceaux, étaient le nouveau laird de Girningham, Hayston de Bucklaw, et son fidèle écuyer ou compagnon de bouteille, le capitaine Craigengelt. Bucklaw venait d'hériter des biens immenses de sa vieille grand'tante et avait trouvé dans ses coffres une somme d'argent assez considérable pour lui permettre d'éteindre les hypothèques grevant son domaine paternel de Bucklaw. Le capitaine Craigengelt lui proposait un moyen avantageux de faire valoir cette somme en la plaçant en France, où le système de Law était alors en faveur ; il s'offrait même de se rendre à Paris pour cette opération. Bucklaw fermait l'oreille à ce projet.

— Celui, disait-il, qui a mangé du pain d'avoine, bu de l'eau et couché sur un matelas de bourre dans la Tour Wolferag, doit songer toute sa vie au mérite de la bonne chère, du bon vin et d'un bon lit, et ne jamais risquer d'avoir besoin de recourir à une telle hospitalité.

Craigengelt se vit donc trompé dans l'espérance qu'il avait conçue de trouver une dupe dans son ami. Mais il ne laissait pas de tirer avantage de la fortune de Bucklaw. Celui-ci n'avait jamais été délicat sur le choix de ses compagnons, et il était charmé d'avoir près de lui un homme avec lequel ou aux dépens duquel il pouvait rire quand bon lui semblait, dont la complaisance était inépuisable, et qui lui épargnait le désagrément de s'enivrer solitairement. Cette mauvaise société tendait à détruire chez Bucklaw les bons sentiments que la nature lui avait donnés.

Craigengelt n'avait pas pardonné au Maître de Ravenswood de l'avoir chassé de chez lui ; aussi méchant que lâche, il tâchait d'enflammer contre lui le ressentiment de Bucklaw en remettant sur le tapis l'histoire du duel qu'Edgar avait refusé d'accepter, et cherchait à persuader à Bucklaw que son honneur était intéressé à demander satisfaction à Edgar de cette injure.

— Je pense, dit Bucklaw, que Ravenswood ne m'a pas traité convenablement en cette occasion. Mais il m'a donné la vie une fois, et en couvrant cette affaire des voiles de l'oubli je me regarde comme quitte envers lui. S'il lui arrivait de me faire une nouvelle insulte, je sais ce que j'aurais à faire, et il pourrait prendre garde à lui.

— Certainement, s'écria Craigengelt, car, avant la troisième botte, vous l'auriez couché par terre.

— Ce que vous dites prouve que vous ne l'avez jamais vu se battre, dit Bucklaw, ou que vous n'y entendez rien.

— Que je n'y entends rien ! La plaisanterie est bonne ! N'ai-je pas pris des leçons de M. Sagou, le premier maître d'armes de Paris ; du signor Poco à Florence, de Mein herr Durchstossen à Vienne ?

— Je ne sais pas si tout cela est vrai ; mais en le supposant tel, qu'en résulte-t-il ?

— Que je veux être damné, Bucklaw, si j'ai jamais vu dans tous ces pays français, italiens ou allemands pousser une botte et la parer aussi bien que vous. Je me souviens qu'étant à Rouen en 1695, je me trouvai à...

— Est-ce une longue histoire que vous allez me conter ? interrompit Bucklaw.

— Elle sera longue ou courte, comme vous le voudrez, répondit le parasite.

— Eh bien ! qu'elle soit courte. Est-elle gaie ou sérieuse ?

— Diablement sérieuse, car le chevalier et moi...

— En ce cas ne me la contez pas. Versez-moi un verre du bordeaux de ma bonne vieille tante.

Craigengelt se leva, alla sur la pointe des pieds jusqu'à la porte, regarda dehors si personne n'était aux écoutes, puis revint à sa place, resta debout, et tenant son verre d'une main, tandis qu'il plaçait l'autre sur la garde de son épée, il dit à demi-voix :

— A la santé du Roi !

— Écoutez-moi, capitaine, dit Bucklaw, si vous voulez porter des santés la main sur la garde de votre épée pour qu'elles soient interprétées comme des actes de trahison contre l'autorité, vous pouvez aller chercher fortune ailleurs. Je garde ma façon de penser dans mon cœur ; mais j'ai trop de respect pour la mémoire de ma tante

Girmington, pour exposer ses domaines à des confiscations par quelques sottes étourderies. Amenez-moi le roi Jacques à Édimbourg, à la tête de trente mille hommes, je vous dirai ce que je pense de ses droits. Mais pour me jeter dans la nasse, corps et biens, c'est ce que vous ne me ferez pas faire.

— Eh bien ! Bucklaw, portez vous-même la santé qu'il vous plaira ; fût-ce celle du diable, je vous en ferai raison.

— Je vous en proposerai une qui vous sera plus agréable. Que dites-vous de Miss Lucy Ashton ?

— De tout mon cœur ! s'écria le capitaine en levant son verre, c'est la plus jolie fille du Lothian. C'est dommage que son vieux radoteur de père la jette à la tête de cet orgueilleux mendiant Edgar Ravenswood.

— Il ne la tient pas, répondit Bucklaw d'un ton qui excita la curiosité de Craigengelt et lui donna l'espoir de tirer de son hôte quelque confidence ; car il ne lui suffisait pas d'être souffert chez lui ; il aurait voulu, en se rendant nécessaire, s'y établir sur un pied durable.

— Je croyais, dit-il après un moment de silence, que c'était une affaire arrangée. Ils sont toujours ensemble, et l'on ne parle pas d'autre chose dans le pays, entre Lammerlaw et Traprain.

— On peut dire ce qu'on veut, mon garçon, reprit Bucklaw ; mais je sais ce qui en est, et je bois à la santé de Miss Lucy Ashton.

— J'y boirais à genoux. Mais, Bucklaw...

— Mais quoi ?

— Mais je sais qu'elle passe des journées entières dans les champs, dans les bois, avec le Maître de Ravenswood....

— C'est la faute de son vieux radoteur de père, dit Bucklaw ; mais cette folie sortira bientôt de la tête de Miss Lucy, en admettant qu'elle y soit entrée. Et maintenant remplissez votre verre ; je vais vous rendre heureux, capitaine ; je vais vous confier un secret, un projet

9

dans lequel il s'agit d'un nœud coulant, d'un lien, au figuré.

— Quelque projet de mariage? dit Craigengelt, dont la figure s'allongea ; car il prévoyait que, Bucklaw se mariant, il se trouverait à Girningham dans une situation plus précaire que pendant le joyeux célibat de son hôte.

— Oui, mon garçon, un projet de mariage, reprit Bucklaw. Mais pourquoi les rubis de vos joues pâlissent-ils? Il y aura toujours un coin vacant à la table du château de Girningham, et, sur ce coin, une assiette, un couteau, une fourchette, un verre surtout, et vous serez le bienvenu à vous y asseoir, quand tous les jupons du Lothian auraient juré le contraire. Croyez-vous que je sois homme à me remettre en lisière ?

— J'ai entendu dire la même chose à bien des braves gens, à de bons amis ; mais le diable m'emporte si je sais pourquoi les femmes ne m'ont jamais aimé ! Elles ont toujours trouvé moyen de m'expulser avant la fin du premier mois de mariage.

— Il fallait, capitaine, tâcher de conserver votre terrain pendant ce mois; alors vous auriez été sûr de la victoire.

— Je n'ai jamais pu y réussir, répondit le parasite d'un air abattu. J'étais ami intime de lord Castle Cuddy ; nous étions comme les deux doigts de la main : je montais ses chevaux, j'empruntais en son nom de l'argent pour lui et pour moi, je dressais ses faucons. Quand il lui prit fantaisie de se marier, je lui fis épouser Miss Katie Glegg. Eh bien! quinze jours après, la porte du château me fut fermée.

— Mais j'aime à croire, dit Bucklaw, que je ne ressemble pas plus à lord Castle Cuddy que Lucy Ashton ne ressemble à Katie Glegg. D'ailleurs, que cela vous plaise ou non, ça m'est égal. La question est de savoir si vous voulez m'obliger.

— Vous obliger ! Vous, le meilleur de mes amis, pour

qui je ferais le tour du monde nu-pieds? Mettez-moi à l'épreuve; nommez-moi le lieu, les circonstances...

— Eh bien! il faut que vous fassiez deux cents milles pour moi, Craigengelt.

— Deux cents! j'en ferais cinq fois deux cents milles, j'appellerais cela le saut d'une puce. Je vais faire seller mon cheval.

— Un moment; il faut d'abord que vous sachiez où vous devez aller et ce que vous aurez à faire. J'ai dans le Northumberland une parente, lady Blenkensop, qui pendant mon adversité perdit jusqu'au souvenir de mon nom, et qui depuis la mort de lady Girmington s'est rappelé subitement notre parenté.

— Au diable ces misérables! s'écria le capitaine avec emphase. Du moins on pourra dire de John Craigengelt qu'il fut ami dans la mauvaise comme dans la bonne fortune de ses amis; vous le savez, Bucklaw?

— Je n'ai rien oublié, Craigengelt; je me souviens parfaitement que lorsque j'étais sans ressource, vous avez voulu me garrotter pour le service du roi de France et du Prétendant, et peu de temps après vous m'avez prêté une vingtaine de pièces d'or, parce que, je le crois fermement, vous veniez d'apprendre que lady Girmington était à l'agonie. Je ne vous dis pas cela par forme de reproche, mais seulement pour vous prouver que je sais vous apprécier; je crois même que vous m'aimez à votre manière, c'est-à-dire parce que vous y trouvez votre intérêt. C'est ce qui fait que je m'adresse à vous en ce moment, mon malheur voulant que je n'aie pas de meilleur conseiller. Pour en revenir à lady Blenkensop, il faut que vous sachiez qu'elle est intime amie de la duchesse Sarah...

— De Sarah Jennings! Ah! c'est une bonne, en effet!

— Gardez pour vous vos sottises jacobites. Je vous dis donc que, grâce à une petite-fille de cette duchesse de Marlborough, ma parente est devenue commère de lady

Ashton, qui dans ce moment est en visite chez elle dans un château sur les bords du Wansbeck. Or, il a plu à ces dames de mettre sur le tapis un projet d'alliance entre ma Seigneurie et l'honorable Lucy Ashton, lady Ashton agissant comme plénipotentiaire de son mari et de sa fille, sans autre pouvoir que ceux qu'elle s'est donnés elle-même, et lady Blenkensop stipulant pour moi en mon nom, aux mêmes qualités. Je fus étonné d'apprendre l'existence de ce traité conclu sans qu'on m'eût fait l'honneur de me consulter. Ma première pensée fut d'envoyer au diable le traité et celles qui l'avaient rédigé ; la seconde fut de rire, et la troisième fut de penser que l'affaire pourrait me convenir.

— Mais je croyais, dit Craigengelt, que vous n'aviez vu Miss Lucy qu'une seule fois à la chasse et masquée.

— N'importe, Craigengelt. elle me plaît. Et puis la manière dont ce Ravenswood m'a traité ! me fermer sa porte ! me forcer à dîner avec des piqueurs et des laquais parce qu'il avait l'honneur de recevoir chez lui le lord garde des sceaux et sa fille, comme s'il eût rougi de ma compagnie ! Dieu me damne ! c'est un tour que je lui pardonnerai quand je lui en aurai joué un autre ; je mortifierai son orgueil !

— Mais, dit le capitaine, je vois pourquoi il vous a fermé la porte de sa misérable Tour. Il craignait d'être supplanté par vous dans le cœur de la demoiselle.

— Croyez-vous ? Non ! c'est impossible ! Que diable ! il est évidemment plus bel homme que moi.

— Qui ? lui ! c'est un grand gaillard ; mais parlez-moi d'un homme de moyenne taille, bien proportionné...

— Que le diable vous emporte, Craigengelt, et moi aussi, pour me punir de vous écouter ! Ne sais-je pas que vous me diriez la même chose si j'étais bossu ! Mais revenons à Ravenswood : il ne m'a pas ménagé, je ferai de même ; si je puis lui souffler sa fiancée, je la lui soufflerai.

— La lui souffler ? Vous gagnerez la partie avec point, quinte et quatorze.

— Faites-moi la grâce de vous taire et d'écouter. J'ai accepté les propositions qui m'ont été faites ; l'affaire se conclura dès que lady Ashton sera de retour. Il me reste à envoyer quelques papiers dont je pourrais charger un commissionnaire, mais je désire que vous les portiez, parce que dans la conversation vous pourrez, sans avoir l'air d'y attacher de l'importance, parler du séjour de Ravenswood au château, de la visite qu'on y attend du marquis d'Athol, visite qui, dit-on, a pour but d'arranger le mariage de son parent avec Lucy Ashton. Je veux savoir ce que lady Ashton dira de tout cela, car je ne veux pas disputer le prix de la course si Ravenswood a des chances d'arriver avant moi.

— N'en croyez rien, Bucklaw, la jeune fille a trop de bon sens pour cela.

— Songez, Craigengelt, que vous allez vous trouver avec des femmes comme il faut, et qu'il ne faudra ni jurer ni avoir le diable à la bouche à chaque mot. Au reste, je vais écrire à ma parente, et lui dire qu'étant entré fort jeune dans l'état militaire, votre éducation a été négligée. Maintenant, vos bottes, vos vêtements, sont bons pour une société d'ivrognes, mais ne sont pas convenables pour paraître en bonne compagnie. Voici de quoi payer les frais d'un nouvel équipement.

— En vérité, dit Craigengelt en prenant la bourse que Bucklaw lui offrait, sur mon âme, vous ne me traitez pas en ami ; mais j'accepte, pour ne pas vous désobliger.

— Fort bien. Le cheval maintenant. Vous prendrez mon cheval noir aux courtes oreilles, je vous en fais présent.

— Je bois, dit l'ambassadeur, à l'heureux succès de ma mission.

— Et je vous fais raison. Surtout, songez bien à oublier votre jargon jacobite.

— Diable ! je le crois ! la dame est Whig et amie de la

vieille Sarah de Marlborough ! Grâce à mon étoile, je sais prendre toutes les couleurs. J'ai combattu sous les drapeaux de John Churchill aussi bravement que sous ceux du vieux Dundee ou du duc de Berwick.

— Pour cette fois vous dites vrai, Craigengelt, mais il est trop tard pour vous occuper de vos préparatifs. Descendez dans la cave et montez-nous une bouteille de bourgogne de 1678;... pendant que vous y serez, montez-en six, nous en aurons pour toute la soirée.

CHAPITRE XXII

Craigengelt, se présentant chez lady Blenkensop, avec les lettres de Hayston de Bucklaw, fut parfaitement accueilli. Un ami de M. Bucklaw ne pouvait manquer d'être un homme de bonne compagnie. Son abord impudent passa pour une honnête fierté, ses fanfaronnades pour du courage, son bavardage pour de l'esprit. De plus, le capitaine arriva un jour où lady Ashton, seule avec lady Blenkensop, fatiguées de leur tête-à-tête, désiraient un tiers pour en rompre la monotonie et faire une partie de *trédrille*, jeu que le capitaine possédait parfaitement.

Dès qu'il se vit sûr de la faveur de ses hôtesses, il commença à exécuter les instructions qu'il avait reçues. Sa tâche ne fut pas très difficile; lady Ashton désirait l'alliance qui lui était proposée pour sa fille. Bucklaw, héritier de lady Girmington, devait renoncer à ses habitudes de vie déréglée. Ce mariage donnait à Lucy un époux d'une naissance distinguée, d'une grande fortune. C'était là toute son ambition pour sa *bergère de Lammermoor*.

Craigengelt découvrit le désir de lady Ashton que son fils aîné Shôlto fût élu représentant d'un comté où Bucklaw avait la plus grande partie de ses domaines et où les Douglas possédaient des biens considérables, et il tira parti de cette découverte ainsi qu'il suit :

— Mon ami, dit-il, est sûr d'être élu dans ce comté s'il le veut. Il a, parmi les électeurs, deux cousins germains, plusieurs parents éloignés et une foule d'amis. Le crédit des Girningham a toujours été prépondérant dans ce comté. Mais mon ami n'a pas l'ambition d'entrer au Parlement, et je ne sais encore quel candidat il appuiera de son crédit. C'est fâcheux qu'il n'ait pas quelques personnes pour le guider.

Ces propos jetés en l'air ne furent pas perdus pour lady Ashton, qui se promit d'être la personne qui dirigerait l'influence politique de Bucklaw.

Le capitaine parla de la présence d'Edgar au château de Ravenswood, et il insinua que cette présence donnait lieu à des propos sur un mariage projeté entre les deux jeunes gens.

L'annonce de la prochaine arrivée du marquis d'Athol à Ravenswood semblait donner de la créance à ces bruits, dont, lui, Graigengelt, ne croyait pas un mot.

Le capitaine vit aisément, à la rougeur de lady Ashton et à ses yeux étincelants, l'effet de ses propos.

Sir William n'avait parlé à sa femme ni de la présence de Ravenswood ni de la visite annoncée du marquis d'Athol. Que signifiait ce mystère ? Il projetait donc une rébellion contre sa femme ? L'indignation de lady Ashton était d'autant plus violente qu'elle ne devait pas la laisser voir. Elle prit son parti immédiatement et annonça à son hôtesse qu'elle partirait le lendemain matin, une lettre réclamant sa présence à Ravenswood.

Le jour où le marquis d'Athol devait honorer le château de Ravenswood était enfin arrivé. Sir William, sans se douter de l'orage terrible près de fondre sur lui, courait d'appartement en appartement s'assurer que tout était prêt. Quand il fut convaincu que rien ne manquait pour la réception de son hôte, il monta sur la terrasse du château avec Edgar et Lucy. On jouissait sur cette terrasse d'une vue aussi belle qu'étendue. On apercevait deux routes magnifiques, l'une venant de l'ouest, l'autre de l'est, qui se rapprochaient en descendant la colline située en face du château et se réunissaient à l'entrée de l'avenue qui y conduisait. C'était par la route de l'ouest que le marquis devait arriver.

On n'attendit pas longtemps.

Deux coureurs à pied vêtus de blanc, coiffés de chapeaux noirs, précédaient la voiture avec de longues cannes à la main ; et telle était leur agilité qu'ils couraient à la distance exigée par l'étiquette devant la voiture et les hommes à cheval. Le marquis arrivait avec toute la pompe de l'ancienne noblesse écossaise.

Sir William était si occupé à réfléchir s'il n'avait rien oublié pour le cérémonial de la réception, qu'il n'entendit pas tout d'abord la question du jeune Henry.

— Voici une autre voiture qui vient par la route de l'Est, papa ; appartient-elle aussi au marquis d'Athol ?

Sir William, regardant, aperçut une voiture attelée de six chevaux, accompagnée de quatre laquais et descendant au grand galop la route de l'Est. La surprise du garde des sceaux ne fut pas longue : c'était lady Ashton qui venait mettre à néant tous ses projets. Il ne pouvait douter qu'elle ne vît d'un mauvais œil la société dans laquelle il se trouvait. Son seul espoir était que le décorum de la dignité, qu'elle respectait habituellement, empêcherait l'explosion publique de sa colère.

Il n'était pas le seul que cette arrivée inopinée eût bouleversé. Lucy, le visage couvert d'une pâleur mortelle, se tourna vers le Maître de Ravenswood :

— C'est ma mère ! dit-elle en joignant les mains ! C'est ma mère !

— Et quand ce serait lady Ashton, lui dit-il à voix basse, quel motif avez-vous pour trembler ainsi ? Le retour d'une mère doit-il faire naître l'effroi et la consternation dans l'âme de son enfant ?

— Vous ne connaissez pas ma mère, répondit Lucy d'une voix que la terreur rendait presque inintelligible : que dira-t-elle en vous voyant ici ?

— J'y suis resté trop longtemps, dit Ravenswood avec un peu de hauteur, si ma présence doit lui être si désagréable. Mais, ma chère Lucy, votre mère est une dame de haut rang qui sait ce qu'elle doit aux hôtes de son mari.

Lucy secoua la tête ; et comme si elle eût cru que sa mère pouvait la voir de la distance où elle se trouvait, elle s'éloigna de Ravenswood, prit le bras d'Henry et l'entraîna à l'autre bout de la terrasse.

Le lord garde des sceaux descendit précipitamment, et le Maître de Ravenswood se trouva seul sur la terrasse.

— Je puis, se dit-il, pardonner à Lucy ; elle est timide et accoutumée à trembler devant sa mère. Quant au lord garde des sceaux, dès qu'il a vu la voiture de lady Ashton, sa physionomie s'est décomposée ; il n'y est pas resté la moindre trace de bon sens. Comment tout cela finira-t-il ? Au reste, si l'on me donne quelque raison de croire que ma présence ici n'est pas agréable, je serai bientôt parti.

Il quitta la terrasse et descendit aux écuries faire seller son cheval, afin d'être prêt à tout événement. Les cochers des deux voitures luttaient de vitesse pour arriver à l'endroit où les routes se rejoignaient ; mais lady Ashton, apprenant que la voiture venant de l'ouest était celle du marquis d'Athol, donna l'ordre à son cocher de ralentir les chevaux, afin de laisser le pas à l'autre équipage. Le marquis arriva donc le premier au château. Sir William Ashton, ayant à ses côtés sa fille et son fils, et derrière lui ses nombreux domestiques en grande livrée, attendait le marquis à l'entrée du château ; il le fit entrer dans le salon en lui exprimant le plaisir qu'il éprouvait à le recevoir chez lui.

9.

Le marquis d'Athol était un homme de grande taille, au regard pénétrant. Sa physionomie était fière et hardie, mais adoucie par le désir d'acquérir de la popularité. Il répondit avec politesse à sir William, qui le présenta à sa fille ; mais une distraction fit voir quel était l'objet de sa préoccupation.

— Voici mon épouse, lady Ashton, dit-il en lui présentant Lucy.

Le marquis parut surpris, et Lucy rougit ; mais sir William s'écria avec trouble : — C'est ma fille, veux-je dire, Milord. Mais le fait est que je viens de voir la voiture de lady Ashton dans l'avenue, et ma méprise...

— Ne faites pas d'excuses, Milord, et permettez-moi de vous prier d'aller au-devant de lady Ashton. Pendant ce temps, je ferai connaissance avec votre charmante fille. Je suis vraiment honteux que mes gens aient pris le pas sur mon hôtesse à sa propre porte, mais je croyais lady Ashton encore absente. De grâce, Milord, point de cérémonie, allez recevoir votre épouse.

C'était précisément ce que désirait sir William. Il espérait qu'en voyant lady Ashton en particulier il essuierait le premier feu de sa colère, et qu'après elle accueillerait ses hôtes avec le décorum voulu. Lorsque la voiture s'arrêta, il s'avança pour lui offrir la main ; mais elle la refusa et prit le bras de Craigengelt, qui, pendant tout le voyage, avait eu le rôle de *cavaliere servente*. Ce fut au bras de cet homme respectable que lady Ashton entra, suivie de son mari, dans le salon où se trouvaient le marquis d'Athol causant avec le Maître de Ravenswood. Lucy s'était échappée du salon. Un air d'embarras régnait sur toutes les figures. Craigengelt, malgré son impudence, ne pouvait cacher la crainte que lui inspirait Edgar.

Le marquis, après avoir attendu vainement que sir William le présentât à sa femme, se décida à se présenter lui-même.

— Sir William, dit-il à lady Ashton, en la saluant, m'a

présenté tout à l'heure sa fille sous le nom de son épouse ; il aurait pu également me présenter son épouse comme sa fille ; car lady Ashton est telle que je l'ai vue il y a quelques années. Me permettra-t-elle de réclamer les droits d'une ancienne connaissance ?

A ces mots, il s'avança avec grâce pour l'embrasser.

— Je viens chez vous, Milady, continua-t-il, en pacificateur. Permettez-moi de vous présenter mon jeune parent, et de vous demander pour lui vos bontés.

Lady Ashton ne put se dispenser de faire une révérence à Edgar ; mais elle y mit un air de hauteur et de dédain qui annonçait sa contrariété de le voir chez elle, et le salut que lui rendit Edgar fut empreint d'une fierté offensée. Puis, s'adressant au marquis, elle lui présenta Craigengelt comme un de ses amis.

— Vous et moi, sir William, continua-t-elle, nous avons fait de nouvelles connaissances. Je vous présente donc le capitaine Craigengelt.

Le capitaine salua le garde des sceaux, qui lui rendit son salut de l'air d'un homme qui ne désire que la paix.

— Permettez-moi, dit-il au capitaine, de vous présenter le Maître de Ravenswood.

Mais le Maître de Ravenswood, se redressant avec hauteur, répondit d'un ton méprisant :

— Je connais parfaitement le capitaine Craigengelt.

— Parfaitement ! répéta le capitaine, qui ne se sentait pas trop à l'aise.

Lockard entra, suivi de trois domestiques apportant les rafraîchissements qu'il était d'usage d'offrir avant le dîner. Lady Ashton demanda la permission de se retirer un instant avec son mari, à qui elle avait à communiquer une affaire importante. Le marquis la pria de ne faire aucune cérémonie. Craigengelt quitta le salon, où la présence d'Edgar et celle du marquis le mettaient dans un état de gêne et d'inquiétude.

Le marquis resta donc seul avec son jeune parent,

tandis que lord Ashton suivait sa femme comme un coupable qui va recevoir sa condamnation. Elle le conduisit dans son cabinet de toilette, et dès qu'elle en eut violemment fermé la porte, elle mit la clef dans sa poche, et, levant la tête avec fierté, regardant le malheureux garde des sceaux avec des yeux brillants de colère, elle lui dit :

— Je ne suis pas surprise, Milord, des liaisons que vous avez formées en mon absence ; elles sont dignes de votre naissance et de votre éducation. J'ai eu tort d'attendre de vous une autre conduite ; je reconnais ma faute.

— Lady Ashton, ma chère Éléonore, écoutez la raison, et vous verrez que j'ai agi en vue des intérêts et de la dignité de notre famille.

— Je vous crois très en état, dit-elle avec un ton de mépris, de veiller aux intérêts et à la dignité de *votre* famille. Mais comme l'honneur et la dignité de la mienne s'y trouvent inséparablement liés, je me charge de veiller moi-même à tout ce qui peut lui porter atteinte.

— Mais que voulez-vous dire, lady Ashton? Qu'est-ce qui vous déplaît? Comment se fait-il qu'au retour d'une longue absence votre premier soin soit de porter une accusation contre moi ?

— Demandez-le à votre conscience, sir William, cherchez-y qui vous a rendu renégat à vos principes politiques et ce qui vous a mis sur le point d'accorder votre fille en mariage à un misérable mendiant jacobite, l'ennemi de votre famille.

— Mais, Madame, vouliez-vous que je fermasse ma porte à un homme bien né, qui venait de sauver la vie de ma fille et la mienne ?

— Sauver votre vie ? Oui, j'ai entendu parler de cette histoire! Le lord garde des sceaux s'est laissé effrayer par une vache; et il prend pour un Guy de Warwick celui qui l'a tuée! Le premier boucher pourrait avoir les mêmes droits à votre hospitalité.

— Lady Ashton, cela n'est pas supportable! Mais que voulez donc que je fasse ?

— Allez retrouver vos hôtes, répondit impérieusement lady Ashton ; faites vos excuses à ce Ravenswood de ne pouvoir lui offrir plus longtemps un logement au château. Dites-lui que l'arrivée du capitaine Craigengelt...

— Juste ciel! Madame, interrompit le lord garde des sceaux, Ravenswood céder la place à un Craigengelt! Savez-vous que cet homme est un chevalier d'industrie, un vil délateur? Peu s'en est fallu que je ne le misse à la porte, et j'ai été des plus surpris de le voir à votre suite.

— Puisque vous l'y avez vu, répondit lady Ashton, vous pouvez être certain que sa société ne peut que vous faire honneur. Quant à ce Ravenswood, s'il ne sort pas du château à l'instant, c'est moi qui en sortirai.

— Eh bien! Madame, je ne me rendrai pas coupable envers le Maître de Ravenswood d'une pareille injure. Si vous voulez insulter un homme de qualité sous votre toit, je ne puis vous en empêcher ; mais je ne veux pas vous servir d'intermédiaire pour un procédé aussi monstrueux.

— C'est donc sur moi, Milord, que retombera la tâche de soutenir votre honneur. Ce ne sera pas la première fois!

Lady Ashton écrivit à la hâte quelques lignes et appela sa femme de chambre.

Sir William essaya de lui faire encore une observation.

— Pensez bien, lady Ashton, que vous allez nous faire un ennemi mortel de ce jeune homme ardent, qui trouvera les moyens de nous nuire.

— Avez-vous jamais connu un Douglas qui ait redouté un ennemi ? dit-elle.

— Cela est fort bien ; mais il est aussi fier et aussi vindicatif que cinq cents Douglas et cinq cents diables. Prenez seulement la nuit pour réfléchir.

— Pas un seul instant, répondit lady Ashton, et elle envoya de suite le billet à Ravenswood.

— Je m'en lave les mains, dit le garde des sceaux ; je

vais au jardin voir si le jardinier a préparé les fruits pour le dessert.

— Allez, allez ! et remerciez le ciel de vous avoir donné une femme qui songe à l'honneur de la famille pendant que vous vous occupez des poires et des raisins.

Le lord garde des sceaux resta assez longtemps au jardin ; et quand il rentra au salon, il trouva le marquis d'Athol, le mécontentement peint sur le visage, donnant des ordres à son valet de chambre.

— Je présume, sir William, que vous connaissez le billet étrange que votre épouse vient d'envoyer à mon jeune parent, et que, par conséquent, vous êtes préparé à recevoir mes adieux. Mon parent est parti sans vous saluer, les politesses qu'il a reçues de vous étant effacées par l'affront que votre épouse vient de lui infliger.

En ce moment lady Ashton entra. La discussion qu'elle avait eue avec sa fille après le départ de sir Ashton ne l'avait pas empêchée de songer aux soins de sa toilette ; elle brillait de toute la splendeur dont les dames de qualité savaient s'entourer pour leur réception.

Elle s'avança vers le marquis d'Athol et lui dit :

— Je regrette, Milord, qu'un incident fâcheux ait pu troubler l'accueil dû à Votre Seigneurie. Mais j'ai été forcée d'agir comme je l'ai fait. M. Edgar Ravenswood a abusé de l'hospitalité de sir William pour s'emparer du cœur d'une jeune fille sans le consentement de ses parents, consentement qu'il n'obtiendra jamais.

— Mon parent est incapable..., dit le marquis.

— Il est impossible que ma fille..., s'écria en même temps sir William.

— Votre parent, Milord, répondit lady Ashton, a fait des efforts clandestins pour séduire l'inexpérience d'une jeune fille... Votre fille, sir William, a oublié ses devoirs en encourageant les propositions de mariage d'un homme qui était le dernier de ceux auxquels elle dût penser.

— Je crois, Madame, dit sir William perdant patience,

que vous auriez mieux fait de garder ce secret pour vous.

— Milord a le droit, répondit lady Ashton, de connaître les raisons qui m'ont obligée d'agir ainsi que je l'ai fait vis-à-vis d'un homme qu'il appelle son parent.

— Milady, vous me permettrez de vous dire que la naissance et les relations de mon parent lui donnaient le droit d'être refusé avec honnêteté, en supposant qu'il ait osé lever les yeux sur la fille de sir Ashton. Je sais, Milady, que vous descendez d'une branche cadette des Douglas; vous n'ignorez pas que les Ravenswood se sont alliés trois fois avec la branche aînée de ces mêmes Douglas. Venons au fait, Milady. Bien certainement, je n'aurais pas laissé mon jeune parent partir seul si je n'avais espéré pouvoir servir d'intermédiaire dans cette affaire. C'est pourquoi j'ai retardé jusqu'à ce soir mon départ. Parlons donc avec sang-froid.

— C'est tout ce que je désire le plus vivement, s'écria le garde des sceaux. Lady Ashton, joignez-vous à moi pour tâcher de faire à Sa Seigneurie les honneurs du château.

— Le château et tout ce qu'il contient, répondit lady Ashton, est aux ordres de Milord aussi longtemps qu'il voudra l'honorer de sa présence. Mais quant à la discussion d'un sujet si désagréable, j'espère...

— Pardonnez-moi, Madame, dit le marquis, si je vous interromps, mais je ne veux pas vous laisser prendre hâtivement un parti définitif. Oublions ce sujet quelques instants, nous y reviendrons un peu plus tard. Je vois qu'il vous arrive de la compagnie, laissez-moi vous offrir la main.

Lady Ashton sourit et donna sa main au marquis pour passer dans la salle à manger. Ils y trouvèrent, entre autres convives, Craigengelt et Bucklaw; ce dernier venait d'arriver.

Lucy prétexta une indisposition pour ne pas descendre.

Le repas fut splendide, et les convives ne se séparèrent que bien avant dans la nuit.

CHAPITRE XXIII

Rien ne saurait décrire le mélange d'indignation et de regret qu'éprouva Ravenswood en s'éloignant du château qui avait appartenu à ses ancêtres. Le billet de lady Ashton était conçu dans des termes tels qu'il ne pouvait demeurer un instant de plus dans la maison du lord garde des sceaux.

Le marquis d'Athol sentit que l'affront reçu par Edgar rejaillissait en partie sur lui. Mais, comme il désirait essayer de concilier les esprits, il laissa partir son parent, et lui donna rendez-vous à l'auberge de *la Tanière du Renard*, située à peu près à mi-chemin du château de Ravenswood à la tour de Wolferag. Le Maître de Ravenswood, malgré son dépit, engagea son noble parent à rester après lui chez sir William.

Après avoir parcouru au grand galop l'avenue du château, Edgar ralentit le pas de son cheval et prit le sentier qui conduisait à la fontaine de la Sirène et à la chaumière d'Alix.

— Les vieilles prophéties disent quelquefois la vérité, pensa-t-il. La fontaine de la Sirène m'a été fatale, Alix avait raison. Je suis dans la position qu'elle m'a prédite, et même plus honteuse encore, car je ne suis pas allié aux ennemis de mon père, mais je suis dégradé jusqu'à le désirer, et j'ai subi l'humiliation d'un affront.

A environ deux cents pas de la fontaine, le cheval de Ravenswood s'arrêta tout à coup, dressa les oreilles et refusa d'avancer, comme s'il eût aperçu quelque objet effrayant. Edgar aperçut à travers les arbres une femme assise sur la pierre où Lucy s'était reposée. La pensée que Lucy s'était rendue en cet endroit pour lui dire adieu se présentant à son esprit, il descendit précipitamment de son cheval, et, l'ayant attaché à un arbre, courut vers la fontaine en criant :

— Lucy ! ma chère Lucy !

La personne se tourna vers lui ; mais quelle fut sa surprise ! il reconnut les traits de la vieille Alix. Elle lui parut plus grande et plus droite que d'ordinaire ; une sorte de vêtement, qu'on aurait pu prendre pour un linceul, l'enveloppait de la tête aux pieds ; elle se leva, étendit vers lui sa main ridée pour lui défendre d'avancer, remua les lèvres comme si elle eût prononcé quelques paroles dont le son ne se fit pas entendre, puis disparut derrière le feuillage.

Le Maître de Ravenswood ne put maîtriser son émotion. Enfin, rappelant son courage, il s'avança jusqu'à la pierre où il avait vu la vieille Alix ; le gazon qui y croissait ne paraissait nullement froissé. Edgar trouva son cheval où il l'avait attaché, tout tremblant et couvert de sueur. Il le fit marcher au pas en le flattant de la main ; mais l'animal tremblait toujours comme s'il eût craint d'apercevoir derrière chaque arbre un nouvel objet de terreur.

— Est-il possible, se dit Edgar, que mes yeux m'aient trompé ? N'ai-je pas reconnu la vieille Alix, quoiqu'elle m'eût paru marcher bien légèrement pour une infirme ! Il faut que j'éclaircisse ce mystère.

Il se dirigea vers la chaumière de l'aveugle ; il entendit une voix de femme qui gémissait ; il ouvrit la porte : le corps inanimé de la pauvre Alix était étendu sur le lit, et la jeune fille qui demeurait avec elle sanglotait, assise dans un coin, et lui dit :

— Vous arrivez trop tard !

Ravenswood la questionna, et il apprit qu'Alix, s'étant trouvée fort mal pendant la nuit, avait envoyé au château pour demander une entrevue au Maître de Ravenswood et avait témoigné la plus grande impatience de le voir, et, disait Babie, sa seule garde-malade, elle adressa au

Ciel la plus fervente prière pour qu'il lui fût permis de voir le fils de son ancien maître, afin de lui rappeler les choses qu'elle lui avait déjà dites. Elle était morte comme la cloche venait de sonner une heure.

Ces derniers mots firent tressaillir Ravenswood; car il avait entendu sonner une heure avant de voir l'apparition qui avait effrayé son cheval.

— Serait-il possible, se dit-il, qu'un désir conçu pendant les dernières angoisses de la mort pût franchir les barrières du monde? Mais pourquoi, en se montrant à mes yeux, n'a-t-elle pu me parler? Vaines questions, que la mort seule pourra résoudre quand elle m'aura rendu semblable à celle qui est inanimée sous mes yeux.

Edgar apprit de Babie qu'Alix avait plusieurs fois manifesté le désir d'être enterrée dans le cimetière au milieu duquel se trouvait le caveau de la famille de Ravenswood. Il crut devoir satisfaire à ce désir; il envoya Babie chercher des femmes pour rendre les derniers devoirs à la pauvre Alix, et il resta jusqu'à leur arrivée. Elles étaient trois vieilles infirmes; l'une était boiteuse, l'autre presque paralytique; la troisième avait quatre-vingts ans. Ravenswood leur remit de l'argent et leur demanda l'adresse du bedeau du cimetière de l'Ermitage, afin de tout faire préparer pour la réception du corps.

— Vous n'aurez pas grand'peine à trouver John Mortsheugh, dit la plus vieille des femmes; il demeure près de la *Tanière du Renard*, où il vient d'y avoir tant de joyeux repas; car la mort est la proche voisine des banquets.

— C'est bien vrai, commère, dit la boiteuse, et je me rappelle encore que ce fut à un de ces festins joyeux que le père du Maître de Ravenswood, ici présent, tua d'un coup d'épée le jeune Blackhall pour un mot qu'ils s'étaient dit en buvant, de sorte que le pauvre jeune homme, qui était entré gai comme l'alouette, sortit de l'auberge les pieds devant.

Ravenswood, à qui une pareille compagnie était insupportable, sortit et alla prendre son cheval; mais pendant qu'il s'apprêtait à le monter, il entendit le dialogue suivant de deux des vieilles qui cueillaient des herbes aromatiques dans le jardin pour placer sur le corps de la défunte et faire des fumigations dans la chambre.

— Voilà une superbe tige de ciguë, Ailsie Gourlay, dit la boiteuse; plus d'une sorcière autrefois n'aurait pas désiré une meilleure monture pour courir au sabbat, au clair de la lune.

— Oui, Annie Winnie; mais aujourd'hui le diable lui-même est devenu aussi dur que le lord garde des sceaux et les seigneurs du Conseil privé, qui nous traitent de sorcières; et, cependant, vous auriez beau dire vos prières à rebours, Satan ne paraîtrait pas devant vous.

— L'avez-vous vu quelquefois, Ailsie?

— Non; mais j'en ai rêvé souvent, et je crois qu'on me brûlera quelque jour pour cela. N'importe, voilà le dollar du Maître de Ravenswood; nous allons envoyer chercher de l'eau-de-vie, de la bière, du tabac, et que le diable vienne ou non, nous passerons la nuit gaîment.

— Le Maître de Ravenswood, reprit Annie Winnie, est un brave jeune homme et beau garçon, large des épaules; ce sera un beau cadavre; je voudrais être chargée de l'ensevelir.

— Il est écrit sur son front, Annie Winnie, que ni mains d'homme ni mains de femme ne le placeront dans le cercueil. Son corps sera franc du dernier toucher.

— Mourra-t-il donc sur un champ de bataille, par le fer ou par le feu?

— Ne me faites pas de questions; tout ce que je puis vous dire, c'est que son sort a été prédit avant qu'il eût mis sa première chemise. Paix! j'entends trotter son cheval; le bruit de ses pas ne paraît guère d'un bon augure.

— Allons donc, commère! s'écria la paralytique restée dans la chaumière, si vous ne vous dépêchez pas, les membres se raidiront, et vous savez que cela porte malheur.

Ravenswood ne partageait pas les préjugés si répandus sur la sorcellerie ; il savait aussi que beaucoup de malheureuses femmes avaient avoué dans les tortures des crimes qu'elles n'avaient pas commis, et avaient subi des condamnations cruelles qui furent la honte des tribunaux d'Écosse pendant le XVIIe siècle. Mais l'apparition réelle ou imaginaire qu'il venait d'avoir avait rempli son esprit de terreurs superstitieuses qu'il s'efforçait en vain d'en bannir. Il arriva à la *Tanière du Renard* et se dirigea vers le cimetière de l'*Ermitage* pour y trouver le bedeau fossoyeur.

Le cimetière de l'*Ermitage* était situé dans une petite vallée arrosée par un ruisseau sortant d'un rocher sous lequel la nature avait creusé une grotte en forme de croix, qui avait servi d'ermitage à un Saxon dans les temps reculés. Plus récemment, l'abbaye de Coldingham avait établi dans ce lieu une chapelle dont il ne restait plus d'autre vestige que le cimetière qui l'entourait jadis.

Là avaient été inhumés nombre de guerriers et d'illustres barons ; mais leurs noms étaient oubliés, et leurs monuments détruits.

La demeure du bedeau était une chaumière appuyée contre le mur du cimetière, et si basse que le toit qui la couvrait touchait presque à terre des deux côtés. Ce toit en chaume était comme un champ d'herbes de toutes espèces, de joubarbes et autres pariétaires. Au premier coup d'œil, on eût dit un tertre funèbre.

Ravenswood frappa à la porte et apprit que le bedeau était à une noce, car il réunissait les fonctions de ménétrier et de fossoyeur. Il avertit donc qu'il reviendrait le lendemain, et se rendit à la *Tanière du Renard*, où il trouva un courrier du marquis d'Athol qui venait prévenir Edgar que son maître serait le lendemain dans cette auberge. Ravenswood, qui, sans cette circonstance, eût rejoint la tour de Wolferag, se décida à attendre son noble parent à la *Tanière du Renard*.

CHAPITRE XXIV

Le sommeil de Ravenswood fut troublé par des visions effrayantes. Il se leva de très bonne heure, dans l'espoir que la fraîcheur du matin le calmerait, et il se mit en marche vers le cimetière, où il trouva Mortsheugh occupé à creuser une fosse.

Le vieillard, en apercevant Ravenswood, cessa son travail, et, appuyant ses bras sur sa bêche, il dit :

— Vous êtes une pratique qui venez pour un mariage, Monsieur ; j'en réponds.

— Qui peut vous le faire croire, mon ami? demanda Edgar.

— C'est que je mange à deux rateliers, Monsieur. Je manie tour à tour l'archet et la pioche. Je n'ai besoin que d'un coup d'œil pour voir ce que l'on désire de moi.

— Pour aujourd'hui, cependant, vous vous êtes trompé.

— Vraiment? dit le sacristain. C'est bien possible. Je vois sur vos sourcils froncés un signe,... quelque chose qui peut annoncer la mort aussi bien que le mariage. Au surplus, Monsieur, ma bêche et ma pioche sont à votre service, comme mon archet et mon violon.

— Je désire, dit Edgar, que vous prépariez un enterrement pour Alix Gray, qui demeurait à Craigfoot, dans le parc de Ravenswood.

— Alix Gray ! l'aveugle ! Elle est donc morte à la fin ! C'est encore un coup de cloche qui m'avertit de me préparer à partir. Je me souviens du temps où Hobby Gray l'amena dans le pays : elle était jolie fille, et, parce qu'elle était du sud, elle nous regardait du haut en bas. Qu'est devenu son orgueil? La voilà morte aujourd'hui !

— Elle a désiré être enterrée ici, près de son mari. Vous savez sans doute où il a été placé ?

— Si je le sais ! Je pourrais nommer tous ceux qui ont été enterrés ici depuis trente ans. Il faut donc lui creuser une fosse de six pieds de profondeur au moins ; car, si tout ce que l'on a dit d'Alix est vrai, les autres sorcières sauront la faire sortir de terre pour la mener au sabbat. Mais qui me payera ? Écoutez, il y a ma journée pour creuser la fosse, la sonnerie (quoique la cloche soit cassée), le cercueil, enfin l'eau-de-vie et la bière pour arroser tout cela. Je ne puis faire le tout à moins de seize livres d'Écosse.

— Les voici, dit Edgar, et même quelque chose de plus. Veillez donc à ce que tout se passe décemment.

— Vous êtes sans doute un de ses parents d'Angleterre. On disait qu'elle s'était mariée au-dessous de sa condition. Vous faites bien de la faire enterrer convenablement. Les honneurs qu'on rend aux défunts rejaillissent sur leur famille. On peut laisser ses parents se tirer d'affaire comme ils peuvent de leur vivant et porter la peine de leur folie ; mais les laisser enterrer comme des chiens, ce serait un déshonneur pour toute la parenté.

— J'espère, dit Ravenswood, que vous ne voudriez pas davantage que l'on négligeât les cérémonies des mariages ?

— Non, vraiment ! répondit le vieillard. Négliger les solennités des mariages, ce serait manquer d'égards pour la population. On doit les célébrer avec toute la pompe possible, par la bonne chère, par la réunion d'amis, par le son des instruments. Mais vous me demandiez la fosse d'Hobby Gray ; la voilà, non loin de ce tombeau ruiné élevé à un Ravenswood ; car, quoique ce ne soit plus leur sépulture ordinaire, il y en a encore un grand nombre ici. Au diable soient-ils !

— Vous ne paraissez pas être grand ami des Ravenswood, dit Edgar.

— Leur ami ! Et qui pourrait l'être ? répondit le vieux fossoyeur. Quand ils avaient des richesses et de la puissance, ils ne savaient pas s'en servir à propos ; maintenant qu'ils ont la tête basse, on ne s'inquiète plus d'eux.

— Je ne pensais pas que cette famille inspirât aussi peu d'intérêt dans le pays ! Est-ce une raison, parce qu'elle est pauvre, pour la mépriser ?

— Ça y est bien pour quelque chose. Tel que vous me voyez, je ne vois pas qu'est-ce qui pourrait me faire mépriser ; et cependant, on ne me respecte pas autant que si j'étais dans une maison à deux étages. Quant aux Ravenswood, j'en ai vu trois générations ; du diable si l'une valait mieux que l'autre !

— Je croyais que les Ravenswood jouissaient d'une bonne renommée dans ce pays, dit Edgar.

— Quant au vieux lord, père du défunt, continua le bedeau, je vivais sur ses terres quand j'étais jeune et vigoureux. Je sonnais la trompette au plus fort, car j'avais bon vent. Et quant à la trompette marine que j'ai entendue en présence des lords du circuit, je n'en fais pas plus de cas que d'un enfant soufflant dans une flûte à l'oignon.

— Mais quel rapport tout cela a-t-il avec le feu lord de Ravenswood, mon cher ami ? dit Edgar, qui éprouvait le désir de faire parler le vieux musicien sur sa famille.

— Voici, Monsieur : c'est que j'ai perdu mon vent à son service. Il faut que vous sachiez que j'étais trompette au château. J'annonçais le point du jour, l'heure du repas et le coucher du soleil. Mais quand il plut au lord de faire marcher sa milice vers le pont de Bothwell, pour livrer bataille aux Whigs qui ravageaient nos terres, il voulut que je montasse à cheval et que je le suivisse.

— Il en avait le droit, puisque vous étiez son vassal et son serviteur.

— Son serviteur ? Oui, sans doute, mais pour annoncer son dîner, et non pour exciter des enragés à préparer de la pâture aux corbeaux. Mais, patience ! vous allez me dire si je dois chanter les louanges des Ravenswood. Nous partîmes donc le 24 juin 1679 ; je m'en souviens comme si c'était hier. Les fusils brillaient au soleil ; les chevaux marchaient en bon ordre ; Hackston de Rathillet gardait le pont de Bothwell avec l'infanterie, armée de mousquets, de piques et de faux. On ordonna à la cavalerie de remonter la rivière pour la passer à gué. Jamais je n'avais aimé l'eau ; mais je l'aimai encore bien moins quand je vis sur l'autre rive des milliers de gens armés qui nous attendaient pour nous tuer ! Le vieux Ravenswood, à notre tête, brandissait son épée, en criant avec une voix de tonnerre : « En avant ! en avant ! Suivez-moi ! » A l'arrière-garde, Caleb Balderston (qui vit encore) jurait qu'il passerait son épée au travers du corps de celui qui tournerait seulement la tête en arrière. A côté de moi, le jeune Allan, qui était alors le Maître de Ravenswood, me criait aux oreilles : « Sonnez donc, poltron ! Sonnez donc, lâche ! ou je vous brûle la cervelle ! » Bien certainement, je sonnai, mais le chant d'une poule est une meilleure musique que celle que je fis.

— Ne pourriez-vous abréger ces détails ? dit Edgar.

— Enfin, nous voilà tous dans l'eau, bêtes et gens se poussant. De l'autre côté de la rivière, tout était en flamme, tant ces enragés de Whigs faisaient feu contre nous. Enfin, mon cheval venait de toucher la rive, quand un grand coquin... je vivrais deux cents ans, que je me rappellerais toujours sa figure, son œil de faucon, sa large barbe... il dirigea contre ma poitrine son long fusil. Je me croyais mort, quand, par un effet de la miséricorde divine, mon cheval se cabra, et je tombai à gauche pendant que la balle sifflait à droite, et, au même instant, le vieux lord lui asséna un tel coup d'épée sur la tête, qu'il la lui fendit en deux, et le misérable pensa m'écraser en tombant sur moi.

— Mais il me semble que vous devriez savoir quelque gré de ce service au vieux lord.

— Vous croyez ? pour m'avoir exposé à un pareil péril et avoir fait tomber sur moi ce maudit Whig, qui pesait au moins deux cents livres ! Enfin, depuis cette aventure, j'ai perdu mon vent, et je ne puis plus faire cent pas sans être essoufflé comme la vieille rosse d'un meunier.

— Et, dit Edgar, vous avez perdu la place de trompette au château ?

— Sans doute, puisque je n'avais plus de vent ; je n'aurais pu souffler seulement dans un mirliton. Cependant, j'avais une consolation ; je conservai mes gages sans avoir autre chose à faire que de jouer du violon pour divertir la société ; et sans cet Allan Ravenswood, qui était encore pire que son père...

— Comment ! s'écria Edgar, le feu lord de Ravenswood vous priva-t-il de la libéralité que mon aïeul... je veux dire son père, vous avait accordée ?

— Oui, ma foi ! car il jeta aux chiens tout ce qu'il possédait, et lâcha sur nous sir William Ashton. Celui-ci me chassa du château, ainsi que d'autres pauvres diables comme moi, qui y trouvaient leur subsistance.

— Mais, si lord Ravenswood fit du bien à ses vassaux tant qu'il en eut le pouvoir, il me semble qu'on pourrait au moins respecter sa mémoire.

— Vous en penserez ce que vous voudrez, répondit l'obstiné bedeau ; mais vous ne me persuaderez pas qu'il ait rempli ses devoirs envers lui-même et envers les autres en se conduisant comme il l'a fait. Est-ce qu'il ne pouvait pas nous donner à vie une petite cabane, un petit lopin de terre ? Faut-il qu'à mon âge je sois dans cette misérable hutte, et cela parce qu'Allan Ravenswood n'a pas voulu administrer ses biens raisonnablement ?

— C'est pourtant vrai, se dit Ravenswood ; le châtiment du dissipateur ne se borne pas à ses souffrances personnelles ; les maux qui en résultent s'étendent indéfiniment.

10

— Au surplus, ajouta le bedeau, le jeune Maître de Ravenswood va me venger du mal que m'a fait sa race.

— Et comment cela ? dit Edgar.

— On dit qu'il va épouser la fille de lady Asthon ; mais qu'il mette une fois sa tête sous l'aile de la femme du lord garde des sceaux, il verra s'il peut jamais relever le cou. Du diable si j'en ferais rien à sa place! Je ne voudrais pas m'abaisser devant son orgueil, ni recevoir d'elle de quoi faire bouillir ma marmite ; et ce que je puis souhaiter de pire à ce jeune homme, c'est qu'il s'allie aux ennemis de sa famille, à ceux qui ont usurpé ses domaines et m'ont chassé du château.

— Et, pensa Ravenswood, me suis-je assez abaissé jusqu'à faire parler ainsi sur mon compte pour me voir refusé! O Lucy! votre affection compensera-t-elle la honte qui me menace dans l'opinion des hommes ?

En levant les yeux, Edgar aperçut le marquis d'Athol, qui, après l'avoir salué, lui fit ses excuses de n'être pas venu le rejoindre la veille au soir.

— J'en avais le projet, dit-il ; mais j'ai appris qu'il y avait une intrigue sous jeu ; et, quoique je ne fasse point à mon jeune parent un reproche de ne pas m'en avoir fait part, comme étant en quelque sorte le chef de la famille...

— Avec votre permission, Milord, dit gravement Ravenswood, je suis très reconnaissant de l'intérêt que vous voulez bien prendre à moi ; mais je dois vous faire observer que c'est moi qui suis le chef de la famille.

— Je le sais, répondit le marquis ; cela est vrai dans le sens strictement héraldique et généalogique. Ce que je voulais dire, c'est que, vous trouvant en quelque sorte sous ma tutelle...

— Je dois prendre la liberté de vous dire, Milord...

Et le ton avec lequel Edgar interrompit le marquis aurait pu faire craindre que la concorde ne régnât pas longtemps entre les nobles parents. Mais, heureusement, il fut interrompu à son tour par le bedeau, qui accourut pour demander si Leurs Honneurs ne voudraient pas avoir un peu de musique à l'auberge, pour les dédommager de la mauvaise chère qu'ils y feraient.

— Nous n'avons pas besoin de musique, répondit brusquement Ravenswood.

— Votre Honneur ne sait pas ce qu'il refuse. Je puis vous jouer les plus jolis airs écossais, mieux que ne le ferait aucun musicien à trente milles à la ronde ; et si Votre Honneur, dit le musicien à lord Athol, est du nord de l'Écosse, comme votre accent me porte à le croire, je vous jouerai tous les airs des comtés de Sutherland, de Caithness et du pays d'Athol. Et, ajouta-t-il en baissant la voix, si vous êtes de ceux qui se nomment *honnêtes gens*, je vous jouerai *Vive notre roi légitime !* ou bien *Rendons aux Stuarts leur couronne*. Il n'y a nul danger : la maîtresse de l'hôtel est discrète et prudente. Pourvu qu'on fasse de la dépense chez elle, Whig ou Tory, elle n'entend rien ; elle n'a d'oreilles que pour le son des dollars.

Le marquis, qu'on avait soupçonné d'être en secret partisan du roi Jacques, ne put s'empêcher de rire en jetant un dollar au ménétrier-bedeau. Il lui dit de se retirer, et que, s'il avait absolument besoin d'auditeurs, il allât jouer du violon à ses gens.

— Eh bien ! dit le bedeau, je souhaite le bonjour à Vos Honneurs. J'ai à m'applaudir d'avoir reçu un dollar, et vous regretterez de n'avoir pas entendu ma musique, j'ose le dire. Je vais finir une fosse que j'ai commencée ; puis j'irai voir si les domestiques ont de meilleures oreilles que leurs maîtres.

CHAPITRE XXV

— Maintenant, dit le marquis, je vais vous dire ce que j'ai fait relativement à votre fiancée. Je ne l'ai vue que quelques minutes, et ne connaissant pas ses qualités personnelles, je puis dire sans l'offenser que j'aurais désiré que vous fissiez un autre choix.

— Je vous suis fort obligé, Milord, de l'intérêt que vous me portez, répondit Ravenswood; mais puisque vous connaissez mon attachement pour Miss Ashton, vous devez supposer que si j'ai choisi une épouse dans la famille de sir Ashton, c'est que j'y ai été déterminé par des raisons qui m'ont paru plus puissantes que tout ce que le monde pourra dire à ce sujet.

— Si vous m'aviez écouté jusqu'au bout, mon cher parent, vous sauriez que j'ai si peu douté que vous n'eussiez des motifs sérieux pour agir comme vous l'avez fait, que j'ai mis en œuvre tous les moyens que je pouvais employer convenablement pour engager les Ashton à concourir à vos vues. L'affaire était délicate, et je n'aurais pas voulu mettre un homme qui me tient de près dans une situation équivoque vis-à-vis de ces Ashton. Je leur ai représenté les avantages qu'ils auraient de donner à leur fille un époux issu d'une des premières maisons d'Écosse. Je leur ai fait connaître exactement le degré de parenté qui existe entre moi et vous, que je regarde comme un neveu, comme un fils, et prenant à vos affaires le même intérêt qu'aux miennes. Je leur ai fait sentir qu'il était possible que, la politique prenant une autre tournure, les atouts d'aujourd'hui pourraient devenir de mauvaises cartes dans le prochain parlement.

— Et quelle a été l'issue de cette conférence, Milord ?

— Sir William aurait entendu raison, répondit le marquis ; il sent que sa position pourrait être ébranlée dans une nouvelle administration, et serait charmé de trouver un appui ; il apprécie donc les avantages d'une alliance avec vous. Mais lady Ashton le tient sous sa domination.

— Continuez, Milord, s'écria Ravenswood en voyant le marquis hésiter. Ne craignez rien, je suis en état de tout supporter.

— Eh bien ! répondit le marquis, qu'il vous suffise d'apprendre que lady Ashton a rejeté toutes les propositions que j'ai pu lui faire en votre nom. Je ne puis concevoir quels sont ses projets pour sa fille. Elle ne peut la marier plus honorablement, et quant à la fortune, c'est un soin dont son mari s'occupe ordinairement plus qu'elle. Je crois qu'elle vous hait, parce que vous avez la noblesse de famille qui manque à son mari, et aussi parce que vous n'avez plus les domaines qu'il a volés à votre père. Au reste, vous pouvez croire, mon cher parent, que le secret de cette affaire est en sûreté avec moi ; mais je serai charmé de vous voir renoncer à l'espoir d'une alliance qu'il est difficile que vous recherchiez davantage sans vous dégrader.

— C'est ce dont je jugerai moi-même, Milord, dit Edgar, et j'y mettrai toute la délicatesse et la fierté voulues. Je n'ai rien demandé à sir William ni à lady Ashton ; c'est avec leur fille que j'ai contracté un engagement, et sa conduite décidera de la mienne. Si elle continue à me préférer, malgré ma pauvreté, aux riches partis que ses parents lui proposeront sans doute, je dois oublier pour elle l'orgueil de ma naissance et les préjugés d'une haine héréditaire. Si Miss Ashton change de sentiments à mon égard, j'espère que mes amis me garderont le silence sur cette humiliation, et je saurai forcer mes ennemis à se taire.

— C'est parler comme il faut, répondit le marquis.

Qu'était donc ce sir William Ashton il y a vingt ans ? Un petit avocat, connaissant bien les lois, à la vérité, et possédant surtout le talent de les faire parler conformément à son avantage. Il s'est élevé à force d'intrigues et en se vendant au plus offrant ; mais il est maintenant au bout de sa course. Avec son indécision et l'insolence de sa femme, il aura beau vouloir se vendre, aucun gouvernement ne voudra l'acheter. Quant à Miss Ashton, je n'ai rien à en dire, mais je puis vous assurer que vous ne trouveriez dans cette union ni honneur ni profit. Peut-être vous restituerait-on sous forme de dot une faible partie des dépouilles de votre maison ; mais je vous réponds que si vous faites valoir vos droits devant le nouveau parlement, vous ferez rendre gorge à sir William, et vous voyez en moi, mon cher parent, un homme disposé à chasser le *renard* pour vous et à lui faire maudire le jour où il a refusé une alliance offerte par le marquis d'Athol pour le Maître de Ravenswood.

Edgar vit que son parent était personnellement offensé de la manière dont ses propositions avaient été reçues, et qu'il avait en outre des raisons politiques pour ne pas voir d'un bon œil le projet de mariage entre Lucy et lui ; néanmoins il lui témoigna sa reconnaissance et finit par le prier de ne plus lui parler de cette affaire.

Un exprès arriva en ce moment à la *Tanière du Renard*, porteur de dépêches d'Édimbourg pour le marquis. On lui annonçait les meilleures nouvelles ; il se voyait à la veille de renverser l'administration actuelle et d'être à la tête du gouvernement d'Écosse.

On servit le repas. Le marquis fit avec gaîté les frais de la conversation ; il s'étendit complaisamment sur l'influence que les événements allaient lui donner et sur l'espérance qu'il pourrait s'en servir d'une manière utile pour son cher parent. Le vin était excellent, car le marquis avait soin d'en faire emporter avec lui dans ses voyages. Les deux amis restèrent à table assez longtemps, et le marquis s'aperçut qu'il était trop tard pour qu'il pût se rendre à un château où il devait passer la nuit.

— Mais qu'importe? dit-il, votre château de Wolferag est près d'ici, et je crois que votre cousin d'Athol peut y recevoir l'hospitalité aussi bien que le lord garde des sceaux.

— Sir William Ashton a pris la citadelle d'assaut, répondit Ravenswood, et de même que beaucoup de vainqueurs, il n'a pas eu lieu de se féliciter de sa victoire.

— Fort bien, fort bien, dit le marquis d'Athol, mis en gaîté par quelques verres de vin; je vous offre la santé de la jeune dame qui a couché à Wolferag et qui ne s'en est pas mal trouvée. Je ne suis pas plus délicat qu'elle, et je puis me contenter du lit qu'elle a occupé. Au reste, je suis curieux de voir jusqu'à quel point l'amour a le pouvoir d'adoucir un matelas très dur.

— Songez, Milord, que nous n'avons rien de ce qui serait indispensable pour vous recevoir.

— Peu m'importe, mon cher parent; je ne suis pas difficile. Je me souviens qu'un de mes ancêtres logea dans la tour de Wolferag quand il partit avec votre bisaïeul pour la funeste bataille de Flodden-Field, dans laquelle ils périrent tous deux. En un mot, il est décidé que vous me logerez ce soir.

Ainsi pressé, le Maître de Ravenswood ne put faire d'autres objections; il se borna à demander au marquis de le laisser prendre les devants pour prévenir son majordome Caleb; mais le marquis ne voulut pas y consentir et Edgar ne put qu'envoyer un homme à cheval pour annoncer la nouvelle de leur arrivée à la Tour.

Le marquis et son parent quittèrent l'auberge assez tard et, chemin faisant, la conversation roula sur les affaires politiques. Le marquis apprit à Edgar qu'il allait le charger pour le continent d'une mission secrète qui ne pouvait être confiée qu'à une personne de haut rang, douée de talents distingués. Il n'est pas besoin de dire que Ravenswood saisit avec transport l'espoir de sortir de son état d'inactivité et de devoir à ses propres services un rang et une élévation dignes de sa naissance.

Tandis qu'il écoutait avec intérêt les détails que lui donnait le marquis, le courrier envoyé à Wolferag et qui en revenait s'approcha de la voiture et dit que M. Balderston assurait son maître qu'il allait tout préparer.

Ravenswood, malgré cette assurance, crut devoir faire pressentir au marquis qu'il ne devait pas s'attendre à une brillante réception.

— Je crois que vous ne rendez pas justice au zèle de votre majordome, dit le marquis, ou vous voulez me ménager une surprise. J'aperçois une grande clarté du côté où est situé Wolferag, et je parie que c'est une illumination préparée pour notre arrivée. Ce fut ainsi que votre père me trompa, quand nous fîmes, il y a bien des années, une chasse dans les environs de Wolferag. Il m'invita à dîner à la tour et me fit mille excuses de ne pouvoir m'y bien recevoir, et nous y fîmes, ma foi, une excellente chère.

— Vous ne reconnaîtrez que trop tôt, Milord, que le propriétaire actuel de Wolferag est dans l'impossibilité de vous tromper de la même manière. Mais j'avoue que je ne puis m'expliquer la lueur brillante qui règne précisément au-dessus de la tour !

Le mystère fut bientôt expliqué, car on vit accourir Caleb, hors d'haleine, et on l'entendit crier d'une voix entrecoupée :

— Arrêtez, Messieurs, arrêtez ! Faut-il que j'aie vécu jusqu'à ce jour pour voir un tel désastre ! Wolferag est en feu ! les riches tapisseries, les beaux tableaux, tous les meubles sont la proie des flammes ! La tour brûle de fond en comble, on ne pourra rien sauver ! Prenez à droite, je vous en supplie ; que vos Honneurs aillent à Wolfhope, où tout est préparé pour vous recevoir. Oh ! malheureuse nuit !

Ravenswood fut d'abord étourdi par cette nouvelle calamité ; puis, faisant ouvrir la portière, il se précipita vers Wolferag.

— Un instant ! dit le marquis en descendant aussi de voiture ; attendez-moi, Ravenswood, je cours avec vous.

Et il dit à ses domestiques : Prenez l'avance, courez au grand galop !

Tous les domestiques se tournèrent vers Caleb, afin qu'il leur indiquât le chemin le plus court.

— Arrêtez, Messieurs, arrêtez ! Voilà bien assez de malheurs pour un jour ! tâchons qu'il n'y ait pas mort d'homme. Il y a trente barils de poudre dans la tourelle proche de l'endroit où le feu est le plus violent. Ils ont été débarqués du temps du feu lord, d'un lougre venant de Dunkerque, et d'un moment à l'autre vous entendrez la tour sauter. A droite, Messieurs !

On juge que l'effet d'un tel avis fut de faire prendre à tout le monde la route que Caleb indiquait ; mais Ravenswood, au bout de quelques minutes de marche, s'écria :

— Trente barils de poudre ! Comment est-il possible qu'il s'en trouve au château une si grande quantité sans que j'en sache rien ?

— Moi, je le comprends fort bien, dit le marquis ; mais ne faites pas de questions ; ce n'est ni le lieu ni le moment. Nous avons trop d'oreilles autour de nous, ajouta-t-il à voix basse.

— C'est bien parler, et j'espère que Votre Honneur, dit Caleb à son maître, ne récusera pas le témoignage de Sa Seigneurie, le marquis d'Athol, qui se souvient qu'en l'année qui suivit la mort de celui qu'on appelait le roi Guillaume...

— Paix ! paix ! mon ami ! J'expliquerai cela à votre maître.

— Mais les habitants de Wolfhope, dit Edgar, ne sont-ils pas venus apporter du secours ?

— S'ils sont venus ? répondit Caleb, oui ; mais je n'étais

pas pressé de les laisser entrer dans un château où il y a tant de choses précieuses. Je ne sais ce qui serait arrivé s'ils n'avaient entendu parler de la poudre, ce qui leur fit prendre la fuite.

— Mais, au nom du ciel! Caleb, dites-moi...

— Plus de questions! mon cher parent, dit le marquis, je vous en supplie !

— Une seule, Milord. Qu'est devenue la vieille Mysie ?

— Mysie! répondit Caleb; ma foi, elle est sans doute dans la tour.

— Vous ne me retiendrez pas davantage, Milord, s'écria Ravenswood. La vie d'une pauvre femme qui a servi ma famille quarante ans est en danger, je veux essayer de la sauver.

— Comment, comment? dit Caleb. Mysie n'a pas besoin qu'on la secoure. Je l'ai vue de mes yeux sortir du château avec tous les domestiques. J'en suis parti le dernier avec les chevaux. Croyez-vous que j'eusse laissé périr ma vieille compagne de service ?

— Pourquoi me disiez-vous qu'elle était restée au château ?

— L'ai-je dit ? je l'ai donc rêvé. Au reste, il est bien permis de perdre un peu la tête dans un tel moment ; mais Mysie est en sûreté, je vous le jure.

Le marquis représenta à Edgar qu'après l'assurance de Caleb il ne devait pas conserver d'inquiétude au sujet de Mysie, et il parvint à le détourner de s'approcher de la tour, qui, d'un instant à l'autre, pouvait faire explosion. Ils se rendirent ensemble au village de Wolfhope, où les habitants préparaient une splendide réception. La famille de notre ami Girder le tonnelier montrait un empressement tout particulier.

Mais il faut que nous revenions un peu en arrière. Quelques jours après le départ de son maître pour le château de Ravenswood, Caleb, étant forcé d'aller à

Wolfhope, s'entendit appeler comme il passait devant la maison du tonnelier.

— Monsieur Caleb! Monsieur Caleb Balderston! arrêtez donc! ne courez pas si vite, dit Mistress Girder.

— Qui aurait cru cela d'un ami éprouvé? s'écria la mère; passer par Wolfhope sans entrer chez nous!

— Ne pas vouloir recevoir nos remerciements! dit le tonnelier en le saisissant par le bras. Certainement il ne peut y avoir de mauvaises graines semées entre nous; et si quelqu'un vous dit que je ne suis pas reconnaissant, je lui briserai mes cerceaux sur le dos.

— Mes bons amis, dit Caleb, qui ne savait comment interpréter ces discours, à quoi bon tout cela? On cherche à servir ses amis: quelquefois on réussit, quelquefois on manque son coup malgré sa bonne volonté.

— La bonne volonté, M. Balderston, est comme un tonneau mal joint, elle n'est bonne à rien; mais des services réels sont un tonneau dont les douves sont bien cerclées et qui peut contenir du vin digne de la bouche d'un roi.

— Est-ce que vous ne savez pas, dit la belle-mère, que Gilbert Girder est nommé tonnelier de la reine, malgré qu'il n'y ait pas eu un homme à vingt milles à la ronde sachant relier un seau qui n'ait demandé cette place?

— Si je le sais? répondit Caleb, qui vit alors d'où venait le vent; et comment ne le saurais-je pas? Ainsi donc je serai le premier à vous embrasser, ma commère, et à vous faire compliment, Gilbert, ne doutant pas que vous ne sachiez qui sont vos amis. J'ai voulu avoir l'air un moment de ne pas vous comprendre pour m'assurer que vous étiez de bon aloi; mais vous ne craignez pas la pierre de touche, mon garçon.

Il embrassa les deux femmes avec un air d'importance et secoua la main du tonnelier cordialement.

Nous avons oublié de dire en temps et lieu que Lockard ayant régalé son maître de l'exploit de Caleb chez le tonnelier, sir William, jaloux de faire plaisir à l'entourage de Ravenswood, avait recommandé le tonnelier pour l'emploi qu'il désirait.

Caleb fut donc invité à dîner après l'explication que nous avons rapportée. On invita à ce repas les notables du village, même le procureur Dingwall, l'ancien antagoniste de Caleb dans l'affaire des beurres et des œufs, et le vieux majordome joua le rôle de l'homme important pour qui l'on a tous les égards.

Caleb amusa la compagnie par le récit de tout ce qu'il pouvait sur l'esprit de son maître, de tout ce que pouvait son maître sur l'esprit du lord garde des sceaux, celui-ci sur l'esprit du conseil, et le conseil sur l'esprit du roi. Le rusé vieillard regagna toute l'influence qu'il avait possédée jadis sur les habitants de Wolfhope.

Le procureur lui-même saisit un moment favorable pour parler d'une maladie dangereuse qu'avait le shériff du comté.

— C'est un excellent homme ; mais que vous dirais-je ! nous sommes tous mortels. S'il meurt, il faudra bien qu'on le remplace ; et si sa place pouvait me tomber dans les mains par votre recommandation, mon cher Balderston... une belle paire de gants dont tous les doigts seraient remplis d'or ?... et nous trouverions bien le moyen de forcer ces rustres de Wolfhope à se conduire convenablement avec le Maître de Ravenswood, le lord de Ravenswood, veux-je dire, que le ciel le protège !

Un sourire et un serrement de main furent la seule réponse de Caleb.

— Dieu me préserve, dit-il quand il fut seul ; si j'avais été le lord grand commissaire du parlement d'Écosse, ils ne m'auraient pas fait mieux la cour ! Mais le procureur ! Ah ! j'ai donc vécu assez pour attraper un procureur ! Il veut être successeur du shériff ; mais j'ai un vieux compte à régler avec lui, et pour faire payer les frais du passé, il faut lui vendre l'espérance de cette place aussi cher que vaudrait la place même.

CHAPITRE XXVI

Lorsque Caleb était venu annoncer à Wolfhope l'incendie de la Tour de Wolferag, tous les habitants furent sur pied pour y porter secours. Mais leur ardeur se refroidit dès qu'ils entendirent parler des trente barils de poudre. Leur zèle prit alors une autre direction; et ils s'ingénièrent pour préparer une réception digne du Maître de Ravenswood et de l'illustre seigneur qui l'accompagnait. Jamais on ne fit un plus terrible massacre de chapons et d'oies grasses. Jamais tant de jambons fumés n'avaient bouilli dans les marmites. Jamais on ne fit tant de car-cakes, de swet-scones, de cookies et autres friandises dont le nom même est inconnu de la génération actuelle. Jamais on ne mit en perce tant de tonneaux de bière; jamais on ne déboucha tant de vieilles bouteilles de vin dans le village que pendant le passage du marquis d'Athol, regardé comme le dispensateur des grâces qui devaient pleuvoir sur Wolfhope.

Le ministre, qui convoitait un bénéfice à quelque distance, voulait recevoir au presbytère les deux nobles personnages; mais Caleb destina cet honneur au tonnelier. Le Maître de Ravenswood et le marquis furent reçus avec distinction par Gilbert Girder, sa femme et sa belle-mère. Cette dernière, qui avait servi autrefois au château, savait, disait-elle, comment il fallait agir avec la noblesse, et se chargea d'arranger le cérémonial. La maison du tonnelier étant spacieuse, chacun des nobles hôtes eut son appartement séparé.

Dès que Ravenswood fut seul, il sortit du village et prit

le chemin de la Tour pour s'assurer des dégâts qui avaient eu lieu pendant l'incendie. Quelques enfants passèrent près de lui en criant qu'il fallait se dépêcher pour voir la vieille Tour sauter, comme un marron cuit sous les cendres.

— Et voilà, pensa-t-il, les enfants des vassaux de mon père, des hommes que la loi obligeait de nous suivre à la guerre ! La ruine de leurs seigneurs liges n'est pour eux qu'un divertissement.

Se sentant tirer par l'habit, il s'écria en colère :

— Que me voulez-vous, chien ? En se retournant il reconnut Caleb.

— Oui, je suis un chien, un vieux chien, et je me suis exposé à être traité comme un chien ; mais je ne m'en inquiète pas.

A ce moment, Edgar était arrivé sur le haut de la colline en face du château, et l'on n'apercevait aucune trace d'incendie.

— Mais, dit-il à Caleb, il n'y a eu aucune explosion ; le feu n'a donc pas atteint le côté où la poudre était déposée ?

— C'est ce que je crois, répondit Caleb avec sang-froid.

— Caleb, dit Edgar, ma patience est à bout. Je vais à l'instant juger les choses par mes yeux.

— Votre Honneur n'ira point.

— Pourquoi n'irais-je pas ? Qui pourrait m'en empêcher ?

— Moi ! dit Caleb avec fermeté.

— Vous vous oubliez, Balderson ; j'irai.

— Non, car je vais tout dire à Votre Honneur ; mais ne me trahissez pas devant le marquis. La vieille Tour est saine et sauve.

— Comment ? l'incendie... ?

— Il n'y a pas eu d'incendie. Les flammes venaient de quelques bottes de luzerne et de la litière de notre cheval. Mais, au nom du ciel ! quand vous amènerez quelqu'un à

Wolferag, que ce soit quelqu'un de seul, et non accompagné d'un valet confident comme ce Lockard, qui lorgne le côté faible des intérieurs et me force à faire mille mensonges aussi vite que je puis les inventer. J'aimerais mieux mettre le feu tout de bon, sauf à être brûlé moi-même, que de voir la famille déshonorée.

— Mais, dit Ravenswood, ne sachant s'il devait rire ou se fâcher, le marquis semblait être instruit qu'il y eût de la poudre dans le château. Comment y était-elle arrivée ? Où est-elle placée dans ce moment ?

— La poudre ! ah ! ah ! et le marquis donc ! ah ! ah ! ah ! quand Votre Honneur devrait me tuer, il faut que je rie ! Oui, il y avait de la poudre au château ! Le marquis l'avait su ; et lorsque je vous en parlai, il prit la balle au bond et parla comme s'il eût été mon compère. Ah ! ah ! ah !

— Mais comment cette poudre est-elle arrivée au château ?

— Voici, dit Caleb en baissant la voix. Vous étiez encore bien jeune quand il y eut un complot entre le marquis d'Athol et beaucoup de seigneurs du nord de l'Écosse. On apporta de Dunkerque des fusils, des épées et de la poudre. Nous eûmes un fier ouvrage pour faire entrer cela dans la Tour; car vous pensez bien qu'on ne pouvait pas confier une telle besogne à tout le monde.

— Mais, Caleb, que sont devenues ces armes et cette poudre ?

— Oh ! les armes, c'est tout juste comme dans la chanson :

> L'une par ci, l'autre par là ;
> Et dans le nid de la corneille
> Une autre encore s'en alla.

Quant à la poudre, j'en ai fait des échanges avec des contrebandiers pour de l'eau-de-vie, ce qui a servi à approvisionner le château pendant bien des années. Ce qui réjouit le corps de l'homme ne vaut-il pas mieux que ce qui lui ôte l'âme du corps? Cependant il en reste encore pour quand vous chassez. Maintenant que votre colère est passée, dites-moi si le marquis ne sera pas mieux à Wolfhope qu'il ne l'aurait été à la Tour de Wolferag, où il ne reste pour ainsi dire que les murailles?

— Vous avez peut-être raison, Caleb; mais il me semble que vous auriez dû me mettre dans le secret.

— Fi donc! Votre Honneur! C'est assez qu'un vieux manant comme moi conte des mensonges pour l'honneur de la famille; il ne conviendrait pas que vous en fissiez autant; et d'ailleurs vous n'y consentiriez pas. Or, maintenant, cet incendie, car ce sera un incendie, dussé-je mettre le feu à la vieille écurie, sauvera l'honneur de la famille pendant des générations si l'on sait en tirer parti. Où sont les tableaux de famille? me demandera un curieux, les tapis, les buffets, etc.? — Le grand incendie de Wolferag a tout détruit. L'incendie! l'incendie! Ce sera une excuse pour expliquer l'absence de tout ce que vous devriez avoir. C'est ainsi qu'avec adresse et prudence on peut sauver pendant des années l'honneur de la famille.

Ravenswood connaissait trop bien l'opiniâtreté de Caleb et la bonne opinion qu'il avait de lui-même pour discuter avec lui. Il le laissa donc s'applaudir du succès de sa ruse et retourna au village, où l'on commençait à être inquiet de lui. On apprit avec plaisir que le feu s'était éteint de lui-même et sans endommager les murs extérieurs.

On servit un excellent souper; mais il fut impossible au marquis d'Athol et à Ravenswood de déterminer Mistress Girder et son époux à se mettre à table; ils restèrent debout dans l'appartement, veillant avec soin à ce que rien ne manquât à leurs hôtes. Marion, la belle-mère, seule était un peu moins cérémonieuse, parce qu'elle avait connu Edgar enfant. Elle découpait, recommandait les meilleurs morceaux, remarquait que Milord ne buvait pas ; que le Maître de Ravenswood s'amusait à ronger un os bien sec. Elle regrettait de n'avoir à offrir à Leurs Seigneuries que des choses si peu dignes d'elles. Le feu lord Allan, Dieu veuille avoir son âme ! aimait par-dessus tout l'oie salée, qui, disait-il, faisait paraître l'eau-de-vie excellente. Marion continua de faire les frais de la conversation.

Enfin, le dîner terminé, les deux convives témoignèrent le désir de se retirer dans leur appartement. On avait destiné au marquis la chambre d'apparat, celle qui, dans toutes les maisons un peu aisées d'Écosse, ne sert que dans les grandes occasions. Les murs en étaient recouverts d'un cuir doré qu'on fabriquait dans les Pays-Bas et sur lequel étaient représentés des arbres, des animaux, et des maximes morales écrites en mauvais flamand, mais qui produisaient le même effet que si elles eussent été écrites en bon écossais. Un excellent feu de vieilles douves brillait dans la cheminée. Le lit était garni de linge d'une blancheur éclatante et d'une finesse remarquable. Sur une toilette, on voyait un miroir antique dans un cadre filigrané, meuble qui, venant d'un château, était arrivé chez le tonnelier à défaut d'argent en paiement. Il était flanqué d'une bouteille à long cou remplie de vin de Florence, puis un pot rempli d'ale et un broc d'ivoire et d'ébène cerclé en argent, ouvrage de Gilbert Girder, qu'il montrait avec orgueil comme un chef-d'œuvre. Outre les précautions contre la soif, on en avait pris d'analogues contre la faim en plaçant un énorme plat de gâteaux d'Écosse sur la cheminée. L'appartement semblait approvisionné comme s'il eût dû subir un siège de huit jours.

Le valet de chambre du marquis avait étalé sur un grand fauteuil, près du feu, la riche robe de chambre en brocart de son maître. La chambre de Ravenswood, pour être moins belle, n'était pas moins confortable. C'était celle qu'occupaient habituellement le tonnelier et sa femme. On y voyait le portrait de Gilbert Girder peint en grandeur naturelle par un artiste français venu, on ne sait pourquoi, de Dunkerque à Wolfhope. Les traits étaient bien ceux de cet artisan grossier et opiniâtre qui, cependant, ne manquait pas de bon sens. Mais le peintre avait donné à l'ensemble une sorte de grâce française qui faisait un plaisant contraste avec la gravité un peu dure de l'original. On avait fait les mêmes provisions contre la soif et la faim dans la chambre du Maître de Ravenswood que dans celle du marquis.

Le lendemain, de très bonne heure, les deux parents songèrent à partir. Mais il fallut avant accepter un déjeuner, où il ne régnait pas moins de profusion que dans le souper de la veille. Des viandes chaudes et froides, des puddings de gruau d'avoine, du vin, des liqueurs, du lait préparé de toutes sortes de manières, prouvèrent, de la part du tonnelier, son désir de faire honneur à ses hôtes.

Le marquis laissa une pièce d'or aux domestiques du tonnelier, lequel avait voulu recevoir le marquis et le Maître de Ravenswood à ses frais. Le procureur Dingwall conseillait à Girder de garder pour lui la pièce d'or, puisque c'était lui qui avait payé toute la dépense. Mais le tonnelier ne voulut pas ternir l'éclat de son hospitalité. Il se contenta de dire à ses gens qu'ils seraient des ingrats s'ils achetaient pour un sou d'eau-de-vie ailleurs que chez lui; et il pensa que, de cette manière, la libéralité du marquis retomberait dans sa poche.

Tandis que l'on faisait tous les arrangements pour le départ, Ravenswood informait son fidèle majordome des changements favorables qui allaient vraisemblablement s'opérer dans sa position. Il lui remit en même temps la majeure partie de l'argent qui lui restait, en l'assurant qu'il n'en aurait lui-même aucun besoin. Puis il lui recommanda de renoncer à toutes manœuvres contre les celliers, les poulaillers et généralement tout ce qui appartenait aux habitants de Wolfhope.

— Sans doute, dit Caleb, ce serait une honte de harceler ces pauvres créatures quand on peut s'en passer. D'ailleurs, il est même prudent de les laisser tranquilles pendant quelque temps, afin de les trouver mieux disposés quand le besoin l'exigera.

Edgar fit alors ses adieux affectueux à son vieux serviteur, et rejoignit son noble parent, qui était prêt à monter en voiture.

Les deux hôtesses étaient à la porte à saluer leurs nobles hôtes, ainsi que Gilbert Girder, qui venait de recevoir des poignées de main du marquis et du lord de Ravenswood. Enfin la voiture, traînée par six chevaux, s'éloigna, et Girder, prenant son ton d'oracle, s'écria :

— Allons ! allons ! que chacun se mette à sa besogne. Qu'on balaie la maison, qu'on mette de côté le reste du repas, et que ce qui ne peut plus être servi soit donné aux pauvres. Et surtout qu'on ne me rebatte pas les oreilles de la visite que nous avons eue. Faites tous les bavardages qu'il vous plaira, mais, moi, je ne veux pas en avoir la tête rompue.

CHAPITRE XXVII

Nos voyageurs arrivèrent à Édimbourg sans accident. Ravenswood établit son domicile chez le marquis, ainsi que cela avait été convenu préalablement.

La crise politique que l'on attendait ne tarda pas à éclater. La reine Anne accorda aux Torys, dans le gouvernement de l'Écosse, un ascendant qu'ils ne pouvaient pas conserver longtemps. Nous n'avons pas à retracer ici les causes et les suites de cette révolution. Il nous suffit de dire que chaque parti en fut affecté conformément à ses principes et à ses intérêts. En Angleterre, un grand nombre d'épiscopaux, ayant à leur tête Harlay, depuis comte d'Oxford, se séparèrent des Jacobites. En Écosse, au contraire, le parti de la haute Église, ou les Cavaliers, comme ils s'appelaient, fut plus conséquent ; car ils regardèrent tous les changements qui se firent comme un premier pas pour appeler au trône, lors du décès de la reine Anne, son frère le chevalier de Saint-Georges. Les partisans de ce dernier conçurent les espérances les plus déraisonnables de s'indemniser aux dépens de leurs ennemis, et même d'en tirer une vengeance complète, tandis que les familles attachées au parti whig entrevoyaient le renouvellement des maux qu'elles avaient soufferts sous les règnes de Charles II et de son père, et craignaient de subir les confiscations analogues à celles qu'avaient subies les Jacobites pendant le règne de Guillaume.

Mais ceux qui concevaient le plus d'alarmes étaient les hommes prudents, qui sont ce que Cromwell appelait *Waiters upon Providence*, les serviteurs de la Providence, les constants adhérents du parti au pouvoir. La plupart d'entre eux se hâtèrent d'aller abjurer leurs sentiments politiques entre les mains du marquis d'Athol ; et, comme on reconnut bientôt le vif intérêt qu'il portait à son jeune parent, le Maître de Ravenswood, ils furent les premiers à suggérer au marquis les mesures à prendre pour faire réintégrer son parent au moins dans une partie des domaines de ses ancêtres et pour obtenir la révocation de la sentence qui avait dégradé de noblesse sa famille.

Le vieux lord Turntippet fut, par ses discours, un de ceux qui montrèrent le plus d'ardeur en faveur de Ravenswood. Son cœur saignait, disait-il, quand il voyait un si brave jeune homme, d'une si ancienne famille, parent du marquis d'Athol (de l'homme qu'il honorait le plus), réduit à une si triste situation. Et, pour contribuer autant qu'il le pouvait à relever cette noble maison, il envoya à Edgar trois vieux portraits de famille sans cadre et six grandes chaises garnies de coussins, sur lesquelles étaient brodées les armes des Ravenswood. Il ne lui réclamait rien, observa-t-il, ni de l'intérêt, ni du capital, bien qu'il les eût achetés depuis plus de seize ans, lors de la vente du feu lord Ravenswood dans Canongate.

Lord Turntippet fut bien déconcerté quand il vit l'air d'indifférence avec lequel il fut reçu par le marquis, qui lui dit que, s'il voulait faire une restitution agréable pour le Maître de Ravenswood, il fallait y joindre une belle ferme, qui lui avait été hypothéquée par le feu lord de Ravenswood pour le quart de sa valeur, et qu'il s'était fait adjuger en absolue propriété, grâce au désordre qui régnait dans cette famille et à la complicité coupable des hommes de loi.

Le vieil avare se récria ; il prit Dieu à témoin qu'il ne voyait aucune raison pour que Ravenswood désirât rentrer en possession de cette ferme, puisqu'il allait être réintégré dans les domaines que sir William avait usurpés sur sa famille, ce à quoi il l'aiderait de tout son pouvoir ; car c'était une chose juste et raisonnable. Enfin il offrit d'assurer, après son décès, cette propriété à son jeune ami.

Il n'en fut pas quitte à si bon marché, et, plutôt que de se brouiller avec le marquis d'Athol, il rendit la ferme contre la somme qu'il avait prêtée au feu lord de Ravenswood.

Les mêmes moyens furent employés à l'égard des personnes qui avaient profité des malheurs des Ravenswood. Sir William Ashton, qui venait de perdre sa place de lord garde des sceaux, fut menacé d'un pourvoi devant le Parlement, pour la cassation des sentences qui lui avaient adjugé le château et la baronnie de Ravenswood.

Pourtant Edgar voulut agir avec ménagement, à raison

de son affection pour Lucy. Il lui écrivit pour lui avouer l'engagement qui existait entre lui et Miss Ashton, et l'assura que, s'il consentait à leur mariage, il le laisserait régler lui-même les difficultés qui les divisaient.

Par le même courrier, il envoya une lettre à lady Ashton. Ravenswood la suppliait d'oublier tous les sujets de ressentiment qu'il aurait pu lui donner involontairement, s'étendant longuement sur l'attachement qu'il avait conçu pour sa fille, attachement qu'il était assez heureux pour croire réciproque. Il la conjurait de se montrer une vraie Douglas, en oubliant d'anciennes préventions et des haines sans fondement. Il la priait de croire qu'elle trouverait toujours un serviteur fidèle et respectueux dans celui qui signait : Edgar, Maître de Ravenswood.

Il écrivit une troisième lettre, que le messager fut chargé de remettre en mains propres à Lucy. Elle contenait les protestations d'une constance éternelle ; puis il lui parlait du changement qui s'opérait dans sa fortune comme d'une circonstance dont le meilleur prix, à ses yeux, était d'écarter les obstacles qui pouvaient s'opposer à leur union.

Il lui faisait part des démarches qu'il venait de faire pour obtenir le consentement de ses parents, et lui exprimait l'espoir qu'elles ne seraient pas infructueuses. Dans le cas contraire, il pensait que son absence d'Écosse, pour une mission honorable, donnerait aux préjugés le temps de s'affaiblir, et les rendrait plus faciles à déraciner. Il comptait que la constance et la fermeté de Miss Ashton triompheraient de tout ce qu'on pourrait tenter pour la faire manquer à la foi qu'elle lui avait jurée.

Edgar reçut une réponse à chacune de ses lettres par trois voies différentes. La réponse de lady Ashton lui parvint par le courrier qu'il avait envoyé porter ses lettres au château.

A Monsieur Ravenswood de Wolferag.

Monsieur et inconnu,

J'ai reçu une lettre signée Edgar, Maître de Ravenswood, et je ne sais à qui je dois l'attribuer, puisque la famille qui porte ce nom a été dégradée de noblesse pour cause de trahison dans la personne d'Allan, feu lord de Ravenswood. Si par hasard c'est vous, Monsieur, qui avez pris ce titre, vous saurez que je réclame mes droits de mère sur Lucy Ashton, ma fille. Je l'ai irrévocablement destinée à un homme digne d'elle. Quand il en serait autrement, je ne pourrais accueillir aucune proposition de cette nature de votre part ni de celle de votre famille, qui a constamment porté les armes contre la liberté du peuple et les immunités de l'Église de Dieu. Ce n'est pas le souffle d'une prospérité passagère qui changerait mes sentiments. De même que le saint roi David, j'ai vu les méchants revêtus du pouvoir ; je passai, ils n'existaient déjà plus.

Je vous prie, Monsieur, de vous pénétrer de ces vérités, et de ne pas vous adresser davantage à votre servante.

MARGUERITE DOUGLAS ASHTON.

Deux jours après la réception de cette épître, le Maître de Ravenswood fut accosté respectueusement dans la Grande Rue d'Édimbourg par Lockard, qui lui remit une lettre de sir William Ashton. Elle contenait quatre pages d'une écriture fine et serrée. Ce qui en résultait était l'embarras où s'était trouvé sir William en l'écrivant.

Il commençait par s'étendre fort au long sur le cas particulier qu'il faisait de son jeune ami, le Maître de Ravenswood, et sur la haute estime qu'il avait toujours eue pour son ancien ami, le marquis d'Athol. Il espérait que, quelque mesure qu'on pût prendre en ce qui le concernait, on aurait les égards convenables à la sainteté des jugements obtenus *in foro contentioso*.

Il protestait que, si les lois d'Écosse et les sentences

rendues en conformité d'icelles devaient subir un affront devant telle assemblée que ce pût être, les maux qui en résultesaient pour le public feraient à son cœur une blessure plus profonde que tous les préjudices que des procédés irréguliers apporteraient à ses intérêts personnels.

Il appuyait sur le pardon des injures et blâmait avec douceur la précipitation avec laquelle on lui avait retiré la charge de lord garde des sceaux. Il était du reste bien convaincu que le marquis d'Athol n'avait en vue que le bien public, et qu'il y travaillerait aussi sincèrement que lui, etc., etc.

Quant à l'engagement existant entre sa fille et le Maître de Ravenswood, il regrettait que cette démarche prématurée eût eu lieu ; il prenait son jeune ami à témoin qu'il ne lui avait jamais donné aucun encouragement. Il lui rappelait qu'un engagement contracté par une fille sans le concours de ses curateurs naturels était nul aux yeux de la loi. Cette mesure précipitée avait produit le plus mauvais effet sur lady Ashton et avait fortifié ses préjugés.

Son fils, le colonel Sholto Ashton-Douglas, s'était rangé du côté de sa mère. Ainsi donc il ne pouvait accorder à son jeune ami un consentement qui le mettrait en opposition avec toute sa famille. Il finissait par espérer que le temps, le grand médecin, remédierait à tout cela.

Dans un *post-scriptum*, sir William disait plus clairement que, plutôt que d'exposer les lois d'Écosse à recevoir une blessure mortelle dans le cas où, contre son attente, il plairait au Parlement de casser des jugements solennellement rendus, il consentirait à faire, extrajudiciairement, des sacrifices considérables.

Quelques jours après la réception de cette missive, un inconnu remit à la porte du marquis la lettre suivante, adressée au Maître de Ravenswood :

J'ai reçu votre lettre, mais ce n'a pas été sans danger. Ne

m'écrivez plus jusqu'à ce qu'il arrive un temps plus heureux. Je suis obsédée ; mais je serai fidèle à ma promesse tant que le ciel me conservera l'usage de ma raison. C'est une consolation pour moi de savoir que la fortune vous favorise, et j'ai grand besoin de consolation.

Ce billet était signé : L. A.

Ce peu de lignes donna de vives alarmes à Ravenswood ; malgré la défense de Lucy, il fit de nouvelles tentatives pour lui faire parvenir d'autres lettres ; mais il n'y réussit pas.

Ces circonstances étaient d'autant plus pénibles pour Edgar qu'il ne pouvait différer de partir pour s'acquitter de la mission qui venait de lui être confiée. Il remit la lettre de sir William au marquis, qui lui dit en souriant, après l'avoir lue, que l'ancien garde des sceaux avait laissé passer ses jours de grâce, et qu'il fallait qu'il apprît maintenant de quel côté se levait le soleil.

Ce fut avec peine qu'Edgar arracha au marquis la promesse que, dans le cas où sir William consentirait à son mariage avec Lucy, il transigerait avec lui sur toutes ses prétentions sans porter l'affaire devant le Parlement.

— Ce serait sacrifier les droits de votre naissance, dit le marquis, et j'aurais bien de la peine à y consentir si je n'étais persuadé que lady Ashton n'en démordra pas, et que jamais son mari n'osera la contrarier.

— J'espère, Milord, dit Edgar, que vous voudrez bien songer que je regarde mon engagement comme sacré.

— Je vous donne ma parole, mon jeune ami, que je veux vous servir jusque dans vos folies. Je vous ai fait connaître mon opinion, mais je vous promets d'agir d'après la vôtre, le cas échéant.

Ravenswood ne put que faire les plus vifs remerciments à son généreux parent, à cet ami véritable. Il lui fit alors ses adieux et partit pour le continent, où la mission qu'il avait à remplir devait le retenir plusieurs mois.

CHAPITRE XXVIII

Un an s'était écoulé depuis le départ du Maître de Ravenswood pour le continent, et l'on ne parlait pas de son retour. On disait qu'il était retenu par la mission dont il avait été chargé et aussi par des affaires personnelles.

Bucklaw était installé dans son château de Girningham avec son complaisant compagnon de bouteille, le capitaine Craigengelt.

Ils étaient assis aux deux côtés d'une immense cheminée dans laquelle brillait un grand feu de bois : une table ronde, placée entre eux, portait deux verres et quelques bouteilles d'excellent bourgogne ; et, cependant, le maître du château avait l'air pensif et sérieux, tandis que le parasite songeait à ce qu'il pourrait dire pour prévenir un accès de mauvaise humeur de celui dont il cultivait les bonnes grâces. Après un long silence interrompu seulement par le bruit que faisait Bucklaw en battant la mesure contre terre avec le talon de sa botte, Craigengelt se hasarda à parler le premier.

— Je veux être damné, dit-il, si l'on vous prenait en ce moment pour un homme qui est sur le point de se marier ! Que le diable m'emporte si vous n'avez pas plutôt l'air d'un malheureux condamné au gibet !

— Grand merci du compliment ! répondit Bucklaw ; vous pensez, sans doute, à ce qui peut vous arriver un jour ! Dites-moi, capitaine, pourquoi j'aurais l'air gai et joyeux quand je me sens mélancolique en diable ?

— Eh ! c'est ce qui fait que je me donne au diable ! Vous êtes à la veille de faire le meilleur mariage du pays, un mariage que vous avez vivement désiré, et vous avez l'air d'une ourse à laquelle on a enlevé ses petits!

— Je ne sais, répondit Bucklaw avec humeur, si je conclurai ce mariage... Je reculerais si je ne me trouvais trop avancé.

— Reculer! s'écria Craigengelt avec étonnement. Reculer! la dot de la jeune fille...

— Dites la jeune lady, s'il vous plaît, interrompit Bucklaw.

— Oh! bien! bien! Je n'ai pas dessein de lui manquer de respect. Mais la dot de Miss Ashton n'est-elle pas égale à celle que pourrait vous apporter quelque autre héritière du Lothian?

— Cela peut être vrai; mais qu'importe sa dot?... Ne suis-je pas assez riche?

— Et la mère qui vous aime comme un de ses enfants? et le colonel Sholto qui désire ce mariage plus qu'aucune chose au monde.

— Oui, parce qu'il pourra contribuer à le faire arriver au Parlement.

— Et le père, qui est aussi impatient de voir ce mariage se conclure que je suis désireux de voir la fin d'une partie quand je suis sur le point de la gagner!

— Sans doute, dit Bucklaw avec le même ton d'indifférence, il désire assurer à sa fille le meilleur parti possible, puisqu'il ne lui est pas permis de la vendre pour sauver le domaine de Ravenswood, que le Parlement va arracher de ses griffes.

— Mais, reprit Craigengelt, la jeune lady? Il n'en existe pas une plus jolie dans toute l'Écosse! Vous en étiez fou quand elle ne voulait pas de vous; et aujourd'hui qu'elle consent à renoncer à son engagement avec Ravenswood pour vous épouser, vous faites le dédaigneux! Je ne puis m'empêcher de le dire, il faut que vous ayez le diable au corps. Vous ne savez ni ce qu'il vous faut, ni ce que vous voulez.

— Je vais vous le dire en deux mots, répondit Bucklaw. Je voudrais savoir pourquoi diable Miss Ashton a changé d'avis si subitement?

— Pourquoi vous en inquiéter, demanda Craigengelt, puisque le changement est en votre faveur ?

— Vous pouvez avoir raison, capitaine. Je n'ai jamais beaucoup connu les jeunes dames. Cependant, je sais qu'elles sont capricieuses en diable. Mais il y a dans le changement de Miss Ashton quelque chose de trop soudain, de trop sérieux, pour que ce soit l'effet d'un caprice; c'est l'ouvrage de lady Ashton, n'en doutez pas! Elle connaît toutes les manœuvres à employer pour réduire l'esprit humain, de même qu'on emploie les martingales, les caveçons, pour dompter un jeune cheval.

— Et comment, dit Craigengelt, pourrait-on le dresser sans cela?

— C'est vrai. D'ailleurs Ravenswood est encore sur mon chemin. Croyez-vous qu'il renonce à son engagement avec Lucy ?

— Bien certainement, il y renonce. Que signifierait cet engagement quand ils sont sur le point, lui de prendre une autre femme, et elle de choisir un autre mari ?

— Et croyez-vous sérieusement, Craigengelt, qu'il va se marier en pays étranger ?

— Mais n'avez-vous pas entendu, dit Craigengelt, le capitaine Westenho affirmer que le mariage de Ravenswood était une affaire qui allait se conclure très-prochainement ?

— Le capitaine Westenho vous ressemble trop, Craigengelt, pour qu'il puisse être ce que sir William appelle un témoin irrécusable. Personne ne sait mieux boire, jouer, jurer et mentir que le susdit Westenho. Ces qualités peuvent être utiles, mais ne sauraient figurer dans une cour de justice.

— Eh bien ! Bucklaw, n'en croiriez-vous pas le colonel Ashton Douglas ? N'a-t-il pas assuré avoir entendu le marquis d'Athol dire publiquement que son jeune parent avait arrangé ses affaires de manière à ne pas sacrifier les domaines de ses pères pour obtenir la fille langoureuse d'un vieux fanatique sans crédit, et que Bucklaw était le bienvenu à porter les vieux souliers du Maître de Ravenswood ?

— A-t-il bien osé parler ainsi ? s'écria Bucklaw avec fureur. Si je l'avais entendu, de par le ciel ! je lui aurais arraché la langue du gosier devant ses courtisans, ses flatteurs et sa garde de montagnards ! Comment Sholto ne lui a-t-il pas passé son épée au travers du corps ?

— D'abord, répondit le capitaine, le marquis ignorait que Sholto fût là; et puis le ministre d'État est un vieillard ; il y aurait plus de danger que d'honneur à s'attaquer à lui. Pensez à dédommager Miss Ashton du tort que peuvent lui faire de pareils propos plutôt que de songer à un homme trop vieux pour se battre, et placé trop haut pour que vous puissiez l'atteindre.

— Je l'atteindrai pourtant quelque jour, repartit Bucklaw, et son cher parent aussi. Mais, en attendant, je ferai ce qu'exige l'honneur de Miss Ashton. J'irai demain au château de Ravenswood. Allons, Craigengelt, remplissez nos verres et buvons à la santé de la jeune lady. Une bonne bouteille du vin de ma tante vaut mieux que tous les bonnets des plus nobles têtes de l'Europe.

CHAPITRE XXIX

Le lendemain matin, Bucklaw et son fidèle Achate Craigengelt arrivèrent au château de Ravenswood. Ils furent reçus avec de grandes démonstrations d'amitié par sir William Ashton, lady Ashton et leur fils aîné, le colonel Sholto Ashton Douglas. Bucklaw, malgré son air ferme et intrépide, avait cette timidité puérile de ceux qui n'ont pas vécu dans la bonne société ; il hésita donc et fut embarrassé pour demander un entretien particulier avec Miss Ashton relativement à leur futur mariage. Lady Ashton lui répondit en souriant qu'elle allait faire venir sa fille tout de suite.

— Mais j'espère, ajouta-t-elle, que M. Bucklaw me pardonnera si je demande à être présente à cette entrevue. La grande jeunesse de ma fille et le regret qu'elle éprouve d'avoir eu la faiblesse de contracter un engagement dont elle rougit aujourd'hui lui rendraient pénible un tête-à-tête avec M. Bucklaw.

— Je vous remercie, répondit ce dernier. C'est précisément ce que je désire ; car j'ai si peu l'habitude de ce que l'on appelle la galanterie, que je serais capable de commettre quelque bêtise si je n'avais un interprète tel que vous.

Bucklaw oublia en ce moment la crainte qu'il avait exprimée la veille que lady Ashton n'eût employé quelque manœuvre pour déterminer sa fille à un mariage pour lequel elle avait témoigné dans le principe un grand éloignement. Il perdit donc l'occasion de s'assurer des véritables sentiments de Lucy.

Le père et le fils sortirent du salon, et peu après Lucy y entra. Elle parut à Bucklaw plus calme qu'il ne l'avait vue précédemment. Mais un meilleur juge que lui aurait eu peine à décider si ce calme était dû à l'indifférence ou au désespoir.

Bucklaw, très ému, adressa quelques compliments assez banals à Lucy, qui ne lui fit aucune réponse, et continua à s'occuper d'un ouvrage de broderie qu'elle tenait à la main en entrant au salon, et qui semblait absorber toute son attention. Lady Ashton, voyant que sa fille gardait le silence, s'écria d'un ton de reproche doucereux :

— Lucy! Eh bien, ma chère, à quoi pensez-vous donc? N'avez-vous pas entendu ce que M. Bucklaw vient de vous dire?

La malheureuse jeune fille paraissait avoir oublié la présence de sa mère. Elle tressaillit en entendant sa voix, laissa tomber son ouvrage, et prononça tout d'une haleine ces paroles entrecoupées :

— Non, Madame... Si, Milady... Je vous demande pardon... Je n'ai pas entendu...

— Vous n'avez pas besoin de rougir, mon enfant; encore moins de trembler, dit lady Ashton en s'approchant de sa fille. Nous savons qu'une jeune personne bien née ne doit pas se montrer empressée d'écouter les compliments des jeunes gens. Mais M. Hayston est autorisé par vos parents à vous parler comme il vient de le faire; vous avez consenti à l'écouter favorablement et vous savez combien votre père et moi nous avons à cœur de vous voir faire ce mariage.

Le ton de lady Ashton respirait la douceur et la tendresse maternelle; mais ses regards dirigés vers sa fille lui intimaient un ordre rigoureux et sévère.

Miss Ashton, assise sur sa chaise dans un état d'immobilité complète, paraissait frappée de terreur, jetant autour d'elle des regards égarés et continuant de garder le silence. Bucklaw, qui, pendant tout ce temps, se promenait de long en large, retrouva sa présence d'esprit, et, s'arrêtant en face de Lucy, lui dit :

— Je crois, Miss Ashton, que j'ai joué le rôle d'un sot. J'ai voulu vous parler comme on dit que les jeunes filles aiment qu'on leur parle, et vous n'y avez rien compris. Mais, une fois pour toutes, je veux m'expliquer en bon écossais. Votre père et votre mère consentent à ce que je vous épouse. Je vous dirai donc que si vous voulez accepter pour mari un jeune homme franc et loyal qui jamais ne vous contrariera en la moindre des choses, vous n'avez qu'un mot à dire. Vous choisirez entre le château de Girningham et celui de Bucklaw. Vous aurez la maison de lady Girmington à Édimbourg dans Canongate. Vous irez où il vous plaira ; vous ferez ce que vous voudrez. Seulement, je réserve au bas bout de ma table un coin pour un mauvais sujet de mes amis, de la compagnie duquel je me passerais bien, si le coquin ne m'avait persuadé qu'elle m'est indispensable. Ainsi j'espère que vous ne bannirez pas Craigengelt, quoiqu'il ne soit pas difficile certainement de trouver meilleure société.

— Fi donc! Bucklaw, fi donc! s'écria lady Ashton. Comment pouvez-vous supposer que Lucy aurait la pensée de bannir de chez vous cette franche et bonne créature, le brave capitaine Craigengelt ?

— Il est très vrai, Milady, que la franchise, l'honnêteté et la bravoure sont trois qualités qu'il possède au même degré. Mais ce n'est pas ce dont il s'agit. Le drôle connaît ma manière d'être ; il se plie à toutes mes fantaisies, sait se rendre utile, et j'aurais peine à m'en passer. Mais, encore une fois, ce n'est pas ce dont il s'agit ; je vous ai fait directement ma proposition, Miss Ashton. Je désire recevoir une réponse de votre bouche.

— Mon cher Bucklaw, dit lady Ashton, laissez-moi venir au secours de la timidité de ma fille. Je vous le dis en sa présence, elle a consenti à se laisser guider par son père et par moi dans cette affaire. Ma chère Lucy, ajouta-t-elle en combinant, suivant son habitude, un ton de tendresse avec un regard impérieux, parlez vous-même ; ce que je dis n'est-il pas l'exacte vérité ?

— J'ai promis de vous obéir, répondit la pauvre victime d'une voix faible et tremblante, mais à une condition.

— Elle veut dire, reprit lady Ashton, qu'elle attend la réponse à la lettre qu'elle a adressée à cet homme artificieux qui avait eu l'art d'obtenir d'elle une promesse. Je suis certaine, mon cher Bucklaw, que vous ne blâmerez pas sa délicatesse.

— Cela est juste, dit Bucklaw; mais il me semble que vous auriez dû avoir cinq ou six réponses de Ravenswood. Du diable si je ne vais pas lui en demander une moi-même.

— C'est à quoi nous ne voudrions jamais consentir. Nous avons déjà eu assez de peine à empêcher mon fils de faire cette démarche; elle serait encore moins convenable de votre part. Mais tous les amis de notre famille sont d'avis que, comme cet homme n'a pas daigné faire de réponse, son silence doit être regardé comme un consentement à une rupture.

Un contrat n'est-il pas rompu quand les parties intéressées n'insistent pas pour qu'il soit exécuté ? C'est l'opinion de sir William, qui doit s'y connaître, et ma chère Lucy...

— Madame! s'écria Lucy avec une énergie dont on ne l'eût pas crue capable, ne me pressez pas davantage. Si ce malheureux engagement est annulé, je vous ai déjà dit que vous disposerez de moi comme vous le voudrez. Mais jusque-là je serais coupable aux yeux de Dieu et des hommes si je faisais ce que vous me demandez.

— Mais, Lucy, si cet homme s'opiniâtre à garder le silence...

— Il me répondra. Il y a six semaines que je lui ai envoyé ma lettre par une voie très sûre. J'ai compté les semaines et les heures; et si je n'ai pas une réponse dans huit jours, j'en conclurai qu'il est mort. Jusqu'à ce moment, dit-elle en se tournant vers Bucklaw, je vous aurai une obligation véritable si vous pouvez obtenir de ma mère qu'elle ne me presse pas davantage à ce sujet.

— J'en fais la demande formelle à lady Ashton, s'écria Bucklaw : sur mon honneur, Miss Lucy, je respecte vos sentiments; et quoique je désire plus vivement que jamais être agréé par vous, je vous jure que j'y renoncerais si je pouvais supposer qu'on vous pressât de manière à vous causer un seul instant de désagrément.

— Monsieur Bucklaw ne doit rien craindre de semblable, dit lady Ashton en pâlissant de colère, quand c'est le cœur d'une mère qui veille au bonheur de sa fille. Ainsi donc, ma chère Lucy, nous pouvons espérer que dans huit jours vous mettrez fin à toute cette incertitude ?

— Je n'entends pas que Miss Ashton soit serrée de si près, s'écria Bucklaw, qui, bien qu'il fût étourdi, bizarre et inconséquent, n'était pas dépourvu de sensibilité. Des messagers peuvent être arrêtés, retardés en route par des événements imprévus. Un cheval déferré m'a fait perdre une fois une journée entière. Permettez-moi de consulter mon agenda. C'est d'aujourd'hui en vingt jours la Saint-Jude. J'ai plusieurs affaires d'ici là; et il faut que je sois la veille à Caverton-Edge pour voir une course entre la jument noire du laird de Kittlegirth et le cheval bai de quatre ans de Johnston, le marchand de farine. Mais en courant la nuit je peux être ici le lendemain matin. J'espère donc que, comme d'ici à cette époque je n'importunerai pas Miss Ashton, vous, Milady, sir William et le colonel Sholto vous voudrez bien aussi lui laisser la tranquillité nécessaire pour faire ses réflexions et prendre son parti.

— Vous êtes généreux, Monsieur, dit Lucy.

— De la générosité ? Non ! Je ne suis, comme je vous l'ai dit, qu'un jeune homme étourdi, mais franc et loyal, et je travaillerai à vous rendre heureuse si vous me le permettez et que vous m'en donniez les moyens.

A ces mots il salua avec plus d'émotion qu'on n'en devait attendre de son insouciance habituelle, et se prépara à sortir. Lady Ashton le suivit en l'assurant que Lucy rendait justice à la sincérité de son attachement et en l'engageant à voir sir William avant son départ.

— Puisque nous devons être prêts, ajouta-t-elle en se tournant vers sa fille, à signer, le jour de Saint-Jude, le bonheur de toute la famille.

— Le bonheur de toute la famille! s'écria douloureusement Lucy quand la porte du salon fut fermée sur sa mère. Dites plutôt l'arrêt de ma mort.

Et joignant sur sa poitrine ses mains amaigries par le chagrin, elle se laissa tomber sur un fauteuil dans un état voisin de l'anéantissement.

Elle en fut bientôt tirée par les cris bruyants de son jeune frère Henry, qui venait lui rappeler qu'elle lui avait promis du ruban écarlate pour lui faire des nœuds de jarretière. Lucy se leva d'un air résigné, et, prenant dans une petite boîte le ruban désiré par son frère, elle lui en fit deux nœuds de jarretière.

— Ne fermez pas votre boîte! s'écria Henry. Il faut que vous me donniez du fil d'argent pour attacher les sonnettes aux pattes de mon faucon. Ce n'est pas qu'il le mérite; malgré le mal que j'ai eu à le dénicher, et la peine que je me suis donnée à l'élever, je crains qu'il ne soit jamais bien dressé. Car, après avoir enfoncé ses serres dans le corps d'une perdrix, il la lâche tout à coup et la laisse échapper. Or, que peut devenir le pauvre oiseau blessé de la sorte? Il faut qu'il aille mourir sous le premier genêt ou la première bruyère qu'il peut rencontrer.

— Vous avez raison, Henry, vous avez bien raison, dit tristement Lucy après lui avoir donné le fil d'argent. Mais il existe dans le monde d'autres oiseaux de proie que votre faucon, et encore plus d'oiseaux blessés qui ne désirent que de mourir en paix et qui cherchent en vain une bruyère ou un genêt pour y cacher leur tête.

— Ah! voilà une phrase que vous avez trouvée dans un de vos romans, dit Henry; et Sholto prétend que cela vous tourne la tête. Mais j'entends Normand siffler le faucon. Je cours lui attacher ses sonnettes.

A ces mots, il partit avec la joyeuse étourderie de son âge, laissant sa sœur à l'amertume de ses réflexions.

— Il est donc décidé, se dit-elle, que je dois être abandonnée par tout ce qui respire et même par ceux que j'aime le mieux! Je ne vois près de moi que ceux qui veulent ma perte. Cela doit être ainsi : seule et sans prendre le conseil de personne, je me suis précipitée dans le danger ; il faut que seule et sans conseil j'en sorte, ou que j'en meure!

CHAPITRE XXX

Pour justifier la facilité avec laquelle Bucklaw, qui avait de bonnes qualités, laissait égarer son jugement par les manœuvres de lady Ashton, il faut que le lecteur se rappelle le régime intérieur auquel les femmes étaient soumises à cette époque dans les familles d'Écosse.

Les mœurs de ce pays sous ce rapport étaient les mêmes que celles de France à la fin du XVIIe siècle. Les jeunes filles d'un rang élevé voyaient très peu la société avant d'être mariées. Elles étaient tenues sous une dépendance absolue de leurs parents, qui, lorsqu'il s'agissait de leur établissement, consultaient plus souvent l'intérêt et les convenances que l'inclination de leurs enfants. Dans cette occurrence, le futur époux ne demandait à la jeune fille qu'il devait épouser qu'un consentement passif aux volontés de ceux qui avaient droit de disposer d'elle.

Il n'était donc pas étonnant que Bucklaw ne cherchât pas dans celle qui devait être son épouse des sentiments que des gens ayant plus de délicatesse et d'expérience n'auraient pas songé à y trouver. Il savait, ce qui était regardé comme le point principal, que les parents et les amis de Lucy s'étaient prononcés ouvertement en sa faveur, et il ne croyait pas avoir à s'inquiéter d'autre chose.

Depuis le départ de Ravenswood, la conduite du marquis d'Athol semblait avoir eu pour but de mettre une barrière insurmontable entre lady Ashton et Edgar. Il aimait sincèrement ce dernier, et il consultait ce qu'il regardait comme les véritables intérêts de son jeune parent, quoiqu'il sût qu'il agissait contre son inclination et ses désirs.

Il avait employé tout son crédit comme ministre pour faire accueillir par le parlement d'Écosse un appel qu'il interjeta, au nom de Ravenswood, des jugements qui avaient accordé à l'ancien lord garde des sceaux la propriété de la baronnie de Ravenswood. Cette mesure était appuyée de la force de l'autorité ministérielle, qui la représentait comme un empiètement arbitraire et tyrannique sur le pouvoir judiciaire.

Mais si tel fut l'effet que produisit cette démarche sur des gens qui n'avaient d'autres liaisons avec la famille Ashton qu'une conformité de sentiments politiques, on peut juger de l'irritation qu'elle occasionna dans la famille de sir William. Ce dernier était réduit au désespoir par la perte dont il était menacé. Le ressentiment de son fils, le colonel Sholto, devint une rage à la pensée de perdre les biens qu'il regardait comme son patrimoine.

L'esprit vindicatif de lady Ashton y trouva de nouveaux aliments pour sa haine, et regarda cette demande judiciaire comme une offense mortelle qui devait nourrir à jamais le désir de la vengeance dans tous les cœurs de la famille.

Lucy même, la douce Lucy, ne put s'empêcher de regarder la conduite d'Edgar ou, pour mieux dire, celle de son parent, comme une démarche précipitée, fermant la porte à toute conciliation.

— Il avait été accueilli par mon père, se dit-elle, avec amitié. C'est en sa présence que notre affection prit naissance; aurait-il dû l'oublier si promptement? N'aurait-il pas dû faire valoir avec modération ce qu'il regarde comme ses droits légitimes? J'aurais renoncé pour lui à des biens mille fois plus considérables que ceux qu'il cherche à recouvrer avec une ardeur qui semblerait me prouver qu'il a oublié combien notre attachement est intéressé dans cette affaire.

Mais Lucy renfermait ses plaintes dans son cœur, car elle n'aurait pas voulu augmenter l'animosité de sa famille, qui présentait les mesures adoptées par le marquis comme étant pires que les actes les plus arbitraires et vexatoires des plus mauvais temps des Stuarts.

Lady Ashton employa près de sa fille tous les raisonnements possibles pour la déterminer à rompre son engagement avec l'ennemi de sa famille, l'auteur de la disgrâce que son père venait d'essuyer et qui, dans ce moment, méditait sa ruine.

La pauvre Lucy aurait pu endurer les plaintes de son père, ses murmures contre la tyrannie du parti dominant, ses éternels reproches d'ingratitude contre Ravenswood, ses dissertations pour prouver la nullité de l'engagement qui existait entre sa fille et Edgar, ses citations sans fin des lois romaines, de celles de l'Écosse, du droit Canon, et ses instructions sur l'étendue de la puissance paternelle, *patria potestas*.

Elle aurait souffert avec patience les railleries amères et les emportements de son frère le colonel; mais il n'était pas en son pouvoir d'échapper aux persécutions constantes de son infatigable mère, qui tendait tous les ressorts de son esprit pour arriver à élever entre Ravenswood et sa fille une barrière insurmontable par le mariage de cette dernière avec Bucklaw. Sachant pénétrer plus avant que son mari dans le cœur humain, lady Ashton espérait que sa vengeance porterait un coup mortel à celui qu'elle regardait comme son ennemi, et elle n'hésitait pas à le frapper quoiqu'elle sût que le coup qui atteindrait Ravenswood devait percer le cœur de sa fille.

Inébranlable dans ses projets, elle employa toutes les ruses qui pouvaient les favoriser.

Il était de la plus grande importance pour leur réussite d'empêcher toute correspondance entre les deux jeunes gens. Elle déploya la surveillance la plus active pour que toute intelligence entre eux fût impossible. Lucy paraissait jouir de toute sa liberté, et cependant jamais forteresse assiégée n'avait subi un blocus plus rigoureux. Le château de son père était comme entouré d'un cercle magique et invisible dans l'enceinte duquel rien ne pouvait entrer ni en sortir sans la permission de la fée qui l'avait tracé.

Ainsi, toutes lettres écrites par Ravenswood à Lucy pour s'informer des causes qui prolongeaient son absence, toutes celles que la pauvre Lucy lui avait adressées par des voies qu'elle croyait sûres, pour lui demander les motifs de son silence, étaient tombées dans les mains de sa mère. Il était difficile que dans ces lettres interceptées il ne se trouvât pas quelque chose qui irritât encore plus lady Ashton ; mais elle n'avait pas besoin d'un nouvel aliment à sa haine. Elle brûlait ces lettres dès qu'elle les avait lues, et en les voyant réduire en cendres, un sourire éclairait son visage de la joie du triomphe ; elle se flattait que les espérances de ceux qui les avaient écrites ne tarderaient pas à s'anéantir.

Il se répandit un bruit qui paraissait assez plausible, et qui cependant n'avait aucun fondement solide. On disait que le Maître de Ravenswood était sur le point d'épouser sur le continent une jeune demoiselle d'une naissance distinguée et d'une fortune considérable. Cette nouvelle fut bientôt le sujet de toutes les conversations. La marquis d'Athol savait mieux que personne la fausseté de ce bruit, mais il n'entrait pas dans ses vues de le démentir, puisqu'il n'y voyait rien que d'honorable pour son jeune parent. Il s'expliqua donc à ce sujet, non dans les termes grossiers rapportés par Craigengelt, mais cependant d'une manière assez offensante pour la famille Ashton.

— Mon parent, dit-il, ne m'a pas encore annoncé cette nouvelle ; mais je n'y vois rien que de vraisemblable, et je souhaite de tout mon cœur qu'elle se confirme. Un tel mariage conviendrait beaucoup mieux et ferait plus d'honneur au Maître de Ravenswood qu'une alliance avec un vieux légiste whig qui a ruiné son père.

L'autre parti, au contraire, oubliant le refus subi par Ravenswood de la part de la famille Ashton, jeta feu et flammes contre lui, lui reprocha son inconstance et sa perfidie, l'accusant de s'être emparé du cœur de Lucy pour l'abandonner lâchement ensuite.

Lady Ashton s'arrangea pour que cette nouvelle arrivât au château de Ravenswood par différents canaux. Elle savait que ces propos produiraient d'autant plus d'impression sur sa fille qu'ils auraient été répétés par des personnes n'ayant entre elles aucune relation.

Tantôt on en parlait à Lucy sur le ton de la plaisanterie, tantôt on l'en informait gravement comme d'un sujet qui devait lui faire faire de sérieuses réflexions.

Henry même, quoiqu'il aimât véritablement sa sœur, devint un instrument dont on se servit pour la tourmenter. Un matin il accourut dans la chambre, une branche de saule à la main, en lui disant qu'on venait de la lui envoyer du continent afin qu'elle la portât [1].

Lucy avait une vive affection pour son jeune frère, et ce sarcasme, qui était une étourderie irréfléchie, lui fit plus de peine que les insultes étudiées de son frère aîné ; mais elle se contenta de lui répondre en lui jetant ses bras autour du cou.

(1) Porter la branche de saule est une phrase qui s'applique en Angleterre aux vieilles filles.

— Pauvre Henry ! vous ne faites que répéter ce qu'on vous a appris !

Et en même temps elle versa un torrent de larmes.

Henry, malgré son étourderie, fut ému.

— Lucy, s'écria-t-il, ne pleurez pas ainsi ! Je vous jure que je ne me chargerai plus de leurs messages, car je vous aime mieux qu'eux tous.

Et, l'embrassant tendrement :

— Quand vous voudrez vous promener, ajouta-t-il, je vous prêterai mon petit cheval, et vous pourrez sortir du village si bon vous semble, sans que personne puisse vous en empêcher, car je vous réponds qu'il galope joliment.

— Eh ! qui pourrait m'empêcher de sortir du village ? demanda Lucy.

— Oh ! c'est un secret, répondit Henry ; mais essayez, et vous verrez qu'à l'instant votre cheval se déferrera, ou que la cloche du château sonnera pour vous rappeler, ou enfin qu'il surviendra quelque accident qui vous empêchera d'aller plus loin. Mais j'ai peut-être tort de vous dire cela ; car si Sholto savait que je bavarde, il ne me donnerait pas la belle écharpe qu'il m'a promise. Adieu, ma sœur.

Ce dialogue ne fit que redoubler l'accablement de Lucy en lui prouvant, ce qu'elle ne faisait que soupçonner, qu'elle était prisonnière dans la maison paternelle. Elle se regarda comme l'objet du mépris, de l'indifférence, peut-être même de la haine de sa propre famille, et, pour comble de malheur, elle se crut abandonnée par celui pour qui elle avait encouru l'animadversion de tout ce qui l'entourait.

En effet, l'infidélité d'Edgar semblait devenir chaque jour plus évidente.

Un officier de fortune nommé Westenho, ancien camarade de Craigengelt, arriva du continent précisément à cette époque. Le digne capitaine, sans agir de concert avec lady Ashton, qui était trop fière pour recourir à des auxiliaires, et trop adroite pour dévoiler ses manœuvres aux yeux d'un ami de Bucklaw, le digne capitaine, disons-nous, avait l'adresse de favoriser tous les plans de cette femme artificieuse. Il engagea son ami à répéter ce qu'il avait entendu dire du prétendu mariage que Ravenswood était sur le point de contracter, et à y ajouter d'autres circonstances de son invention pour donner à cette calomnie une apparence de vérité.

Assiégée de toutes parts, presque réduite au désespoir, Lucy changea tout à fait de caractère et céda aux souffrances et aux persécutions. Elle devint sombre et distraite; tantôt silencieuse, tantôt oubliant sa timide douceur, elle répondait avec courage et fierté à ceux qui ne cessaient de la harceler. Sa santé commença à décliner; la pâle maigreur de ses joues et son regard égaré témoignèrent qu'elle était atteinte d'une fièvre nerveuse. Tout cela eût touché la plupart des mères; mais lady Ashton, inébranlable dans ses projets, considéra l'inégalité d'humeur de sa fille comme une preuve que sa constance allait cesser.

Pour accélérer la catastrophe, lady Ashton eut recours à un expédient d'accord avec la crédulité de ce temps-là, mais qui était véritablement diabolique.

CHAPITRE XXXI

La santé de Lucy exigea bientôt les soins d'une personne au courant du métier de garde-malade. Ailsie Gourlay, que nous avons vue donner les derniers soins à la vieille Alix, fut choisie par lady Ashton.

Cette femme, surnommée *la savante de Bowden*, avait

une réputation, parmi les ignorants, pour les prétendues cures qu'elle opérait dans les maladies mystérieuses qui bravent la science des médecins. Ses remèdes consistaient en herbes cueillies pendant la nuit, sous l'influence de telle ou telle planète, en formules de mots bizarres, en signes qui pouvaient produire sur l'imagination des malades, un effet salutaire aussi bien qu'un effet désastreux.

Ailsie Gourlay était suspecte non seulement à ses voisins, mais au clergé des environs. En secret, elle faisait trafic des sciences occultes ; car, malgré les châtiments terribles dont on punissait le crime imaginaire de sorcellerie, il se trouvait des femmes qui s'exposaient au danger de passer pour sorcières, afin de se procurer de l'influence dans leur voisinage par la terreur qu'elles inspiraient.

Ailsie Gourlay n'était pas assez folle pour reconnaître qu'elle avait fait un pacte avec le diable. C'eût été courir au poteau et au tonneau goudronné. Sa magie, suivant elle, consistait en une magie innocente. Elle disait la bonne aventure, expliquait les songes, composait des philtres, découvrait les vols, faisait et rompait les mariages avec autant de succès que si elle eût eu Satan pour coopérateur, comme on le croyait dans tout le pays. Le plus grand mal qui résultait des connaissances supposées de ces prétendues sorcières, c'est que, se voyant l'objet de la haine et de la crainte générales, elles ne se faisaient pas scrupule de commettre les actes les plus odieux. Ainsi, quand on lit les condamnations nombreuses prononcées dans ce siècle par les tribunaux d'Écosse contre de prétendues sorcières, on se trouve soulagé d'une partie de l'horreur dont on est pénétré en voyant que la plupart d'entre elles avaient mérité, comme empoisonneuses et complices diaboliques d'une foule de crimes secrets, le supplice auquel elles étaient condamnées comme coupables de sorcellerie.

Telle était Ailsie Gourlay, que lady Ashton jugea à propos de placer comme garde-malade près de sa fille, pour subjuguer entièrement son esprit. Une femme d'une condition ordinaire n'aurait pas osé appeler dans sa maison une créature aussi suspecte qu'Ailsie ; mais le rang de lady Ashton la mettait au-dessus de la censure du monde, et son caractère la lui faisait braver. On trouva généralement qu'elle avait agi sagement en appelant près de sa fille *la femme savante*, la garde-malade la plus entendue qui fût dans tous les environs.

Lady Ashton n'eut pas besoin de longues explications pour apprendre à Ailsie le rôle qu'elle devait jouer. Un mot suffit pour la mettre au courant. La nature l'avait douée des qualités propres au métier qu'elle faisait, et qu'elle ne pouvait exercer avec succès sans quelques connaissances du cœur humain et des passions qui l'agitent. Elle s'aperçut que Lucy frémissait à son aspect. Elle conçut une haine mortelle contre la pauvre jeune fille, qui n'avait pu la voir sans une horreur involontaire. Elle s'en trouva mieux disposée à seconder lady Ashton, et elle commença par faire ses efforts pour écarter ces préventions, qu'elle regardait comme une injure impardonnable.

Cette tâche ne fut pas difficile. Lucy oublia bientôt l'extérieur hideux de sa vieille garde-malade, pour ne songer qu'aux marques d'intérêt et d'affection qu'elle en recevait, et auxquelles on ne l'avait pas accoutumée depuis quelque temps. Les soins attentifs et réellement bien entendus que lui prodiguait Ailsie vainquirent sa répugnance, s'ils n'attirèrent pas son entière confiance, et elle écoutait avec plaisir les histoires que lui contait la sibylle pour la désennuyer. C'étaient, pour la plupart, des légendes merveilleuses, comme celles qui avaient fait autrefois sa lecture favorite, et qu'elle écoutait avec un tendre intérêt.

> Dans le vallon éclairé par la lune,
> Le peuple des follets dansait sur le gazon ;
> Un tendre amant pleurait son infortune ;
> Un vieux nécromancien, dans un affreux donjon,
> Martyrisait une beauté captive.....

Peu à peu, ces histoires prirent un caractère sombre et mystérieux ; et, lorsque Ailsie les racontait à la lueur d'une faible lampe, sa voix entrecoupée, ses lèvres livides et frémissantes, sa tête tremblante, son doigt desséché levé en l'air, auraient certes produit quelque effet, même sur une imagination moins susceptible que celle de la pauvre Lucy, et dans un siècle moins superstitieux.

La vieille sibylle s'aperçut de son ascendant ; elle resserra graduellement son cercle magique autour de la victime vouée à ses artifices.

Elle lui conta les anciennes légendes concernant la famille des Ravenswood, où la terreur et la superstition jouaient un grand rôle. Elle n'oublia pas l'histoire de la fatale fontaine de la Sirène, en y ajoutant des inventions pour la rendre plus lugubre encore. Elle fit des commentaires sur la prophétie citée par Caleb à son maître sur le dernier des Ravenswood.

Elle lui parla même de l'apparition vue par Edgar à la fontaine de la Sirène, apparition qu'elle avait devinée par suite des questions troublées que le Maître de Ravenswood avait faites en entrant dans la chaumière d'Alix, qui venait d'expirer.

Dans les circonstances où se trouvait la pauvre Lucy, l'idée qu'un mauvais destin poursuivait son attachement s'empara de son imagination ; toutes les horreurs de la superstition s'appesantirent sur un esprit accablé par le chagrin, l'incertitude, la détresse et l'état d'abandon où elle se voyait réduite au sein d'une famille qui ne semblait occupée qu'à la tyranniser. Enfin, dans toutes les histoires racontées par Ailsie, elle trouvait des événements ayant tant d'analogie avec ceux qui lui étaient arrivés, qu'elle finit par prendre un intérêt des plus attachants aux récits mystérieux de la vieille femme.

Celle-ci ne l'entretenait plus que de sujets tragiques, et elle obtint une sorte de confiance sur l'esprit de la pauvre Lucy.

Ailsie dirigea alors les pensées de Miss Ashton sur les moyens à prendre pour connaître l'avenir, voie la plus sûre peut-être pour pervertir l'esprit et égarer le jugement. Elle lui expliquait ses songes ; elle trouvait dans les moindres choses des présages de ce qui devait arriver, et mettait en usage contre elle tous les ressorts que faisaient jouer, à cette époque, les prétendus adeptes de la magie noire pour s'emparer de l'esprit de ceux qu'ils voulaient subjuguer.

C'est une consolation de penser que cette misérable fut mise en jugement l'année suivante, comme sorcière, devant une commission du Conseil privé, et qu'elle fut condamnée au feu et brûlée à North-Berwick. Parmi les crimes qui servirent de base à ce jugement, on voit dans l'histoire de ce procès qu'elle fut accusée d'avoir, par l'aide et les illusions de Satan, fait voir dans un miroir magique, à une demoiselle de qualité, un jeune homme avec qui elle était fiancée, qui était alors en pays étranger, recevant au pied des autels la main d'une autre dame.

Le nom de la jeune personne qu'elle trompa de cette manière ne se trouve pas dans les pièces du procès, sans doute par égard pour la famille.

Quoi qu'il en soit, les manœuvres de l'infernale vieille produisirent sur la malheureuse Lucy l'effet qu'on devait en attendre. Son esprit se dérangea ; sa santé devint de plus en plus chancelante ; elle se montra d'une humeur mélancolique et fantasque. Son père ne put fermer les yeux sur ce changement ; sa tendresse s'en alarma ; il présuma que la vieille Ailsie pouvait y être pour quelque chose, et, faisant un acte d'autorité pour la première fois de sa vie dans l'intérieur de sa famille, il la chassa du château.

Mais le coup était porté, et le trait demeurait dans le cœur de la victime.

Ce fut peu de temps après le départ de cette femme que Lucy, toujours persécutée par sa mère, lui annonça un jour, avec une vivacité qui fit tressaillir lady Ashton elle-même, qu'elle savait que le ciel et la terre avaient conspiré contre son union avec Ravenswood.

— Et cependant, ajouta-t-elle, l'engagement que j'ai contracté avec lui est obligatoire pour moi, et je ne m'en croirai relevée que par son consentement. Que j'apprenne de lui-même qu'il consent à annuler notre promesse, et vous disposerez de moi comme il vous plaira. Qu'importe ce que devient l'écrin, quand les diamants ont disparu ?

La manière énergique dont Lucy prononça ces paroles, le feu presque surnaturel de ses yeux, les mouvements convulsifs qui agitaient ses nerfs, ne permettaient aucune observation, et tout ce que put obtenir l'artificieuse lady Ashton fut qu'elle dicterait la lettre que sa fille écrirait au Maître de Ravenswood pour lui demander s'il consentait à annuler ce qu'elle appelait leur malheureux engagement. Lady Ashton profita avec adresse de l'avantage qu'elle venait de s'assurer ; car, en s'arrêtant au sens littéral des expressions de la lettre qu'elle dicta, on aurait pu en conclure que Lucy demandait à Edgar de renoncer à un engagement contraire à ses intérêts et à son inclination.

Pourtant lady Ashton se décida à supprimer cette lettre, dans l'espoir que Lucy, ne recevant pas de réponse, condamnerait Ravenswood. Elle fut cependant trompée dans son attente ; car, lorsque l'époque où l'on devait recevoir la réponse fut passée, et que le rayon d'espérance qui brillait au fond du cœur de Lucy fut éteint, elle déclara qu'elle ne pouvait se résoudre à croire Ravenswood assez cruel pour ne point lui faire de réponse. Elle se persuada que sa lettre ne lui était pas parvenue, et elle affirma qu'elle ne voulait prendre aucune résolution avant de s'assurer de la vérité.

Lady Ashton résolut de voir ce que pourrait sur l'esprit de sa fille le Révérend M. Bidebent, avec lequel nous avons fait connaissance chez Mistress Girder.

C'était un ministre presbytérien, professant les principes les plus rigides et les plus austères de cette secte, un fanatique, mais un fanatique de bonne foi. Lady Ashton profita adroitement de ses préjugés pour l'amener dans son parti; il ne lui fut pas difficile de lui faire regarder avec horreur un projet d'union entre une fille issue d'une famille craignant Dieu, professant la foi presbytérienne, et l'héritier des seigneurs épiscopaux, dont les ancêtres avaient trempé dans le sang des martyrs, et qui, lui-même, appartenait au même parti. C'eût été, dans l'opinion de M. Bidebent, permettre l'union d'un Moabite avec une fille de Sion. Mais, quoique imbu des principes outrés d'une secte intolérante, il avait un jugement droit, et s'était instruit à la piété à l'école de la persécution.

Dans une entrevue qu'il eut avec Lucy à la demande de sa mère, il fut vivement ému de la détresse de la pauvre jeune fille, et il convint qu'elle avait raison de vouloir s'assurer si Ravenswood consentait à annuler leur engagement.

Lorsqu'elle lui fit part du doute que sa lettre lui fût jamais parvenue, le vieillard se promena quelque temps en silence dans la chambre, et, après avoir hésité un instant, il lui dit que ses doutes lui paraissaient si raisonnables, qu'il voulait l'aider à les dissiper.

— Le zèle que votre respectable mère met dans cette affaire, Miss Lucy, ajouta-t-il, n'a sans doute pour cause que le désir qu'elle a d'assurer votre bonheur dans ce monde et dans l'autre; car que pourriez-vous espérer en épousant un homme né du sang des persécuteurs et attaché lui-même à leurs principes? Cependant, il nous est ordonné de rendre justice à tous les hommes, aux gentils et aux païens, comme à ceux qui sont nos frères en Dieu ; et nos promesses sont aussi sacrées envers les uns qu'à l'égard des autres. Ainsi donc, je me chargerai de faire parvenir une lettre à Edgar Ravenswood, dans la ferme espérance que le résultat de cette démarche sera de vous délivrer des liens dont il a eu l'art de vous charger. Et, pour que je ne fasse en cela que ce qui a été permis par votre honorée mère, ayez la bonté de copier littéralement la lettre déjà écrite sous sa dictée. Si vous n'y recevez pas de réponse dans un délai convenable, vous devrez en conclure qu'il fait une renonciation tacite à l'exécution de sa promesse.

Lucy saisit avec empressement l'occasion que lui offrait le digne homme. Elle copia exactement la lettre que sa mère lui avait dictée, et M. Bidebent se chargea de la faire parvenir sûrement au Maître de Ravenswood.

Les jours, les semaines, s'écoulèrent ; arriva le jour de Saint-Jude, terme fatal du délai accordé à Lucy, et elle n'avait encore reçu aucune lettre de Ravenswood.

CHAPITRE XXXII

Le jour de Saint-Jude, Bucklaw, après avoir couru la poste toute la nuit, arriva le matin avec son inséparable acolyte, le capitaine Craigengelt, pour réclamer la main de Miss Ashton et signer le contrat de mariage.

Ce contrat avait été rédigé avec grand soin par lord

Ashton lui-même; la santé de Miss Ashton avait servi de prétexte pour n'admettre à cette cérémonie que les parties intéressées.

Il avait été décidé que le mariage aurait lieu quatre jours après la signature du contrat ; car lady Ashton ne voulait pas laisser à sa fille le temps de faire de nouvelles réflexions, de changer d'avis, enfin d'avoir ce que sa mère appelait un nouvel accès d'opiniâtreté.

Lucy entendit proposer tous les arrangements avec le calme de l'indifférence, ou plutôt avec l'apathie insouciante qu'éprouverait un condamné à mort en entendant discuter par quel chemin on le conduira au supplice. La conduite de la jeune fille n'annonçait aux yeux peu pénétrants de Bucklaw aucune répugnance; il n'y voyait que cette réserve timide témoignée par une fille bien élevée en pareil cas. Il ne pouvait cependant se dissimuler qu'elle semblait agir plutôt par obéissance à ses parents que par un sentiment de prédilection en sa faveur.

Après les premiers compliments d'usage, on laissa Miss Ashton se retirer pour faire sa toilette, sa mère prétendant que, pour que le mariage fût heureux, le contrat devait être signé avant midi.

Lucy se laissa habiller d'après le goût de ses femmes de chambre, sans faire une observation, sans prononcer une parole, et on la revêtit des plus riches atours. On lui passa une robe de satin blanc garnie de magnifiques dentelles de Bruxelles, et l'on couvrit sa tête d'une profusion de diamants dont l'éclat faisait un étrange contraste avec son teint pâle, ses yeux ternes et égarés.

Sa toilette était à peine terminée, qu'Henry vint la chercher, victime résignée, pour la conduire dans le salon où devait avoir lieu la signature du contrat.

— Savez-vous, ma sœur, dit-il, qu'après tout j'aime mieux que vous épousiez Bucklaw que ce Ravenswood, fier comme un grand d'Espagne, et qui semblait n'être venu ici que pour nous couper le cou et nous marcher ensuite sur le corps? Je ne suis pas fâché que nous soyons aujourd'hui séparés de lui par la mer; car je n'oublierai jamais combien je fus effrayé, la première fois que je le vis, de sa ressemblance avec sir Malise Ravenswood. On aurait juré que c'était le portrait détaché de sa toile. Au vrai, Lucy, n'êtes-vous pas contente d'être débarrassée de lui?

— Ne me faites pas de question, Henry, répondit Lucy d'un air accablé. Il y a peu de choses dans le monde aujourd'hui qui puissent me causer du plaisir ou de la peine.

— On dit, s'écria Henry, que c'est ainsi que parlent les mariées; mais ne vous inquiétez pas, Lucy; je vous attends dans un an. Je vous réponds que vous chanterez sur un autre ton. Mais vous savez que, comme garçon d'honneur, c'est moi qui marcherai à la tête de tous nos parents et de ceux de Bucklaw. Nous serons tous à cheval sur deux files. J'aurai un habit écarlate brodé, un chapeau à plumes et un ceinturon galonné en or avec un point d'Espagne auquel sera suspendu un couteau de chasse. J'aurais mieux aimé une épée, mais Sholto ne veut pas en entendre parler. Gilbert doit m'apporter tout cela ce soir d'Édimbourg, où il est allé chercher l'équipage et les six chevaux qui vous sont destinés. Je vous appellerai quand tout sera arrivé.

Henry fut interrompu par lady Ashton qui, toujours sur le qui-vive, était inquiète de ne pas voir sa fille arriver. Voyant qu'elle était prête, elle la prit sous le bras en lui souriant, et la conduisit dans le salon, où elle était attendue.

Elles y trouvèrent sir William Ashton, son fils, le colonel, en grand uniforme, Bucklaw paré comme un marié, le capitaine Craigengelt, équipé de neuf, grâce à la libéralité de son patron, et paraissant très gauche dans ses beaux habits; enfin le révérend M. Bidebent, par la présence d'un ministre était regardée comme indispensable pour les familles presbytériennes dans toutes les occasions importantes.

Des rafraîchissements étaient placés sur la table où l'on voyait le contrat, auquel il ne manquait plus que les signatures.

Mais, avant tout, le révérend Bidebent invita la compagnie à s'unir à lui d'intention dans une prière qu'il allait adresser au ciel pour le supplier de répandre ses bénédictions sur le contrat que les honorables personnes allaient signer.

Suivant l'usage du temps qui permettait les allusions personnelles en semblable circonstance, le digne ministre pria Dieu de guérir le cœur d'une des nobles personnes présentes, pour la récompenser de sa docilité aux avis de ses honorables parents. « Puisqu'elle a, dit-il, obéi aux préceptes divins en honorant son père et sa mère, qu'elle obtienne la bénédiction promise aux enfants respectueux, c'est-à-dire de longs jours sur la terre et une éternité de bonheur dans une meilleure patrie. »

Il pria ensuite le ciel pour que le futur époux ne retombât plus dans ses erreurs de jeunesse, et qu'il renonçât à la société de ces gens de mauvaise vie, joueurs souillés de tous les excès de l'intempérance, et qui ne pourraient qu'inspirer l'amour du vice à la vertu même. En cet endroit du discours, Bucklaw jeta un coup d'œil malin sur Craigengelt, qui, occupé à remonter ses manchettes, ne parut pas s'en apercevoir.

Une prière en faveur de sir William et de lady Ashton et de toute la famille, fut la conclusion de cette invocation religieuse.

On passa ensuite à l'affaire principale pour laquelle on était assemblé.

Sir William signa le contrat avec une précision et une gravité ministérielles ; lady Ashton, avec un air de triomphe ; son fils le colonel, avec une nonchalance militaire. Bucklaw, ayant posé son paraphe sur toutes les pages aussi rapidement que Craigengelt pouvait les tourner, finit par essuyer sa plume sur la cravate de son parasite. C'était alors le tour de Lucy ; sa mère la conduisit vers la table et lui indiqua les endroits où il fallait signer. A la première tentative elle voulut écrire avec une plume sans encre. Sa mère l'en ayant fait apercevoir, elle essaya de la tremper dans l'encrier sans pouvoir y parvenir. Lady Ashton fut obligée de se charger de ce soin.

Le nom de Lucy Ashton fut tracé de sa main tremblante, mais cependant assez lisiblement.

Au moment où elle achevait sa dernière signature, un cheval au grand galop s'arrêtait à la porte du château, et bientôt on entendit marcher dans le vestibule. Une voix impérieuse répondit avec mépris aux domestiques qui défendaient l'entrée du salon.

— C'est lui ! s'écria Lucy, il est arrivé !

Et la plume s'échappa de ses mains.

CHAPITRE XXXIII

A peine miss Ashton eut-elle laissé tomber sa plume, que la porte du salon s'ouvrit, et Ravenswood parut.

Lockard et un autre domestique, qui avaient inutilement tenté de lui fermer le passage, étaient immobiles de stupéfaction, et ce même sentiment fut partagé par tous ceux qui étaient présents. La surprise du colonel était empreinte de colère. Sir William était déconcerté, Lady Ashton consternée, et Bucklaw avait un air d'indifférence hautaine. Le ministre, les mains jointes, paraissait adresser au ciel une prière mentale. Lucy, immobile comme une statue, semblait sous le charme fatal d'une apparition surnaturelle. La présence d'Edgar pouvait bien en donner l'idée, car son visage pâle et défait le faisait ressembler à un spectre plutôt qu'à une créature vivante.

Il s'arrêta au milieu du salon, vis-à-vis de la table près de laquelle Lucy était assise, et fixa les yeux sur elle avec l'expression d'un profond chagrin et d'une vive indignation.

Son manteau de voyage ne tenait plus que sur une épaule, et son riche costume était souillé de toute la boue ramassée pendant une longue course faite à franc étrier jour et nuit. Il avait une épée au côté et des pistolets à sa ceinture. Son grand chapeau rabattu, d'où s'échappait sa chevelure en désordre, donnait un air encore plus sombre à ses traits amaigris par le chagrin et la maladie. Sa physionomie, naturellement fière et sérieuse, avait quelque chose de farouche. Il ne prononça pas un seul mot, et deux minutes se passèrent dans un profond silence.

Ce silence fut enfin rompu par Lady Ashton, qui demanda raison de cette brusque arrivée.

— C'est à moi, madame, dit le colonel, qu'il appartient de faire cette question, et je prie le Maître de Ravenswood de me suivre dans un endroit où il pourra m'y répondre à loisir.

— Personne au monde, s'écria Bucklaw, ne peut me disputer le droit de demander au Maître de Ravenswood l'explication de sa conduite.

— Craigengelt, dit-il à demi-voix, que diable avez-vous donc à trembler? Allez me chercher mon épée dans la galerie.

— Je ne céderai à personne, reprit le colonel, le droit que j'ai de demander raison à l'homme qui vient insulter ma famille.

— Patience, Messieurs! dit Ravenswood en fronçant le sourcil et en étendant la main vers eux comme pour leur imposer silence. Patience! Si vous êtes aussi las de vivre que je le suis moi-même, je trouverai le temps et le lieu de jouer ma vie contre l'une des deux vôtres ou contre les deux; mais, quant à présent, je n'ai pas le temps d'écouter des querelles de têtes légères.

— Des têtes légères! répéta le colonel en tirant son épée hors du fourreau, tandis que Bucklaw recevait la sienne des mains de Craigengelt.

Sir William s'élança entre les deux jeunes gens et Ravenswood en s'écriant:

— Mon fils, je vous l'ordonne; Bucklaw, je vous en conjure, la paix! Je la réclame au nom de la reine et de la loi.

— Au nom de la loi divine! s'écria Bidebent, au nom de Celui qui a proclamé la paix sur la terre et la charité parmi les hommes, je vous supplie, je vous ordonne de ne commettre aucun acte de violence. Dieu hait l'homme altéré de sang : *Celui qui frappe du glaive périra par le glaive.*

— Monsieur, dit le colonel, me prenez-vous pour une brute, vous qui voulez que je supporte un tel affront dans la maison de mon père? Il faut qu'il me rende raison à l'instant, ou je lui passe mon épée au travers du corps ici même.

— Vous ne le toucherez pas, répondit Bucklaw; il m'a donné une fois la vie; et quand le diable devrait vous emporter, vous, le château et toute la famille, personne ne l'attaquera en ma présence, si ce n'est de franc jeu.

— Silence, Messieurs! s'écria Ravenswood, silence! Si l'un de vous a envie de mettre mon bras à l'épreuve, qu'il ait un peu de patience, il n'attendra pas longtemps. J'ai affaire ici pour quelques instants seulement. Est-ce bien là votre écriture, Madame? demanda-t-il à Lucy en lui présentant la lettre qu'il avait reçue d'elle.

Un oui, balbutié plutôt que prononcé, s'échappa des lèvres tremblantes de la pauvre jeune fille.

— Et ceci est-il aussi de votre écriture? poursuivit-il en lui montrant la promesse de mariage qu'elle lui avait donnée.

Lucy garda le silence : la terreur, l'amour, le regret, le désespoir, tous ces sentiments agissant sur son cœur troublèrent son esprit.

— Si vous aviez dessein, Monsieur, dit sir William, de fonder sur cette pièce quelques prétentions légales, vous ne deviez pas vous attendre à recevoir des réponses à des questions extrajudiciaires.

— Sir William Ashton, répondit Ravenswood, je vous prie, ainsi que tous ceux qui m'entendent, de ne pas vous méprendre sur mes intentions. Si Miss Ashton, de son plein gré, désire que notre engagement soit annulé, comme sa lettre semble l'indiquer, il n'existe pas sur la terre une feuille flétrie par l'automne qui n'ait plus de valeur à mes yeux que le papier que je tiens en main ; mais je veux entendre la vérité de sa bouche. Je ne sortirai pas d'ici sans avoir eu cette satisfaction. Vous pouvez m'écraser par le nombre, je le sais ; mais prenez-y garde, je suis armé, je suis au désespoir, et je ne périrai pas sans vengeance. Voilà ma résolution : pensez-en ce qu'il vous plaira. J'apprendrai d'elle-même quels sont ses sentiments ; je l'apprendrai d'elle seule, de sa propre bouche, sans témoin. Maintenant, voyez ce que vous avez à faire, ajouta-t-il en tirant son épée d'une main et en prenant de l'autre un pistolet qu'il arma ; voyez si vous voulez que le sang ruisselle dans ce salon, ou si vous m'accorderez, l'entrevue décisive avec ma fiancée, que les lois de Dieu et celles de notre pays m'autorisent à exiger.

Le son de sa voix et l'action qui l'accompagnait imposèrent à tout le monde, et le ministre, rompant le silence, s'écria :

— Au nom de Dieu, ne rejetez pas la prière du plus humble de ses serviteurs. L'honorable Maître de Ravenswood met trop de violence dans sa demande, mais elle n'est pourtant pas déraisonnable. Souffrez qu'il apprenne de la bouche de Miss Ashton qu'elle s'est fait un devoir de céder aux désirs de ses parents, et qu'elle se repent de l'engagement inconsidéré qu'elle a contracté avec lui. Alors il se retirera chez lui en paix, et ne vous troublera plus de sa présence. Accordez-lui donc l'entrevue sur laquelle il insiste. Elle peut occasionner une douleur momentanée à l'honorable Miss Ashton, mais cette peine d'un instant est-elle à comparer à l'effusion de sang qui peut résulter d'un refus ? Je le répète encore, consentez à ma demande. Il est de mon devoir d'agir comme médiateur, comme pacificateur. Écoutez-moi, au nom de Dieu !

— Jamais ! répondit lady Ashton, le cœur plein de rage, jamais cet homme n'aura un entretien secret avec ma fille, la fiancée d'un autre. Sortira d'ici qui voudra : quant à moi, j'y reste. Je ne crains ni sa violence, ni ses armes, quoique des gens qui portent mon nom, ajouta-t-elle en jetant un regard courroucé sur le colonel, aient l'air d'en être intimidés.

— Pour l'amour du ciel ! madame, s'écria le ministre, ne jetez pas d'huile sur le feu. Je suis certain que le Maître de Ravenswood, prenant en considération votre qualité de mère, ne s'opposera pas à ce que vous soyez présente à cet entretien. Je lui demanderai aussi la permission de m'y trouver. Qui sait si mes cheveux blancs ne serviront pas à rétablir la paix ?

— Je consens de tout mon cœur à ce que vous restiez, Monsieur, ainsi que lady Ashton, dit Edgar ; mais il faut que tous les autres se retirent.

— Ravenswood, dit le colonel en s'éloignant, vous me rendrez raison de cette conduite avant peu.

— Quand il vous plaira, répondit Edgar.

13.

— Mais auparavant, dit Bucklaw, n'oubliez pas que nous avons un compte à régler ensemble. Il ne date pas seulement d'aujourd'hui.

— Arrangez cela comme vous le voudrez, répondit Ravenswood, mais laissez-moi la paix aujourd'hui. Demain, je vous donnerai toutes les satisfactions que vous pouvez désirer.

Sir William suivit son fils, Bucklaw et Craigengelt, mais il s'arrêta à la porte et dit d'un air conciliant :

— Maître de Ravenswood, je crois n'avoir rien fait pour mériter de vous un tel affront. Si vous vouliez me suivre dans mon cabinet, je vous démontrerais, par les arguments les plus décisifs, l'irrégularité de votre démarche, l'inutilité...

— Demain, monsieur, demain j'écouterai tout ce qu'il vous plaira ; mais cette journée est consacrée à une affaire sacrée.

Sir William se retira.

Ravenswood alors remit son épée dans le fourreau, désarma son pistolet, le replaça dans sa ceinture, poussa le verrou de la porte du salon, revint près de la table, ôta son chapeau, et, fixant sur Lucy des yeux où l'on ne voyait plus que l'expression d'un violent chagrin :

— Me reconnaissez-vous, miss Asthon ? dit-il en rejetant en arrière les cheveux qui lui couvraient le front : je suis encore Edgar Ravenswood.

Lucy ne répondit rien.

— Oui, je suis encore cet Edgar Ravenswood, continua-t-il avec un ton dont la véhémence augmentait à mesure qu'il parlait, qui, pour l'amour de vous, a manqué à un serment de vengeance qu'il avait solennellement prononcé, et dont tout lui faisait un devoir sacré ; qui a oublié ce que l'honneur exigeait de lui, qui a pardonné, qui a même serré avec amitié la main de l'oppresseur de sa famille, de l'usurpateur de ses biens, du meurtrier de son père...

Lady Ashton interrompit :

— Ma fille n'a pas dessein de contester l'identité de votre personne. Si elle en pouvait douter, le fiel que distille votre bouche suffirait pour la convaincre qu'elle entend parler en ce moment le plus mortel ennemi de son père.

— Madame, dit Ravenswood, ce n'est pas à vous que j'ai affaire. Il faut que j'obtienne une réponse de la bouche de votre fille. Encore une fois, miss Ashton, je suis ce Ravenswood avec qui vous vous êtes liée par un engagement solennel. Est-il bien vrai que vous désirez aujourd'hui que cet engagement soit annulé ?

Tout le sang de la pauvre Lucy était glacé dans ses veines ; ses lèvres restaient muettes. Enfin, faisant un effort sur elle-même, elle articula avec peine ces mots d'une voix faible : — C'est ma mère...

Lady Ashton s'empressa de l'interrompre.

— C'est la vérité ! s'écria-t-elle ; c'est moi qui, m'y trouvant autorisée par toutes les lois divines et humaines, lui ai conseillé de rompre un engagement déclaré nul par l'autorité des saintes Écritures.

— Des saintes Écritures ! répéta Ravenswood en la regardant avec mépris.

— Citez-lui, Monsieur Bidebent, le texte d'après lequel vous avez déclaré la nullité de l'engagement dont cet homme soutient la validité.

Le ministre lut dans une Bible :

Si une femme fait un vœu devant le Seigneur et s'engage par une promesse tandis qu'elle habite la maison de son père, pendant sa jeunesse, et que son père apprenne le vœu et la promesse dont elle a chargé son âme, et n'en témoigne pas de mécontentement, ce vœu et cette promesse seront valides.

— N'est-ce pas précisément ce qui nous est arrivé ? s'écria Ravenswood.

— Ne m'interrompez pas, jeune homme, dit le ministre ; écoutez la suite du texte sacré :

Mais si son père la désapprouve le jour même qu'il en est instruit, aucun des vœux, aucune des promesses dont elle aura chargé son âme ne seront valides. Et le Seigneur lui pardonnera, parce que son père l'aura désapprouvée.

— Eh bien ! s'écria lady Ashton d'un air triomphant, cet homme niera-t-il que le père et la mère de Miss Ashton aient désapprouvé, aussitôt qu'ils en ont été instruits, le vœu et la promesse dont elle avait chargé son âme ? Ne l'ai-je pas informé moi-même, par écrit, de notre détermination à cet égard ?

— Est-ce là tout? dit Ravenswood, et se tournant vers Lucy :

— Et vous, Miss Ashton, êtes-vous disposée à renoncer à la foi que vous m'avez jurée, aux sentiments d'une mutuelle affection, à l'exercice de votre libre volonté, pour les misérables sophismes de l'hypocrisie ?

— L'entendez-vous? s'écria lady Ashton. Entendez-vous le blasphémateur?

— Que Dieu lui pardonne! répondit le ministre, et qu'il daigne éclairer son ignorance !

— Avant de sanctionner ce qui a été fait en votre nom, dit Edgar en continuant de s'adresser à Lucy, n'oubliez pas que je vous ai sacrifié l'honneur d'une ancienne famille. En vain mes amis les plus sincères m'ont fait des représentations : je ne les ai point écoutées. Ni les arguments de la raison, ni les terreurs de la superstition n'ont pu ébranler ma fidélité. Les morts mêmes sont sortis de leurs tombeaux pour me conjurer de vous oublier; j'ai méprisé tout avertissement. Voulez-vous aujourd'hui me punir de ma constance, percer mon cœur avec les armes que ma confiance imprudente vous a mises entre les mains ?

— Monsieur, dit lady Ashton, vous avez fait toutes les questions que vous avez voulu ; ma fille est absolument hors d'état d'y répondre. Je vais le faire pour elle, d'une manière qui, je le crois, ne vous laissera rien à répliquer.

Vous voulez savoir si Miss Ashton désire annuler l'engagement qu'elle a eu la faiblesse de se laisser entraîner à contracter? Vous avez dans les mains la lettre qu'elle vous a écrite pour vous le demander. Mais si cela ne vous suffit pas, jetez les yeux sur ce papier : c'est le contrat de mariage de ma fille avec M. Hayston de Bucklaw; elle vient de le signer en présence de ce respectable ministre!

Ravenswood prit un instant le contrat et le rejeta avec indignation sur la table.

— N'a-t-on pas employé la fraude, demanda-t-il au ministre, pour déterminer Miss Ashton à signer ce papier?

— Non, répondit le ministre; je l'atteste sur mon honneur, sur mon caractère sacré.

— Vous aviez raison, madame, dit alors Ravenswood à lady Ashton. Cette preuve est sans réplique; il serait aussi honteux pour moi qu'inutile de faire des remontrances et des reproches.

— Voici, Miss Ashton, dit-il en plaçant devant elle sa promesse de mariage et la moitié de la pièce d'or partagée à la fontaine de la Sirène, voici les gages de votre premier engagement Puissiez-vous être plus fidèle à celui que vous venez de former! Je vous prierai maintenant de me rendre les mêmes preuves de mon affection si mal placée, je devrais dire de mon insigne folie.

En parlant ainsi, il jetait sur la pauvre fille un regard de mépris. Elle comprit en partie ce qu'il demandait, et leva les mains vers son cou comme pour détacher le ruban bleu auquel la pièce d'or était attachée; elle n'y put réussir. Lady Ashton coupa le ruban et remit à Ravenswood le gage de l'engagement et la promesse de mariage qu'elle avait soustraite à Lucy depuis longtemps.

— Est-il possible, s'écria Edgar, qu'elle portât le gage de ma foi contre son cœur en me trahissant? Mais à quoi bon faire de nouvelles plaintes?

Essuyant une larme, il reprit sa sombre fierté. Saisissant alors les deux promesses de mariage et les deux moitiés de la pièce d'or, il les jeta dans le feu violemment et les écrasa du talon de sa botte.

— Je ne vous importunerai pas plus longtemps, madame, dit-il ; je me vengerai de tout le mal que vous m'avez fait en souhaitant que ce soient les dernières manœuvres que vous employiez contre l'honneur et le bonheur de votre fille. Quant à vous, Miss Ashton, je conjure le ciel de ne pas vous punir d'un parjure dont vous vous êtes rendue coupable de propos délibéré.

Il sortit alors brusquement du salon. Comme il était dans le vestibule, Lockard lui remit un billet du colonel.

— Dites au colonel Ashton, répondit-il avec sang-froid, que je serai à sa disposition à Wolferag dans cinq jours, ainsi qu'il me le demande.

Il fut encore arrêté par Craigengelt, qui lui exprima, de la part de Bucklaw, le même message que celui du colonel.

— Dites à votre maître, répondit Edgar avec mépris, qu'il me trouvera à Wolferag quand il le voudra, si quelque autre ne l'a pas prévenu dans les mêmes projets.

— Mon maître ! répéta Craigengelt, apprenez que je ne souffrirai pas qu'on me parle de la sorte, et que je ne connais personne qu'on puisse nommer mon maître.

— Va donc le chercher dans les enfers ! s'écria Ravenswood, s'abandonnant à la colère qu'il avait réprimée jusque-là.

Et il poussa le capitaine avec une telle force, que celui-ci roula jusqu'au bas de la terrasse et y resta étourdi jusqu'à ce que Bucklaw vint le relever en riant aux éclats.

— Que je suis insensé ! se dit Ravenswood. Un tel misérable n'est-il pas indigne de mon courroux ?

Il monta à cheval et s'éloigna au galop vers sa tour de Wolferag.

CHAPITRE XXXIV

Après cette scène terrible, on transporta Lucy dans sa chambre ; elle y resta quelque temps dans une sorte d'anéantissement. Le lendemain elle parut avoir recouvré ses forces ; mais on découvrit en elle des symptômes qui inquiétèrent même lady Ashton. Tantôt elle montrait une gaîté qui n'était d'accord ni avec son caractère habituel ni avec sa situation, tantôt elle était sombre et morose, et refusait de répondre quand on lui parlait ; tantôt enfin elle était opiniâtre, capricieuse, et parlait avec une volubilité que rien ne pouvait arrêter. On consulta des médecins, qui ne comprirent rien à cette maladie ; ils assurèrent qu'elle ne souffrait que d'une violente agitation mentale, et qu'il lui fallait un exercice modéré et un peu de dissipation. Jamais Lucy ne parla de ce qui était arrivé le jour de la signature de son contrat de mariage. On pensait même qu'elle n'en avait conservé aucun souvenir ; car on la vit porter plusieurs fois la main à son cou, comme si elle y cherchait le ruban qui en avait été retiré, et on l'entendit dire avec douleur : « C'était le lien qui m'attachait à la vie. »

Malgré cette position délicate, lady Ashton persista dans ses projets sans en retarder l'exécution. Du moment que Lucy se prêtait passivement à ce qu'on exigeait d'elle, elle se flatta que le changement de séjour et une nouvelle position dans le monde guériraient sa fille mieux que les médecins.

Sir William fut, comme toujours, de l'avis de sa femme. Bucklaw et le colonel protestèrent qu'après ce qui s'était passé, ce serait une honte de retarder le mariage, attendu qu'on pourrait attribuer ce délai à la crainte que leur aurait inspirée la visite de Ravenswood. Il est pourtant juste de dire que si Bucklaw avait connu la gravité de l'état de Lucy, il n'aurait jamais consenti à ce qu'on brusquât les choses. Mais il était d'usage en Écosse que, pendant les jours qui précédaient le mariage, les futurs époux ne se vissent que très rarement. Lady Ashton profita si bien de cette circonstance que Bucklaw ne se douta de rien.

La veille du mariage, Lucy eut un accès de légèreté assez long. Elle passa une partie de la soirée à examiner, avec la curiosité et le plaisir d'un enfant, tout ce qui devait servir à sa toilette et à celle de tous les membres de sa famille.

La matinée de ce jour mémorable fut superbe. Le château, quoique très spacieux, pouvait à peine contenir la foule des invités. Non seulement les parents de sir William, la nombreuse famille des Douglas, celle de Bucklaw se réunirent pour assister au mariage, mais un grand nombre de familles presbytériennes de distinction se firent un point d'honneur d'y venir jouir d'un triomphe remporté sur leur ennemi politique, le marquis d'Athol, en la personne de son parent, le Maître de Ravenswood.

On servit un déjeûner splendide, après lequel on songea à monter à cheval pour se rendre à l'église. La fiancée fut amenée au salon par sa mère. Sa gaîté de la veille était remplacée par une sombre mélancolie ; mais un air sérieux n'est pas extraordinaire dans une telle occasion. D'ailleurs, ses yeux brillaient du feu le plus vif ; ses joues étaient animées de couleurs vermeilles. Sa beauté, l'élégance de sa toilette, la firent accueillir par un murmure flatteur. Pendant que l'on montait à cheval, sir William remarqua qu'Henry avait une épée de grandeur démesurée appartenant au colonel. — Pourquoi, lui dit-il, n'avez-vous pas pris celle que je vous ai fait venir d'Édimbourg ?

— Je ne sais ce qu'elle est devenue, répondit Henry.

— Vous l'aurez cachée vous-même, reprit son père, pour avoir le prétexte de porter une épée qui aurait pu servir à sir William Wallace. Mais prenez soin de votre sœur, et montez à cheval.

Henry se plaça à côté de Lucy au centre de la brillante cavalcade. Il était trop occupé de son habit brodé, de son beau cheval, pour faire attention à autre chose. Mais, plus tard, il se rappela que lorsqu'il avait pris la main de sa sœur pour l'aider à monter à cheval, il l'avait trouvée froide et humide comme le marbre d'un tombeau.

Après avoir gravi des collines et traversé des vallons, on arriva à l'église paroissiale, où le mariage fut célébré conformément aux rites de l'Église presbytérienne.

A la porte de l'église, on fit une abondante distribution de vivres aux pauvres des paroisses voisines. On avait chargé de ce soin John Mortsheugh, l'ancien bedeau et fossoyeur du cimetière de l'Ermitage, qui venait d'être promu au grade important de sacristain de l'église paroissiale de Ravenswood.

Sur une pierre tombale étaient assises la vieille Ailsie Gourlay et les deux autres commères qui l'avaient aidée à ensevelir la pauvre Alix. Elles examinaient la part qu'elles avaient reçue et la comparaient avec envie à celles des autres.

— John aurait dû avoir plus d'égards pour ses anciennes commères, dit Annie Winnie. Il ne m'a donné que cinq harengs au lieu de six. Et ce morceau de bœuf, il pèse une once de moins qu'aucun de ceux qui ont été distribués. Le vôtre est meilleur.

— Le mien, dit la paralytique, il y a moitié d'os. Si les riches aiment à voir les pauvres accourir à leurs noces, ils devraient nous donner quelque chose qui valût la peine de se déranger.

— Croyez-vous, dit Ailsie, qu'ils nous fassent des présents par amour pour nous ? Ils nous donneraient volontiers des pierres au lieu de pain si ça pouvait satisfaire leur vanité.

— Avez-vous jamais vu, Ailsie, dit la boiteuse, une plus belle noce?

— Non, mais je pense que nous verrons bientôt de belles funérailles.

— J'en serai contente, dit Winnie. Nous ne sommes pas obligées de faire les hypocrites pour souhaiter toutes sortes de prospérités à des gens qui nous regardent comme des brutes. Que le ciel nous envoie une belle fête de Noël et un cimetière plein. Mais il faut que vous nous disiez, mère Gourlay, vous qui êtes la plus âgée et la plus savante d'entre nous, quelle est la personne à l'enterrement de laquelle nous viendrons?

— Voyez-vous cette jeune fille toute brillante d'or et de joyaux?...

— Juste ciel! s'écria Annie Winnie, dont le cœur de marbre ne put se défendre d'un mouvement de compassion, c'est la mariée! Quoi! si jeune, si belle, si riche!... Vous croyez que son temps est proche?

— Je vous dis que le linceul qui doit l'ensevelir lui monte déjà au cou.

— Vous l'avez gardée trois mois, dit Annie Winnie, et vous avez reçu trois pièces d'or pour vos peines.

— Oui, oui, répondit Ailsie avec un affreux sourire; et sir William m'a promis une belle chemise rouge, des chaînes, un poteau et un baril de poix. Il ferait aussi bien de garder ce présent pour sa femme; car il y a plus de diableries dans cette femme seule que dans toutes les sorcières écossaises qui ont jamais passé par-dessus le Law de North-Berwick au clair de lune.

La haine qui tenait ces vieilles femmes séparées du reste de l'espèce humaine n'était pas, heureusement, partagée par le reste du village. L'air retentissait des cris de *Vivent Ashton et Bucklaw!* Des décharges de fusil, de carabine et de pistolet annonçaient l'enthousiasme de la foule. Il y avait bien çà et là un vieux paysan, une vieille femme, qui regrettaient les nobles et antiques Ravenswood, mais ils n'en suivaient pas moins le cortège, attirés par la bonne chère qui se préparait au château pour les pauvres comme pour les riches.

Après le repas, qui fut magnifique, les dames allèrent se préparer pour le bal. L'étiquette eût voulu que la mariée ouvrît le bal; mais lady Ashton excusa sa fille sur sa santé et se chargea de la remplacer. Elle offrit la main à Bucklaw, et, levant la tête avec grâce en attendant le coup d'archet, elle fut frappée d'une telle surprise qu'elle laissa échapper l'exclamation suivante :

— Qui a osé placer ici ce portrait?

Tous les yeux se levèrent, et l'on s'aperçut qu'on avait substitué au portrait du père de William celui de sir Malise de Ravenswood, dont les sombres regards semblaient menacer toute la compagnie d'une terrible vengeance.

Le colonel voulait que l'on fît une enquête pour découvrir l'auteur de cet acte inqualifiable. Mais lady Ashton, plus prudente, dit qu'on ne pourrait soupçonner que quelques vieux serviteurs des anciens Ravenswood, échauffés par le vin. Bucklaw décrocha lui-même le malencontreux sir Malise et le porta dans la bibliothèque, suivi, sans qu'il la vît, par Lucy, et le bal continua avec entrain. Tout à coup on entendit un cri perçant. Chacun resta immobile... mais ce cri s'étant répété, le colonel saisit un candélabre et se dirigea du côté où les cris se faisaient entendre, mais plus faiblement. Arrivé près de la porte de la bibliothèque, le colonel, la trouvant fermée en dedans, frappa, et, ne recevant que des gémissements pour réponse, l'enfonça et entra. La première chose qu'il aperçut fut le corps de Bucklaw étendu par terre, nageant dans son sang.

— Elle l'a tué! dit tout bas le colonel à sa mère. Cherchez-la.

Puis, tirant son épée, il se mit à la porte et jura que personne n'entrerait, que le ministre et un chirurgien qui était au château. Bucklaw respirait encore. On le transporta dans un autre appartement, où le chirurgien alla panser ses affreuses blessures. Sir William et lady Ashton, après de longues recherches, trouvèrent la malheureuse Lucy accroupie dans le coin d'une immense cheminée. Ses cheveux étaient épars, ses vêtements souillés de sang, ses yeux brillaient d'un éclat sauvage. Quand elle se vit découverte, elle grinça des dents, tendit ses mains ensanglantées; et lorsqu'on la retira de la cheminée, elle s'écria avec une sorte de joie sinistre :

— Vous avez donc emmené votre beau fiancé ?

Il serait impossible d'exprimer la douleur de toute la famille, l'horreur et la confusion qui régnèrent dans le château, les provocations entre les amis de Bucklaw et ceux des Ashton; car les excès de table avaient échauffé tous les esprits.

Après avoir mis les premiers appareils sur les blessures de Bucklaw, et déclaré qu'avec du soin elles ne seraient pas mortelles, le chirurgien s'occupa de la pauvre Lucy. Elle passa toute la nuit dans le délire, auquel succéda une insensibilité complète. Elle sortit de cet état léthargique pour tomber dans d'affreuses convulsions, qui terminèrent sa triste vie sans qu'elle eût pu dire un mot. Seulement, elle portait la main à son cou fréquemment comme pour y chercher le gage de son fatal amour.

Le juge provincial du canton arriva le lendemain pour faire une enquête sur ces tristes événements. Il remplit ce devoir avec tous les égards dus à une famille plongée dans l'affliction.

On trouva dans la chambre le poignard de Henry, que la pauvre fille avait dérobé et qui lui avait servi à consommer son crime inconscient.

CHAPITRE XXXV

La triste cérémonie des funérailles eut lieu, sans aucune pompe, peu de jours après la mort de Lucy.

Les proches parents seuls suivirent son corps dans la même église où, quelques jours auparavant, ils l'avaient accompagnée comme épouse, ou plutôt victime résignée. Une aile de cette église avait été disposée par sir William pour servir de sépulture à sa famille, sa fille fut déposée la première dans le caveau. Là, dans un cercueil qui ne portait ni le nom de la défunte, ni la date de sa mort, furent descendus les restes de la jeune fille la plus aimable, la plus douce, la plus innocente, malgré l'acte cruel d'un délire occasionné par une longue suite de persécutions.

Tandis qu'on procédait à l'inhumation dans l'intérieur de l'église, les trois sibylles, qui, malgré l'heure peu ordinaire où se faisait l'enterrement, s'y étaient rendues comme des vautours qui flairent un cadavre, étaient assises sur la même pierre sépulcrale qu'elles avaient occupée le jour du mariage.

— Eh bien! dit Ailsie Gourlay, ne vous avais-je pas dit que cette belle noce serait bientôt suivie de belles funérailles ?

— Je ne vois rien de si beau, répliqua Winnie d'un air mécontent. On n'a distribué ni vivres ni boisson. Une misérable pièce de deux pence d'argent qu'on a donnée aux pauvres, voilà tout. Ce n'était pas la peine de venir de si loin pour si peu de chose!

— Taisez-vous, répondit Ailsie. Tout ce qu'on aurait pu

me donner m'aurait fait moins de plaisir que ce moment de vengeance. Les voilà, ceux qui dansaient il y a quatre jours! Ils ont maintenant la tête plus basse que ceux qu'ils méprisaient. Ils étaient reluisants d'or et de pierreries, les voilà noirs comme des corbeaux! Cette Miss Lucy, qui était si fière, qui faisait la grimace quand je m'approchais d'elle, un crapaud peut s'asseoir sur sa bière aujourd'hui; elle ne se plaindra pas s'il coasse. Lady Ashton a le cœur dévoré des feux de l'enfer, et sir William, qui menaçait les sorcières du gibet, des fagots, des chaînes, que pense-t-il à l'heure qu'il est des sortilèges de sa propre maison?

— Est-il donc vrai, demanda la paralytique, que la mariée a été emportée par la cheminée hors de sa chambre par de malins esprits, qui déchirèrent avec leurs griffes le visage du marié?

— Que vous importe, Maggie? répondit Ailsie. Ce que je puis affirmer, c'est que cette affaire n'est pas dans l'ordre naturel des choses; on le sait trop bien au château.

— Mais, dit Winnie, puisque vous êtes si bien instruite, dites-nous donc si le portrait de sir Malise est descendu tout seul dans le salon pour y répandre le trouble et la confusion?

— Non, non, Winnie; il n'y est pas venu seul; je sais par qui il fut placé pour les avertir que leur orgueil serait bientôt puni. Mais ils ne sont pas au bout. Ils verront encore autre chose, je le leur promets. Avez-vous remarqué douze personnes en deuil avec des crêpes et des pleureuses entrer dans l'église deux à deux?

— Je ne les ai pas comptées, dit la boiteuse.

— Je les ai comptées, moi, dit Ailsie d'un air de triomphe, comme si ce spectacle avait pour elle un attrait particulier. Il y en avait douze; puis il en est survenu un treizième, sur lequel on ne comptait pas; et si les vieux proverbes sont vrais, il y en a un de la compagnie qui ne restera pas longtemps dans ce monde.

— Mais allons nous-en, mes commères ; s'il leur arrive malheur, — et il en arrivera, c'est moi qui le prédis, — on ne manquerait pas de nous en accuser.

A ces mots, les trois sibylles se levèrent, et, coassant comme des corbeaux qui sentent la mort, elles sortirent du cimetière.

Lorsque la cérémonie funèbre fut terminée, ceux qui y avaient assisté s'aperçurent en effet qu'il y avait parmi eux une personne de plus qu'à leur départ du château. Un homme en grand deuil, appuyé contre un pilier, près du caveau sépulcral, paraissait plongé dans une sorte d'anéantissement.

Les parents de la famille Ashton, surpris de voir un étranger parmi eux, appelèrent sur lui l'attention du colonel, qui conduisait le deuil en l'absence de sir William.

— Je sais qui est cet homme ! dit à voix basse le colonel ; et je puis dire que c'est son propre deuil qu'il porte en ce moment. Mais laissez-moi lui parler.

A ces mots, il s'éloigna de ses parents, et, tirant l'étranger par le manteau noir qui l'enveloppait :

— Suivez-moi, lui dit-il d'un ton violemment agité.

L'étranger tressaillit et parut sortir tout à coup d'une profonde rêverie ; il obéit sans trop savoir ce qu'il faisait, et ils arrivèrent tous les deux dans un endroit écarté, d'où les parents, restés groupés sous le portail de l'église, ne pouvaient les voir.

Le colonel, se tournant tout à coup vers l'étranger, lui dit d'une voix entrecoupée :

— Vous êtes le Maître de Ravenswood ? je n'en puis douter. Je parle au meurtrier de ma sœur.

— Vous ne m'avez que trop bien nommé, répondit Edgar d'une voix sourde et tremblante.

— Si vous vous repentez de ce que vous avez fait, dit le colonel, votre repentir pourra vous servir devant Dieu, mais il ne vous servira point avec moi. Voici la mesure de mon épée, ajouta-t-il en lui présentant un morceau de papier. N'oubliez pas que je vous attends demain, à la pointe du jour, sur les bords de la mer, sur les sables, à l'est de Wolfhope.

Le Maître de Ravenswood s'écria :

— Ne poussez pas au dernier terme du désespoir un malheureux qui est accablé. Jouissez d'une vie que je ne veux pas vous arracher, et laissez-moi chercher ailleurs la mort que je désire.

— Non, non ! s'écria le colonel ; c'est de ma main que vous la recevrez, ou vous achèverez, en me perçant le cœur, la ruine de ma famille. Si vous refusez d'accepter le cartel honorable que je vous offre, je vous suivrai partout ; je vous couvrirai d'affronts et d'insultes, jusqu'à ce que le nom de Ravenswood devienne l'emblème du déshonneur, comme il est déjà celui de la perfidie.

— Il ne sera jamais ni l'un ni l'autre, répondit avec feu Ravenswood. Si je suis le dernier qui porte ce triste nom, je dois à mes ancêtres de ne pas souffrir qu'il s'éteigne avec ignominie. J'accepte votre défi, l'heure et le lieu du rendez-vous. Nous nous y verrons seuls, je présume ?

— Seuls, reprit le colonel, et seul celui qui survivra doit en revenir.

— Alors, Dieu fasse grâce à l'âme de celui qui succombera ! dit Ravenswood.

Le colonel rejoignit ses parents ; Ravenswood alla prendre son cheval qu'il avait attaché à un arbre, près du cimetière, et chacun se retira de son côté.

Le colonel retourna au château de son père, avec ses parents ; mais, dans la journée, il imagina un prétexte pour les quitter, et, prenant un habit de voyage, il alla passer la nuit dans la petite auberge de Wolfhope, afin de se trouver plus près du lieu qu'il avait fixé à Ravenswood pour le rendez-vous du lendemain.

CHAPITRE XXXVI

On ne sait ce que fit le Maître de Ravenswood pendant le reste de la journée des obsèques de l'infortunée Lucy. Il n'arriva que fort tard dans la nuit à Wolferag, et fut obligé d'éveiller son fidèle serviteur Caleb, qui ne l'attendait plus. Le vieillard avait déjà entendu parler, mais d'une manière peu exacte, de la mort tragique de Miss Ashton et des événements qui s'étaient passés au château, et il mourait d'inquiétude en songeant à l'effet qu'ils avaient dû produire sur l'esprit de son maître.

Quand le vieux sommelier proposa à Ravenswood de prendre quelques rafraîchissements, ce dernier ne lui fit d'abord aucune réponse; un instant après, il lui demanda d'un ton brusque du vin, et, contre son habitude, il en but plusieurs verres. Voyant qu'Edgar ne voulait rien manger, Caleb le supplia affectueusement de lui permettre de le conduire dans sa chambre. Ce ne fut qu'après s'être laissé répéter trois ou quatre fois cette prière que le malheureux jeune homme témoigna par un signe de tête qu'il y consentait; mais quand Balderson l'eut précédé avec un flambeau vers un appartement, meublé depuis peu, et où il avait couché les nuits précédentes, le Maître de Ravenswood s'arrêta devant la porte.

— Non, dit-il en fronçant le sourcil, non, pas ici; conduisez-moi dans la chambre où mon père mourut, dans la chambre où *elle* coucha la nuit qu'*elle* passa au château.

— Qui, Monsieur? demanda Caleb, trop effrayé de l'état où il voyait son maître pour rien comprendre.

— *Elle*, Lucy Ashton, vous dis-je : voulez-vous me tuer, vieillard, en me forçant à prononcer son nom?

Caleb aurait bien voulu faire quelques observations sur l'état de délabrement où se trouvait la chambre dans laquelle son maître voulait se rendre, mais l'impatience et l'irritation qu'il vit dans les traits d'Edgar le déterminèrent à une obéissance passive. Il entra donc dans la chambre qui avait été occupée par Lucy, plaça d'une main tremblante le flambeau sur la table, s'approcha du lit pour voir s'il n'y manquait rien, quand l'ordre de se retirer lui fut intimé d'un ton qui n'admettait pas de réplique.

Le vieillard, rentré dans sa chambre, ne prit aucun repos; il se mit en prière. De temps en temps il allait à la porte de son maître pour s'assurer s'il dormait, mais le bruit que faisaient ses bottes sur le plancher de l'appartement où il marchait à grands pas, les gémissements douloureux qu'il poussait, lui apprirent que le malheureux était en proie au plus violent désespoir. Le vieillard crut que le jour n'arriverait jamais. Mais les heures dont le cours est toujours le même, quoiqu'elles paraissent plus rapides ou plus lentes selon la situation d'esprit de ceux qui les comptent, ramenèrent enfin l'aurore, qui répandit une lueur rouge sur l'Océan. On était au commencement de novembre, le temps était beau, mais le vent d'est soufflait violemment et poussait les vagues avec force sur le sable qu'elles couvraient plus loin que de coutume.

Dès la pointe du jour Caleb retourna à la porte de la chambre de son maître, et à travers la fente il le vit mesurer la longueur de deux ou trois épées; puis, en ayant choisi une:

— Elle est plus courte, dit-il à demi-voix, mais n'importe; laissons-lui cet avantage, il en a déjà plus d'un autre.

Caleb, d'après ces préparatifs, ne vit que trop bien ce que son maître méditait, et il comprit parfaitement que toute intervention à ce sujet serait inutile. Il n'eut que le temps de s'éloigner précipitamment pour ne pas être surpris quand il vit Edgar s'avancer vers la porte, l'ouvrir et descendre à l'écurie. Son air pâle et fatigué, le désordre de ses vêtements, étaient des preuves qu'il avait passé la nuit sans sommeil. Il se mit à seller son cheval. Caleb, d'une voix tremblante, l'ayant prié de lui laisser ce soin, il lui répondit, par un signe qu'il n'avait pas besoin de ses services. Il conduisit alors son cheval dans la cour et se disposait à y monter, quand le pauvre vieillard, cédant à la force de son dévoûment pour son maître, seul lien qui l'attachât à la vie, se précipita tout à coup à ses pieds, et embrassant ses genoux :

— Mon cher maître, Monsieur Edgar ! tuez-moi si vous le voulez, mais ne sortez pas à présent. Je connais votre projet; pour Dieu ! ne l'exécutez pas. Le marquis d'Athol a fait dire hier qu'il viendrait aujourd'hui. Attendez-le, mon cher maître ; écoutez ce qu'il peut avoir à vous dire.

— Vous n'avez plus de maître, Caleb ! Pourquoi vous attacher à l'édifice qui s'écroule?

— Je n'ai plus de maître ! répéta Caleb. J'en aurai un tant qu'il existera un Ravenswood. Je suis votre serviteur, j'ai été celui de votre père, celui de votre aïeul; je suis né dans la famille, j'ai vécu pour elle, je mourrai pour elle. Ne sortez pas aujourd'hui, Monsieur Edgar, et tout finira heureusement.

— Heureusement ! pauvre vieillard ! répondit Ravenswood. Ah ! il n'est plus de bonheur pour moi désormais dans la vie, et ma dernière heure sera la plus heureuse.

Alors, s'arrachant des bras de son vieux serviteur, il monta sur son cheval et le mit au galop; mais soudain, se retournant, il jeta devant Caleb une bourse pleine d'or.

— Caleb ! dit-il avec un affreux sourire, je vous fais mon héritier.

Puis il s'éloigna et descendit la colline.

L'or tomba à terre, et le vieillard courut afin de voir par où s'en allait son maître. Il le vit prendre un petit sentier abrupt qui conduisait du côté de la mer, jusqu'à une espèce de crique où, dans les anciens temps, les barques du château étaient amarrées.

Caleb monta en toute hâte sur le rempart du château qui commandait la vue des sables jusqu'au village de Wolfhope. Il vit son maître continuer sa route de toute la vitesse de son cheval dans la direction du Kelpy. Il se souvint de la prophétie qui menaçait le dernier des Ravenswood de périr dans les sables mouvants du Kelpy. Il le vit atteindre cet endroit fatal, puis il cessa de l'apercevoir.

Le colonel Ashton, altéré de vengeance, était déjà au rendez-vous, se promenant à grands pas et cherchant des yeux son antagoniste. Le soleil était levé et montrait son large disque au-dessus de l'Océan, de sorte que le colonel put parfaitement reconnaître le Maître de Ravenswood qui accourait vers lui avec une ardeur qui ne le cédait en rien à la sienne. Tout à coup, le cheval et son cavalier devinrent invisibles, comme si ils se fussent évanouis dans l'air.

Le colonel passa sa main sur ses yeux, comme s'il avait vu une apparition, et il se précipita vers l'endroit où la disparition avait eu lieu, quand il rencontra Caleb qui arrivait de l'autre côté. On ne put découvrir aucune trace du cheval ni du cavalier. Les vents et la haute marée de la veille avaient étendu les limites des sables mouvants; le malheureux Edgar, dans sa précipitation, avait suivi la route la plus dangereuse et avait ainsi accompli la prophétie touchant la ruine de sa famille :

> Quand le dernier des Ravenswood ira
> Dans le château que ce nom portera,
> Pour fiancée une morte il prendra,
> Dans le Kelpy son coursier logera,
> Et pour jamais sa famille éteindra.

On donna l'alarme aux habitants de Wolfhope, qui accoururent tous, les uns du côté de la terre, les autres par mer, dans des barques. Mais tous leurs efforts furent inutiles. Les profondeurs des sables mouvants ne lâchent jamais leur proie.

Le seul indice du sort du malheureux Maître de Ravenswood fut la plume noire qui surmontait son chapeau, et que la marée montante jeta aux pieds de Caleb. Le vieillard la ramassa, la fit sécher, et la plaça sur son cœur.

Le marquis d'Athol arriva quelques heures après ce funeste événement. Il venait dans l'intention d'emmener chez lui son jeune parent, afin de chercher à le distraire de la douleur cruelle qui venait de le frapper par la mort de Lucy Ashton. Mais il ne vint que pour déplorer sa perte.

Après avoir fait faire de nouvelles recherches, qui furent aussi infructueuses que les premières, il repartit pour Édimbourg, où le tumulte des affaires politiques bannit bientôt de son esprit le souvenir des malheurs qui venaient d'arriver.

Il n'en fut pas de même de Caleb Balderson. Si les calculs de l'intérêt avaient été capables de le consoler, il allait se trouver, dans sa vieillesse, grâce à la libéralité de son maître, beaucoup plus heureux qu'il ne l'avait jamais été; mais la vie avait perdu pour lui tous ses attraits. Toutes ses idées, toutes ses sensations d'orgueil et de crainte, de plaisir et de peine, avaient un seul objet : la famille qui venait de s'éteindre.

Il cessa de porter la tête haute ; il oubliait ses occupations et ses habitudes. Son seul plaisir était d'errer de chambre en chambre, dans la tour de Wolferag, et de se rappeler les différentes scènes dont elles avaient été témoins pendant la vie de ses anciens maîtres. Il dormait sans prendre de repos, mangeait sans recouvrer ses forces, et, avec une fidélité que montre souvent la gent canine, mais dont on trouve si peu d'exemples dans la race hu-

14.

maine, il languit quelque temps et mourut avant la fin de l'année où avaient eu lieu les cruels évènements que nous venons de rapporter.

La famille Ashton ne survécut pas longtemps à celle de Ravenswood. Sir William Ashton vit mourir son fils aîné, tué en duel, et Henry, héritier du titre et des biens de la famille Ashton, mourut sans s'être marié.

Lady Ashton vécut jusqu'à une extrême vieillesse, après avoir vu s'éteindre ceux dont elle avait fait le malheur par son orgueil implacable.

Peut-être éprouva-t-elle quelques remords intérieurs ? Peut-être essaya-t-elle en secret de se réconcilier avec le ciel, qu'elle avait si gravement offensé ? Mais il est certain qu'elle ne montra jamais le moindre symptôme de repentir à ceux qui l'entouraient. Elle afficha toujours, à l'extérieur, le même caractère fier, hautain et intraitable dont elle avait donné tant de preuves.

Un superbe monument en marbre rappelle son nom et ses titres, et ses victimes ne reçurent même pas les honneurs d'un tombeau.

Quand Bucklaw eut recouvré la santé, il réunit chez lui ses amis des deux sexes qui lui avaient témoigné de l'intérêt pendant sa maladie, et après les avoir remerciés :

— Je vous prie, mes chers amis, de bien vous mettre dans l'esprit que je n'ai point d'histoire à raconter, point d'injures à venger, point de ressentiment à exercer. Si donc quelque dame me questionne sur les événements passés, je garderai le silence et je considérerai sa demande comme une preuve qu'elle veut rompre toutes relations de société avec moi. Si un homme me montre la même curiosité, ce sera pour moi une invitation à me rencontrer tête à tête avec lui derrière les murs de la promenade du Duc [1] au lever du soleil, le lendemain

(1) Lieu près d'Édimbourg, où les duels avaient souvent lieu.

du jour où il m'aura parlé, et j'espère qu'il agira en conséquence.

Une pareille déclaration n'avait pas besoin de commentaire, Bucklaw ne fut plus tourmenté de questions indiscrètes. On reconnut qu'il était revenu des portes du tombeau plus sage et plus prudent qu'il ne l'avait jamais été. Sa conduite devint aussi rangée qu'elle avait été dissipée. Il ferma sa porte à Craigengelt, en lui assurant néanmoins un revenu suffisant pour vivre. Mais le capitaine perdit tout au jeu en peu de temps : il s'associa avec des contrebandiers, fut fait prisonnier avec deux de ses associés dans une attaque à main armée contre la douane, fut condamné comme eux à être pendu, et obtint la commutation de sa peine en celle des travaux forcés à perpétuité, parce qu'il fut prouvé par l'inspection de ses armes qu'il n'avait même pas brûlé une amorce.

Bucklaw ne tarda pas à quitter l'Écosse ; il passa sur le continent le reste de sa vie, et ne se permit jamais la moindre allusion aux circonstances de son fatal mariage.

FIN

LIBRAIRIE BLÉRIOT, HENRI GAUTIER Successeur

55, QUAI DES GRANDS-AUGUSTINS, PARIS

DERNIÈRES NOUVEAUTÉS PARUES
Juillet 1887 à Juillet 1889

Auvray (Michel). — Le chemin de velours. 1 vol. in-12. 2 »
Barthélemy (Ch.). — Le deuxième Empire. 1 v. in-12. 3 »
Besançenet (A. de). — Les Martyrs inconnus. 1 v. in-12 2 »
Beugny d'Hagerue (G. de). — Nelly. 1 vol. in-12. 2 »
Bourdon (Mathilde). — Conseils aux jeunes femmes et aux jeunes filles. 1 vol. in-12. 2 »
— Mademoiselle de Chênevaux. 1 vol. in-12 2 »
— Le mariage de Thècle. 1 vol. in-12 3 »
Bourotte (Mélanie). — Sans héritiers. 1 vol. in-12. 2 »
Brémond (Jacques). — Maner Nevez. 1 vol. in-12. 3 »
Buxy (B. de). — Le secret de Lusabran. 1 vol. in-12. 3 »
Cassan (Marie). — Le notaire de Lozers. 1 vol. in-12 2 »
Chandeneux (Claire de). — Blanche Neige. 1 v. in-12. 2 »
Combes (Abel). — Un drame aux Antipodes. 1 v. in-12. 2 »
Coppin (José de). — Courageuse. 1 vol. in-12. 3 »
Croix d'Hins (C.). — Deux femmes. 1 vol. in-12. 2 »
Darville (Lucien). — Alsace et Bretagne. 1 vol. in-12 3 »
— Les agents des ténèbres. 1 vol. in-12. 2 »
— La belle Olonnaise. 1 vol. in-12. 2 »
Deslys (Charles). — Les diables rouges. 1 vol. in-12. 3 »
Du Campfranc (M.). — Le marquis de Villepreux. 1 vol. in-12 2 »
— Étrangère. 1 vol. in-12 2 »
Duchâteau (Pierre). — Pauvre Jean ! 1 vol. in-12. 2 »
Du Vallon (G.). — La destinée de Marthe. 1 vol. in-12. 2 »
Ethampes (G. d'). — La perle du Thouaré. 1 v. in-12. 2 »
Faligan (E.). — Le Mendiant de la Coudraie. 1 vol. in-12. 2 »
— Suzanne de Pierrepont. 1 vol. in-12. 3 »
Ficy (Pierre). — Orpheline. 1 vol. in-12. 3 »
Fourniels (Roger des). — Avant, Pendant et Après. 1 vol. in-12 2 »
Fresneau (sénateur). — Une nation au pillage. 1 v. in-12. 2 »
Gervais (Marie). — Le rayon bleu. 1 vol. in-12 2 »
Giron (Aimé). — Maître Bernillon, notaire. 1 vol. in-12 3 »
Harcoët (Marie de). — La banque Hoffelmann. 1 v. in-12 3 »
Hauterive (M. d'). — MM^{mes} de Verdaynon. 1 vol. in-12. 2 »
Houdetot (C^{esse} d'). — Le théâtre en famille. 1 v. in-16. 2 »
Jacquet (F.). — Manuel des connaissances utiles. 1 vol. in-12 3 »

Josefa (Marie-Thérèse). — Sans brevet. 1 vol. in-12 . 2 »
— Autour d'une dot. 1 vol. in-12 . . . . 2 »
Karr (Th.-Alphonse). — Catherine Tresize. 1 vol. in-12. 2 »
Lachèse (Marthe). — Josèphe. 1 vol. in-12 . . . . 3 »
Lamothe (A. de). — Les grands soucis du docteur
    Sidoine. 1 vol. in-12. . . . . 3 »
Lionnet (Ernest). — Pauvre Tri. 1 vol. in-12 . . . . 2 »
— Député sortant. 1 vol. in-12 . . . . 2 »
Maltravers (Raoul). — L'erreur de Raoul. 1 vol. in-12 2 »
— Le pseudonyme de Mademoiselle Merbois. 1 vol. in-12 2 »
— Une belle-mère. 1 vol. in-12. . . . . 2 »
Marcus (Lord). — Le crime de la justice. 1 vol. in-12 2 »
— La fille du maudit. 1 vol. in-12. . . . . 2 »
— La libre-pensée c'est le crime. 1 vol. in-12. . . . 2 »
Maricourt (Cte A. de). — L'ancêtre voilé. 1 vol. in-12 3 »
— Le crime de Virieux-sur-Orques. 1 vol. in-12. . . . 2 »
Maryan (M.). — Le secret de Solange. 1 vol. in-12 . 3 »
— L'hôtel Saint-François. 1 vol. in-12. . . . . 2 »
— La cousine Esther. 1 vol. 12. . . . . 3 »
Navery (De). — Les enfants du bourgmestre. 1 vol.
    in-12. 3 »
— La fleur de neige. 1 vol. in-12. . . . . 2 »
Osman Bey (Le major). — La conquête du monde
    par les Juifs. 1 v. in-18 . . . . » 50
Pascal (G. de). — La Juiverie. 1 vol. in-12. . . . . 1 »
Pinson (Mme). — La bague de fiançailles. 1 vol. in-12 2 »
Poitiers (Dr Louis de). — Histoire d'une folie. 1 v. in-12 2 »
— Les victimes du brevet. 1 vol. in-12. . . . . . . 3 »
Poli (Vte Oscar de). — Le masque de fer. 1 vol. in-12. 3 »
St-Hilaire. — Les fiançailles de Gabrielle. 1 vol. in-12. 3 »
Saint-Martin. — La mort d'un forçat. 1 vol. in-12 . 2 »
— Le drame du Marché-Noir. 1 vol. in-12 . . . . . 2 »
Sandol (Jeanne). — Marthe. 1 vol. in-12. . . . . . 2 »
— Le roman d'un désenchanté. 1 vol. in-12 . . . . . 2 »
Simond (Ch.). — L'expiation. 1 vol. in-12 . . . . . 3 »
Simons (A.). — Le Forestier. 1 vol. in-12. . . . . 2 »
Verrier (A.-J.). — Saint Vincent de Paul à Tunis,
    drame lyrique en 4 actes . . . . 1 »

Tous les envois sont faits franco de port et d'emballage.

Écrire et envoyer mandat-poste ou autre valeur sur Paris à M. HENRI GAUTIER, éditeur, 55, quai des Grands-Augustins, à Paris.

BIBLIOTHÈQUE
DE VOYAGES, DE CHASSES ET D'AVENTURES

PUBLIÉE SOUS LA DIRECTION DE

M. VICTOR TISSOT

Chaque volume cartonné, avec couverture illustrée en couleurs et nombreuses illustrations. Prix : 2 francs.

VOLUMES EN VENTE :

Mayne Reid. Les Enfants des Bois. 1 vol. . . . . . 2 »
— Le Chef blanc. 1 vol.. . . . . 2 »
— Les Chasseurs de Chevelures. 1 vol. . . . . 2 »
— Les Chasseurs de la baie d'Hudson. 1 vol. . . . . 2 »
Maynard (Félix). — Les Drames de l'Inde. 1 vol.. . 2 »
Victor Tissot. De Paris à Berlin. 1 vol. . . . . . 2 »
Fenimore Cooper. A toutes Voiles. 1 vol.. . . . . 2 »
    —   Le Tueur de Daims. 1 vol. . . . 2 »
Louis Garneray. Voyages, Aventures et Combats.
    2 vol.. . . . . 4 »
— Mes Pontons. 1 vol. . . . . 2 »
Ch. Rowcroft. A la Recherche d'une Colonie. 1 vol. 2 »
    —   Prisonniers des Noirs. 1 vol.. . . . 2 »
Gustave Aimard. Le Robinson des Alpes. 1 vol. . 2 »
Marryat. La jeunesse de deux marins. 1 vol. . . . 2 »

LES
DRAMES DE LA MISÈRE

PAR

RAOUL DE NAVERY

Un beau volume grand in-8º de 624 pages.

Superbes illustrations

de CASTELLI, ZIER, A. LEMAISTRE, etc.

PRIX : Broché, **7** fr.; — Relié, toile rouge, **10** fr.

L'OUVRIER
Vingt-huitième année (Mai 1888 à Mai 1889)
1 vol. grand in-4º illustré, de 416 pages
Prix : broché, 5 fr.; relié, 6 fr. 25

LES VEILLÉES DES CHAUMIÈRES
Onzième année (Novembre 1887 à Novembre 1888)
1 vol. grand in-4º illustré, de 416 pages
Prix : broché, 5 fr.; relié, 6 fr. 25

LA FRANCE JUIVE
Par Édouard DRUMONT

1 vol. grand in-8º de 960 pages, richement illustré
Prix : broché, 12 fr.; relié, 17 fr.

LES BOURBONS DE FRANCE
Par Amédée DE CESENA

1 superbe volume grand in-4º carré de 600 pages
Nombreuses reproductions d'autographes et de gravures anciennes. — Arbres généalogiques.

Prix :

Broché.	15 »
Reliure étoffe bleu ancien, fleurdelisé, fers spéciaux.	20 »
Reliure plein chagrin, aux armes de France . . .	25 »

IMP. GEORGES JACOB. — ORLÉANS.

www.ingramcontent.com/pod-product-compliance
Lightning Source LLC
Chambersburg PA
CBHW070650170426
43200CB00010B/2186